KLAUS BEHRENS

Die Rückabwicklung der Sicherungsübereignung bei Erledigung oder Nichterreichung des Sicherungszwecks

Schriften zum Bürgerlichen Recht

Band 114

Die Rückabwicklung der Sicherungsübereignung bei Erledigung oder Nichterreichung des Sicherungszwecks

Von

Dr. Klaus Behrens

Duncker & Humblot · Berlin

CIP-Titelaufnahme der Deutschen Bibliothek

Behrens, Klaus:
Die Rückabwicklung der Sicherungsübereignung bei Erledigung oder Nichterreichung des Sicherungszwecks / von Klaus Behrens. — Berlin : Duncker u. Humblot, 1989
  (Schriften zum Bürgerlichen Recht ; Bd. 114)
  Zugl.: Marburg, Univ., Diss., 1987
  ISBN 3-428-06549-2
NE: GT

Alle Rechte vorbehalten
© 1989 Duncker & Humblot GmbH, Berlin 41
Satz: Irma Grininger, Berlin 62
Druck: Werner Hildebrand, Berlin 65
Printed in Germany

ISSN 0720-7387
ISBN 3-428-06549-2

Vorwort

Die vorliegende Arbeit wurde im Jahr 1987 von der Rechtswissenschaftlichen Fakultät der Philipps-Universität Marburg als Dissertation angenommen. Für die Drucklegung wurden Rechtsprechung und Literatur auf den Stand Januar 1988 aktualisiert.

An dieser Stelle soll die Gelegenheit benutzt werden, ein Dankeswort an meinen verehrten Lehrer, Herrn Prof. Dr. Hans G. Leser, Direktor des Instituts für Rechtsvergleichung, Anglo-amerikanische Abteilung der Universität Marburg zu richten. Er hat die Arbeit angeregt, und durch seine großzügige Unterstützung sowie seine wissenschaftliche und persönliche Betreuung wurde ihre Durchführung überhaupt erst ermöglicht. Ebenso verdanke ich viele Ratschläge und Hinweise Herrn Prof. Dr. Dietrich V. Simon, Direktor des Instituts für Rechtsgeschichte, Romanistische Abteilung, und jetzigem Präsidenten der Universität Marburg, der mir trotz seiner vielfältigen Verpflichtungen immer bereitwillig Zeit widmete.

Zu besonderem Dank bin ich weiterhin Prof. Peter Hay, Dean der Law School der University of Illinois at Urbana-Champaign, sowie Prof. Ralph Reisner verpflichtet, die mein Studium in U.S.A. und damit zugleich den rechtvergleichenden Teil meiner Arbeit in vielfacher Hinsicht förderten. Damit ist auch die materielle Seite angesprochen, die bekanntlich eine nicht ganz unerhebliche Rolle bei der Verwirklichung derartiger Vorhaben spielt. Es sei deshalb mit Dankbarkeit erwähnt, daß das vorliegende „Werk" seine Existenz der großzügigen finanziellen Unterstützung seitens der University of Illinois, des Deutschen Akademischen Austauschdienstes (DAAD) und nicht zuletzt von Seiten meiner Eltern verdankt.

Freiburg, im April 1988

Klaus Behrens

Inhaltsverzeichnis

I. Teil
Einleitung   11

II. Teil
Der schuldrechtliche Anspruch auf Rückübertragung einer Sicherheit   15

1. Die Fälle des Erlöschens oder Fehlens der gesicherten Forderung 15
2. Die Lösung der Rechtsprechung 17
   a) Der Fall der Tilgung der gesicherten Forderung 17
   b) Anfängliches Fehlen der gesicherten Forderung 18
   c) Nachträglicher Wegfall der gesicherten Forderung 19
3. Die Haltung der Literatur 20
   a) Kritik an der Auffassung der Rechtsprechung 20
   b) Die Rückabwicklung im Falle der Tilgung der gesicherten Forderung   22
   c) Die Rückabwicklung bei Fehlen oder Wegfall der gesicherten Forderung   23
      aa) Die am Sicherungsvertrag orientierte Lösung 23
      bb) Die bereicherungsrechtliche Lösung 24
4. Der dogmatische Ausgangspunkt für die Rückabwicklung auf vertraglicher oder bereicherungsrechtlicher Grundlage 24

III. Teil
Die Bedeutung des Zwecks im Schuldvertragsrecht und Bereicherungsrecht   27

1. Der Zweck als Bestimmungsgrund für die Vornahme von Verpflichtungs- und Verfügungsgeschäften 27
2. Die innere und äußere Abhängigkeit einer Zuwendung von ihrer causa .. 29
3. Die gesetzliche Ausgestaltung abstrakter und kausaler Zuwendungen ... 34
   a) Die unterschiedliche Funktion von Verpflichtungs- und Verfügungsgeschäft 36

b) Die gesetzliche Regelung der Rechtsfolgen von Rechtsgrundstörungen im Vertrags- und Bereicherungsrecht 40

 c) Die historische Entwicklung vertraglicher und bereicherungsrechtlicher Rückabwicklungsbehelfe 46

4. Die Einordnung des Sicherungszwecks unter den Begriff der causa 51

IV. Teil

Die Bedeutung des Sicherungszwecks als causa innerhalb der Sicherungsgeschäfte 53

1. Die Brauchbarkeit der causa für die Begründung des Abhängigkeitsverhältnisses von Sicherungseigentum und gesicherter Forderung 54

 a) Der Zweckgedanke der causa unter rechtsvergleichendem Gesichtspunkt 57

 b) Die Parallele zu der Funktion der consideration im amerikanischen UCC für die Begründung des inneren Zusammenhanges von Sicherungsrecht und gesicherter Forderung 60

 c) Die historische Entwicklung der consideration doctrine 62

 d) Die Entstehung des Vertragsgedankens aus der ursprünglichen Realleistung bei der consideration und der causa 67

 e) Die Bedeutung des Zweckmomentes als Merkmal der consideration infolge der bargain theory 71

 f) Die Zweckrichtung auf einen rechtlich anerkannten Erfolg als gemeinsames konstitutives Element für eine Verpflichtungserklärung 75

2. Die Zweckstruktur der Sicherungsgeschäfte 77

 a) Die Normierung des Sicherungszwecks innerhalb der gesetzlichen Regelung der akzessorischen Sicherungsrechte 77

 b) Ausklammerung der speziell bereicherungsrechtlichen Entwicklung des „objektiven" Rechtsgrundbegriffs 79

 c) Der Sicherungszweck als typischer „Leistungszweck" oder „Vertragszweck"? 81

 d) Die Ausgestaltung der Rechtsgrundabhängigkeit bei den akzessorischen und nichtakzessorischen Sicherungsrechten 85

 e) Vergleichende Betrachtung der Funktion des Sicherungszwecks bei den gesetzlich geregelten Sicherungsgeschäften und bei der Sicherungsübereignung 88

V. Teil

Die Auswirkungen der Erledigung oder Störung des Sicherungszwecks auf den Sicherungsvertrag und auf das Übereignungsgeschäft 92

A. Das Bereicherungsrecht als Grundlage für einen schuldrechtlichen Rückübertragungsanspruch 93

1. Die Begründung über die Zweckverfehlungskondiktion (§ 812 Abs. 1 Satz 2, 2. Alt.) 93
   a) Der Anwendungsbereich der Zweckverfehlungskondiktion 93
      aa) Die von der Rechtsprechung unter § 812 Abs. 1 Satz 2, 2. Alt. gefaßten Fallgruppen von Zweckvereinbarungen 94
      bb) Die Einschränkung des Anwendungsbereiches im Schrifttum . 95
   b) Ausscheiden der Zweckverfehlungskondiktion für die Erfassung der Störung des Sicherungszwecks 98
2. Der Weg über die Leistungskondiktion 99
   a) Wegfall der Eigentumsübertragungspflicht aufgrund der §§ 275, 306 99
      aa) Die Lehre von der Zweckverfehlung und dem Zweckfortfall als Leistungsstörungskategorie 100
      bb) Ausklammerung der Nichterreichung des Sicherungszwecks aus dem Leistungsstörungsrecht 102
   b) Die Annahme einer Unwirksamkeit des Sicherungsvertrages wegen Rechtsgrundstörung 103

B. Die Einbeziehung der Rückabwicklungsfolgen der Erledigung und Störung des Sicherungszwecks in den Sicherungsvertrag 104
   1. Der Vorrang vertraglicher Abwicklungsbehelfe bei Rechtsgrundstörungen im Schuldvertrag 106
   2. Die gesetzlichen Fälle einer Verlagerung der Vertragsabwicklung auf das Bereicherungsrecht 109
   3. Die inhaltliche Beschränkung der Bereicherungsabwicklung durch die Anlehnung an das vertragliche Regelungsgefüge 112
   4. Begründung eines einheitlichen Rückübertragungsanspruches auf der Grundlage des Sicherungsvertrages 114

C. Die Möglichkeit einer dinglichen Wirkung des Sicherungszwecks im Sinne einer Akzessorietät 118
   1. Die Akzessorietät als Ausdruck der unmittelbaren Abhängigkeit vom Sicherungszweck 118
   2. Ersatz der Akzessorietät durch die Annahme einer Bedingung? 120
   3. Die weiterreichende Wirkungsweise der Akzessorietät 121
   4. Übertragbarkeit des Akzessorietätsprinzips auf die Sicherungsübereignung? 124
      a) Kausale Ausgestaltung des Sicherungseigentums im Wege der Rechtsfortbildung? 124
      b) Die Verbindung von Akzessorietät und Publizitätserfordernis unter rechtsvergleichender Sicht 127

　　　　aa) Die Abhängigkeit des "security interest" von der gesicherten Forderung nach Art. 9 UCC 127
　　　　bb) Die Regelung der Publizität in Art. 9 UCC 129
　　c) Ergebnis 132

Literaturverzeichnis 133

I. Teil
Einleitung

Unter den gesetzlich nicht geregelten Sicherungsgeschäften kommt der Sicherungsübereignung nach wie vor ein großes wirtschaftliches Gewicht zu[1], wenngleich ihre Bedeutung in der Praxis hinter der Sicherungsgrundschuld und auch dem Eigentumsvorbehalt als Warenkreditsicherungsmittel zurückbleibt[2]. Entsprechend eingehend ist die Behandlung von Problemen im Zusammenhang mit der Sicherungsübereignung durch die Rechtsprechung und Literatur, ohne daß bisher jedoch sämtliche Fragen – insbesondere unter dogmatischen Gesichtspunkten – als geklärt angesehen werden dürften. Die Ausgestaltung dieses Sicherungsrechtes im Wege richterlicher Rechtsfortbildung konzentriert sich notwendigerweise auf punktuelle Lösungen im Rahmen von Einzelentscheidungen, während die Betrachtung des Geschäftes im Ganzen und die Einordnung in die Begriffskategorien und die Systematik des BGB eher in den Hintergrund tritt.

Eine solche, in allgemeine Grundfragen des Schuldrechts zurückreichende Problematik betrifft auch die Rückabwicklung der Sicherungsübereignung, wenn die gesicherte Forderung getilgt oder aufgrund eines anderen Umstandes weggefallen ist. Es besteht zwar im Ergebnis Einigkeit, daß der beschränkte Zweck der Sicherung, dem die Übertragung des – an sich unbeschränkten – Eigentumsrechtes dienen soll, eine Rückführung auf den Sicherungsgeber verlangt[3]. Erheblich uneinheitlicher aber fällt die rechtliche Begründung und Einordnung einer Korrektur der Eigentümerstellung des Sicherungsnehmers aus. Hier werden – mit im einzelnen unterschiedlichen Begründungen – ein schuldrechtlicher Rückübertragungsanspruch auf der Grundlage des Sicherungsvertrages oder des Bereicherungsrechts sowie eine direkte Bindung des Eigentumsrechtes an den Bestand der gesicherten Forderung im Sinne einer Akzessorietät in Erwägung gezogen, wobei der letztgenannte Weg durch eine Entscheidung des BGH aus dem Jahr 1981[4] wieder stärker in die Diskussion gerückt ist.[5]

---

[1] Drobnig, RabelsZ 44, 797 f.; ders., Gutachten zum 51. DJT, S. 14, 21 ff., 55; Lindacher, AcP 181, 340.

[2] Drobnig, RabelsZ 44, 798; ders., Gutachten zum 51. DJT, S. 22 f., 55; weitergehend Adams, Ökonomische Analyse der Sicherungsrechte S. 248 ff., 276 ff., der die Sicherungsübereignung aus wirtschaftlicher Sicht als ungeeignetes Sicherungsmittel bezeichnet und sich für ihre Abschaffung ausspricht; dagegen Lindacher, AcP 181, 339 f.

[3] RG JW 1910, 29, 30; BGH JZ 1957, 623, 624; Bülow, Recht der Kreditsicherheiten, Rdnr. 417, 419 f.

[4] BGH NJW 1982, 275.

In ihrer Begründung verweisen die verschiedenen Lösungsansätze in Rechtsprechung und Literatur meist auf den Begriff des *Sicherungszwecks,* der den Anknüpfungspunkt gleichermaßen für einen vertraglichen[6] wie auch einen bereicherungsrechtlichen[7] Rückübertragungsanspruch bilden soll; dabei divergieren auf Seiten der Wissenschaft die Ansichten zwischen der Annahme einer *Zweckverfehlungskondiktion* (§ 812 Abs. 1 Satz 2, 2. Alt)[8], einer Leistungskondiktion wegen Verfehlung des Sicherungszwecks als *Leistungszweck* iSd. § 812 Abs. 1 Satz 1, 1. Alt bzw. Satz 2, 1. Alt.[9] und einer Unwirksamkeit des Sicherungsvertrages wegen Unmöglichkeit (§§ 275, 306, Fälle des sog. *Zweckfortfalls*)[10] bzw. wegen Wegfalles des für den Sicherungsvertrag konstitutiven typischen *Vertragszwecks*[11]. Auch die Erwägung einer akzessorischen Abhängigkeit wird vom BGH mit dem Hinweis auf den *wirtschaftlichen Zweck* der Sicherung einer Forderung begründet[12].

Eine Entscheidung zwischen den verschiedenen Rückabwicklungsbehelfen zur Rückführung des Sicherungseigentums auf den Sicherungsgeber kann demnach offenbar nicht allein anhand des Rückgriffs auf einen inhaltlich nicht näher fixierten Begriff des Sicherungszwecks getroffen werden. Vielmehr muß die Bestimmung der Rechtsfolgen bei Tilgung oder Wegfall der gesicherten Forderung zunächst um eine dogmatische Einordnung des an sich schon umstrittenen, in seinen Konturen wenig klaren und zudem im Schuldrecht vielschichtig verwendeten Zweckbegriffs[13] bemüht sein.

Der Ansatzpunkt hierfür wird im Rahmen der vorliegenden Arbeit in dem Erfordernis eines Zweckes im Sinne des Bestimmungs- und Rechtfertigungsgrundes (Rechtsgrundes) einer Zuwendung gesucht, wie es in § 812 – wenn auch nur unvollkommen – wiedergegeben ist. Hinter jener gesetzlichen Regelung, deren Aussagegehalt von der modernen Bereicherungslehre mit der Entwicklung zu einer einseitigen Zwecksetzung[14] und der Hinzuziehung weiterer Wertungskriterien[15] zur Bewältigung spezifisch bereicherungsrechtlicher Probleme über-

---

[5] Bähr, NJW 1983, 1473; Jauernig, NJW 1982, 268; Tiedtke, DB 1982, 1703.
[6] RG WarnRspr. 1908, 143 (Nr. 197); 1934, 166 f. (Nr. 77); ebenso Huber, Sicherungsgrundschuld S. 79 f.; Buchholz, ZIP 1987, 897 f.
[7] OLG Köln, OLGZ 1969, 419, 423 f. (für die Sicherungsgrundschuld); ebenso Weitnauer, JZ 1972, 638.
[8] Weber, AcP 169, 243 f.; ders., Sicherungsgeschäfte S. 99 f.
[9] Weitnauer, JZ 1972, 638; Blomeyer, SchuldR S. 84; v. Tuhr, S. 68, 174.
[10] Esser, SchuldR I (4. Aufl.) S. 19 f.
[11] Jäckle, JZ 1982, 55 f.; Huber, Sicherungsgrundschuld S. 92; Bähr, NJW 1983, 1474 mit jeweils unterschiedlicher Begründung.
[12] BGH NJW 1982, 276; ebenso Bähr, NJW 1983, 1474.
[13] Köhler, Unmöglichkeit und Geschäftsgrundlage S. 3; Buchholz, ZIP 1987, 895.
[14] BGH NJW 1974, 1132 f.; Wieling, JuS 1978, 801 f.; anders Ehmann, JZ 1968, 550 ff.
[15] Larenz, SchuldR II § 68 I a; Medicus, Bürgerliches Recht Rdnr. 668, 686 im Anschluß an Canaris, FS Larenz S. 802 f., 814 ff.

lagert ist¹⁶, steht als übergreifender, allgemein schuldrechtlicher Gedanke, daß mit jeder Zuwendung, sei es Verpflichtungs- oder Verfügungsgeschäft, bestimmte Zwecke verfolgt werden, deren Erreichung für ihren Bestand maßgeblich ist und deren Verfehlung umgekehrt zur Rückabwicklung führt. Über den unmittelbaren Anwendungsbereich der §§ 812 ff. hinaus bildet daher der Zweck als Rechtsgrund (causa) auch im Vertragsrecht den Anknüpfungspunkt für die Rückgängigmachung von Zuwendungsgeschäften, wenn der mit Vertragseingehung verfolgte Zweck nicht erreicht wird¹⁷.

Mit Hilfe der Einordnung des Sicherungszwecks unter diesen Begriff des Rechtsgrundes läßt sich daher auch eine Bestimmung der Rechtsfolgen bei Fehlen oder Wegfall der gesicherten Forderung vornehmen. Die hierin liegende Erledigung bzw. Verfehlung des Sicherungszwecks hat auf schuldrechtlicher wie auf dinglicher Ebene bestimmte Reaktionen zur Folge, wie sie im Gesetz für einige typische Störungsfälle geregelt und vorgegeben sind und die entsprechend ihrer Leitbildfunktion gleichermaßen auf parallele Situationen außerhalb der gesetzlichen Regeltypen übertragbar sind. Beeinflußt wird die Rechtsfolgebestimmung dabei von der neueren Entwicklung der Schuldrechtsdogmatik, die um eine Abgrenzung des Aufgabenbereiches vertraglicher und bereicherungsrechtlicher Rückabwicklungsbehelfe bemüht ist und das Verhältnis dieser beiden Behelfssysteme zueinander neu zu bestimmen versucht. Überdies stellt sich im Hinblick auf die dingliche Ebene die Frage, inwieweit eine unmittelbar auf den Bestand des Sicherungsrechtes einwirkende Bindung an den Sicherungszweck im Sinne der im Gesetz für einige Sicherungsrechte vorgesehenen Akzessorietät übertragbar erscheint, da hierdurch die grundsätzliche Abstraktheit des Übereignungsgeschäftes bei der Sicherungsübereignung durchbrochen würde¹⁸.

Der so umrissene Ansatzpunkt, die innere Abhängigkeit von Sicherungsrecht und gesicherter Forderung aus dem Rechtsgrund (causa) der Zuwendungsgeschäfte zu erklären, erfährt dabei eine Bestätigung durch die rechtsvergleichende Betrachtung der Regelung im U.S.-amerikanischen Uniform Commercial Code, der in Art. 9 eine umfassende Kodifzierung der Mobiliarsicherungsrechte ("security interest in personal property") enthält. Dort wird auf die überkommene consideration doctrine zurückgegriffen, um den Zusammenhang von

---

[16] Jahr, ZSSt 80, 146 ff.

[17] Diese Funktion der causa im Vertragsrecht wird bisweilen – insbesondere im rechtsvergleichenden Schrifttum – angezweifelt, vgl. Zweigert, JZ 1964, 352 f.; Rheinstein, S. 101 ff.; siehe auch Kupisch, JZ 1985, 103 ff.; Jäckle, JZ 1982, 55 FN 104. Dagegen hebt das französische Recht in art. 1108, 1131, 1133 Code Civil die „cause" in diesem Sinne als eigenständige Voraussetzung für den Vertragsabschluß hervor, vgl. Baudrie-Lacantinerie/Barde, Traité théorique et pratique de droit civil, S. 332, 335; Aubry/Rau, Cours de droit civil français, § 345; Carbonnier, Théorie des obligations, S. 132 f., 306 ff.

[18] Die gleiche Wirkung entfaltet die vielfach befürwortete Konstruktion einer Bedingung (vgl. nur Weber, Sicherungsgeschäfte S. 97; Bähr, NJW 1983, 1475), die in gleicher Weise der Zwecksicherung dient, Esser, SchuldR I (4. Aufl.) § 4 IV 1, S. 21; MK-Quack, Einl. SachenR Rdnr. 38 ff.

Sicherungsrecht und gesicherter Forderung herzustellen[19], wobei dies in einer der Akzessorietät durchaus nahestehenden Weise geschieht[20]. Auch wenn dabei die consideration vom äußeren Erscheinungsbild her keine Entsprechung im deutschen Recht kennt, bestehen im Hinblick auf die historische Entwicklung aus dem Realvertragsgedanken doch einige wesentliche Parallelen zur Funktion des Rechtsgrundes (causa) im deutschen Recht[21].

---

[19] Siehe UCC Art. 9-203 (1), 1-201 (44); der Begriff "value" steht dabei stellvertretend zunächst für die klassischen Fälle der consideration, dehnt diesen Kreis jedoch durch Anerkennung der sog. "past consideration" über das traditionelle Verständnis der consideration doctrine aus, vgl. Coogan, A suggested analytical approach to Art. 9, § 4.03; 69 Am.Jur. 2nd (secured transactions), S. 15.

[20] Milger, Mobiliarsicherheiten im deutschen und im US-amerikanischen Recht, S. 52; v. Kenne, Das kanadische einheitliche Sicherungsrecht, S. 234 f.

[21] Mitteis/Lieberich, Deutsches Privatrecht S. 125, 150.

II. Teil
Der schuldrechtliche Anspruch auf Rückübertragung einer Sicherheit

1. Die Fälle des Erlöschens oder Fehlens der gesicherten Forderung

Rechtsprechung und Literatur haben zum Teil recht unterschiedliche Wege beschritten, um zunächst einen schuldrechtlichen Rückübertragungsanspruch als Folge des beschränkten Sicherungszwecks der Eigentumsübertragung zu begründen. Dabei lassen sich zur Verdeutlichung von der tatsächlichen Gestaltung der inneren Abhängigkeit von Sicherungsrecht und Forderung her drei typische Fallgruppen unterscheiden:

1. Die gesicherte Forderung (z.B. ein Rückzahlungsanspruch aus Darlehen) ist entstanden und wird ordnungsgemäß getilgt; der Gläubiger bedarf also keiner Sicherung mehr, der mit dem Sicherungsgeschäft verfolgte Sicherungszweck ist erledigt.
2. Eine Sicherheitenbestellung (Sicherungsübereignung[1]) ist zwar wirksam vorgenommen worden, die zu sichernde Forderung gelangt jedoch nicht zur Entstehung; der Sicherungszweck wird von Anfang an verfehlt (Zweckverfehlung)[2]. Diese Situation ergibt sich beispielsweise, wenn die Darlehensvaluta nicht ausgezahlt wird[3] oder das Rechtsverhältnis, dem die zu sichernde Forderung entspringen soll, nichtig oder angefochten ist[4].
3. Die mittels Sicherungsübereignung gesicherte Forderung entsteht zwar, sie erlischt jedoch auf andere Weise als durch planmäßige Tilgung; der Sicherungszweck entfällt nachträglich (Zweckfortfall). Wird etwa beim finanzierten Abzahlungskauf dem Darlehensrückzahlungsanspruch der Bank der Einwand der Mangelhaftigkeit der Ware entgegengehalten („Einwendungs-

---

[1] Im folgenden wird für die Frage des Rückübertragungsanspruches bei der Sicherungsübereignung auch auf die Entscheidungen zur Sicherungsgrundschuld bzw. Sicherungsabtretung zurückgegriffen. Beschränkt auf diese Problematik des schuldrechtlichen Anspruches liegt die rechtliche Beurteilung parallel, vgl. Rimmelspacher, Kreditsicherungsrecht S. 165 FN 43; Jauernig, NJW 1982, 268, 270; MK-Quack, Anh. §§ 929—936 Rdnr. 18 f.
[2] Zu dieser Terminologie vgl. z.B. Jäckle, JZ 1982, 55 f.; Huber, Sicherungsgrundschuld, S. 91 ff., 97 ff.; Weitnauer, JZ 1972, 638; Serick, Bd. III, S. 392.
[3] So im Fall BGH NJW 1982, 275 (bei einer Sicherungsabtretung) und OLG Köln, ZIP 1983, 926, 927 (Sicherungsgrundschuld).
[4] Serick, Bd. III, S. 392; Weber, AcP 169, 237, 243.

durchgriff")[5], entfällt damit auch der Sicherungszweck der zwischen Käufer und Bank vereinbarten Sicherungsübereignung[6].

Aus der Aufzählung dieser für die Problematik der Rückabwicklung interessanten Fallkonstellationen des erledigten oder gestörten Sicherungszwecks ergibt sich für die folgende Untersuchung, daß zunächst die Rückabwicklungsfälle auszuklammern sind, die auf der Nichtigkeit des Sicherungsvertrages beruhen (z.B. aufgrund § 138 oder Anfechtung). Ist der Sicherungsvertrag aus solchen Gründen außer Kraft gesetzt, kommt ein Rückübertragungsanspruch nur aus ungerechtfertigter Bereicherung (§ 812) in Betracht[7].

Weiterhin braucht auf die Frage der dogmatischen Einordnung eines Anspruches auf Rückgewähr des Sicherungseigentums dort nicht eingegangen zu werden, wo sich ein solcher Anspruch bereits ausdrücklich aus dem Sicherungsvertrag ergibt, wie dies im Kreditgewerbe jedenfalls für den Fall der Tilgung der Forderung üblich ist[8]. Für die Fallgruppe 1) ergibt sich dann ohnehin ein vertraglicher Anspruch des Sicherungsgebers.

Die Erörterung der Problematik des Rückübertragungsanspruchs hat daher die Fälle im Auge, in denen eine vertragliche Vereinbarung fehlt, sowie die Fälle einer Störung (Verfehlung oder Fortfall) des Sicherungszwecks, da eine diesbezügliche vertragliche Regelung auch in den allgemeinen Geschäftsbedingungen regelmäßig nicht vorgesehen ist. Dabei zeigen die einzelnen Ansätze, die auf unterschiedlichem Wege dem beschränkten Sicherungszweck gegenüber der Eigentümerstellung des Sicherungsnehmers zur Wirksamkeit verhelfen, wie fließend die Grenze zwischen bereicherungsrechtlichen und vertraglichen Rückabwicklungsbehelfen gesehen wird.

---

[5] Ständige Rechtsprechung des BGH seit BGHZ 37, 94, 99 und den Entscheidungen BGHZ 47, 207 ff. (siehe Erman/Weitnauer/Klingsporn, Vorbem. AbzG Rdnr. 33). Auf die Einzelheiten anderer Lösungsvorschläge dieses Problemkomplexes (dazu MK-Westermann, § 6 AbzG Rdnr. 37 ff.) sowie der Rückabwicklung (MK-Lieb, § 812 Rdnr. 132 f.) braucht nicht näher eingegangen zu werden. Entscheidend ist hier allein, daß im Falle eines begründeten Gegenrechts gegen den Zahlungsanspruch der Bank auch das Darlehensverhältnis rückabgewickelt wird und damit der Sicherungszweck nachträglich entfällt (MK-Lieb, a.a.O., Rdnr. 135). So auch für den Parallelfall des Leasinggeschäftes BGH NJW 1985, 796.

[6] Auf dieser Linie liegt auch die Entscheidung BGH NJW 1976, 1093, 1095, wo der Kaufpreis- bzw. Darlehensrückzahlungsanspruch aus einem finanzierten Teilzahlungskauf durch eine Grundschuld gesichert war und der Zahlungsanspruch später durch Rücktritt des Verkäufers entfiel.

[7] BGH NJW 1985, 800, 801; WM 1963, 192, 194; Weber, Sicherungsgeschäfte, S. 100; Serick, Bd. III, S. 62; Rimmelspacher, Kreditsicherungsrecht Rdnr. 392; ein Anspruch aus § 812 scheidet allerdings aus, wenn man bei Nichtigkeit des Sicherungsvertrages aufgrund § 138 (z.B. im Falle der Übersicherung) auch gleichzeitig eine Unwirksamkeit des Übereignungsgeschäftes annimmt, BGH NJW 1982, 2767, 2768; MK-Quack, Anh. §§ 929—936 Rdnr. 107; dagegen aber ausdrücklich Baur, SachenR § 57 V 5 b.

[8] Buchholz, AcP 187, 109 FN 12; ders., ZIP 1987, 899; Serick, Bd. III S. 390; Scholz/Lwowski, Formular S. 438, 440 bei Ziff. 1 und 3, S. 615 bei Ziff. 8; Soergel/Mühl, § 930 Rdnr. 47, 78 unter Hinweis auf Ziff. 11 der allgemeinen Sicherungsübereignungsbedingungen des Kreditgewerbes.

2. Die Lösung der Rechtsprechung

Die Rechtsprechung zeigt keine eindeutige Haltung hinsichtlich der dogmatischen Begründung der Rückabwicklung einer vollzogenen Sicherungsübertragung; insbesondere wird für die Einordnung des Rückübertragungsanspruches auf eine Unterscheidung zwischen Tilgung und Störung der gesicherten Forderung regelmäßig nicht näher eingegangen[9].

a) Der Fall der Tilgung der gesicherten Forderung

Das Reichsgericht[10] nahm in Fällen, in denen die gesicherte Forderung durch Tilgung erloschen war (Zweckerledigung), lediglich einen „schuldrechtlichen Rückübertragungsanspruch" an, ohne im einzelnen auf die Grundlage dieses Anspruchs einzugehen. In einigen, z. T. später liegenden Entscheidungen[11] stellte das Reichsgericht bei Tilgung der Forderung auf einen unmittelbar aus dem Sicherungsvertrag resultierenden Rückübertragungsanspruch ab. Mit voller Befriedigung des Gläubigers sei der Zweck der Sicherungsvereinbarung erreicht, so daß sich aus dem Zweck des Vertrages die Rückübertragungspflicht auch ohne ausdrückliche Vereinbarung ergebe. Der Weg über das Bereicherungsrecht wurde dagegen abgelehnt, da zwischen den Parteien ein den Rechtsgrund iSd. § 812 bildender Vertrag bestünde[12]. In einigen Entscheidungen wurde die Pflicht zur Rückübereignung auch aus einer Analogie zu § 1223 Abs. 1 hergeleitet[13].

Der BGH stützte teilweise den Rückübertragungsanspruch bei planmäßiger Tilgung auf den Sicherungsvertrag[14], tendierte jedoch dazu, den Anspruch gleichzeitig aus § 812 herzuleiten[15]. Eine nähere Begründung für das Nebeneinanderbestehen der beiden Anspruchsnormen ist den Entscheidungen nicht zu entnehmen. Offen bleibt auch, welche Wirkung die Tilgung der Forderung auf Bestand und Inhalt des Sicherungsvertrages ausübt, und welche Kondiktionsart

---

[9] So z.B. die Ausführungen in BGH JZ 1957, 623, 624.
[10] RG JW 1910, 29, 30 (Sicherungsübereignung); RG JW 1931, 2695, 2696 (Sicherungsgrundschuld); RGZ 95, 244, 245 (Sicherungsabtretung); 102, 385, 386 f. (Sicherungsabtretung); aber auch noch BGH WM 1960, 1407, 1408.
[11] RG WarnRspr. 1908 Nr. 197, S. 143; WarnRspr. 1934 Nr. 77, S. 166, 167.
[12] RG WarnRspr. 1934 Nr. 77, S. 166, 167.
[13] RG WarnRspr. 1934 Nr. 78, S. 169; RGZ 92, 280, 281 f.; RG JW 1914, 76.
[14] BGH LM Nr. 14 zu § 313; BGH NJW 1977, 247 f.; aus dem Tatbestand geht jedoch jeweils nicht klar hervor, ob ein derartiger Anspruch nicht in den Verträgen ausdrücklich vorgesehen war, wie dies bei vorformulierten Sicherungsverträgen im Geschäftsverkehr (z.B. mit Banken) üblich ist. Dagegen lag den Entscheidungen BGH WM 1964, 270; NJW 1984, 1184; NJW 1985, 800 eine solche Vertragsklausel zugrunde.
[15] BGH WM 1966, 653, 654; BGH JZ 1957, 623, 624; BGH WM 1964, 270, 271 = LM Nr. 47 zu § 322 ZPO; BGH WM 1967, 955, 957 = LM Nr. 53 zu § 242 Bb; BGH BB 1976, 577 = LM Nr. 115 zu § 812.

demzufolge in Betracht zu ziehen wäre (Kondiktion wegen Wegfalls des rechtlichen Grundes § 812 Abs. 1 Satz 2, 1. Alt oder wegen Zweckverfehlung § 812 Abs. 1 Satz 2, 2. Alt). Der BGH stellt damit der Auffassung des Reichsgerichts, welches den Rückübertragungsanspruch als Folge der planmäßigen Erledigung des Sicherungsgeschäftes in den Vertrag einbezog, einen zusätzlichen Kondiktionsanspruch zur Seite. Dies aber wirft das in der Literatur[16] viel diskutierte Problem des Verhältnisses von Sicherungsvertrag und Bereicherungsrecht auf, worauf unten[17] noch näher einzugehen sein wird. Grundsätzlich ist eine Parallelität von vertraglichem und bereicherungsrechtlichem Rückübertragungsanspruch ausgeschlossen[18]; die Entscheidung zwischen diesen beiden Behelfen hängt daher letztlich von der – vom BGH nicht näher behandelten – Frage ab, welche Wirkung das Erlöschen der gesicherten Forderung auf den Sicherungsvertrag hat, dessen Bestand die Anwendbarkeit der §§ 812 ff. ausschließen würde.

b) Anfängliches Fehlen der gesicherten Forderung

Nicht ganz eindeutig gestaltet sich das Bild der Rechtsprechung auch in der zweiten Fallvariante, dem anfänglichen Fehlen der zu sichernden Forderung (Zweckverfehlung), wie eine (vereinfacht dargestellte) Entscheidung des BGH[19] verdeutlichen mag: Ein Bürge ließ sich seine Rückgriffsforderung gegen den Hauptschuldner für den Fall, daß er als Bürge den Gläubiger zu befriedigen hätte, mittels einer Grundschuld sichern. Der Hauptschuldner beglich jedoch seine Verbindlichkeit, so daß die Bürgenrückgriffsforderung nicht zur Entstehung gelangen konnte. Der BGH stützte den Rückübertragungsanspruch des Sicherungsgebers auf § 812, daneben aber auch auf den Sicherungsvertrag.

Eine vergleichbare Rechtslage ergibt sich im Falle der Sicherung eines Darlehensanspruches, bei dem es nicht zur Valutierung kommt[20].

Die Rechtsprechung des Reichsgerichts[21] und des BGH[22] stellt im Wesentlichen darauf ab, daß die *gesicherte Forderung* den Rechtsgrund für die Sicherheitenbestellung bilde[23]. Bei deren Fehlen sei die Sicherheit rechtsgrundlos über-

---

[16] Z.B. Huber, Sicherungsgrundschuld S. 87 f.; Jauernig, NJW 1982, 268.
[17] Teil III 3 b, c; Teil V A.
[18] Palandt/Thomas, Einf. vor § 812 Anm. 5 a.
[19] BGH BB 1967, 1144.
[20] So z.B. in RG JW 1931, 2733; BGH NJW 1982, 275; die Entscheidungen BGH JZ 1957, 623; WM 1961, 691; OLG Köln, OLGZ 1969, 419 betrafen Fälle teilweiser Nichtvalutierung.
[21] RGZ 78, 60, 65 ff.; RG SeuffA 75, 181, 183 (Nr. 103); RG JW 1929, 248; 1931, 2733; 1934, 3124, 3125.
[22] BGHZ 19, 205; BGH JZ 1957, 623, 624; BGH WM 1962, 183; BGH BB 1967, 1144; BGH LM Nr. 1 zu § 1169; Nr. 2 zu § 1163; BGH NJW 1982, 275, 277; etwas anders BGH WM 1961, 691, der nur von einem „schuldrechtlichen Herausgabeanspruch" spricht.
[23] Siehe auch OLG Köln, ZIP 1983, 926.

tragen worden und folglich dem Sicherungsgeber nach §§ 812 ff. herauszugeben. Ohne auf die in Frage kommende Kondiktionsart einzugehen (möglich wäre hier die Kondiktion wegen anfänglichen Fehlens des Rechtsgrundes § 812 Abs. 1 Satz 1, 1. Alt. sowie wegen Zweckverfehlung § 812 Abs. 1 Satz 2, 2. Alt.), wird diesem bereicherungsrechtlichen Rückabwicklungsanspruch in den meisten Entscheidungen ein paralleler Anspruch aus dem Sicherungsvertrag zur Seite gestellt[24].

In einer Entscheidung des OLG Köln[25], die als einzige um eine eingehende Begründung für ein Nebeneinanderbestehen eines vertraglichen und eines bereicherungsrechtlichen Anspruches bemüht ist, wird dafür der Zusammenhang von gesicherter Forderung, Sicherungsvertrag und Verfügungsgeschäft angeführt. „Unmittelbarer" Rechtsgrund der Sicherheitenbestellung sei der Sicherungsvertrag[26]; der Sicherungszweck sei jedoch bereicherungsrechtlich relevanter „Leistungszweck" des Verfügungsgeschäftes und setze dieses in eine Abhängigkeit von der gesicherten Forderung, die den „mittelbaren" Rechtsgrund[27] bilde. Der Wegfall der Forderung führe zur Nichterreichung des Leistungszwecks (Sicherungszwecks) und damit zur Kondizierbarkeit des Sicherungsrechtes, ohne daß dadurch der Sicherungsvertrag tangiert werde. Dieser könne vielmehr unabhängig davon die Grundlage für weitere vertragliche Behelfe bilden.

c) *Nachträglicher Wegfall der gesicherten Forderung*

In der dritten Fallvariante, in der die gesicherte Forderung später auf andere Weise als durch Tilgung zum Wegfall kommt (Zweckfortfall), stellt die Rechtsprechung allein auf den Anspruch aus ungerechtfertigter Bereicherung ab[28]. So hat der BGH[29] in einem Fall, in dem die gesicherte Forderung aufgrund eines Vergleichs hinfällig geworden war, einen Rückübertragungsanspruch aus § 812 angenommen; auch hier ergab sich nach Ansicht des Gerichts die Begründung für den Bereicherungsanspruch daraus, daß die gesicherte Forderung nicht mehr bestand[30]. In Betracht kam dabei – wenn auch auf die Kondiktionsart nicht näher eingegangen wurde – nur die Kondiktion wegen Wegfalls des rechtlichen Grundes (§ 812 Abs. 1 Satz 2, 1. Alt.).

---

[24] RGZ 78, 60, 67; RG SeuffA 75, 181, 183; RG JW 1931, 2733; 1934, 3124, 3125; BGHZ 19, 205; BGHZ 1957, 623, 624; BGH BB 1967, 1144; OLG Köln, OLGZ 1969, 423 f.
[25] OLGZ 1969, 419, 423 f. (Sicherungsgrundschuld).
[26] So im Ansatz auch BGH LM Nr. 1 zu § 1169; OLG München, NJW 1980, 1051, 1052.
[27] Terminologie im Anschluß an Westermann, SachenR § 43 III 2, § 114 II 1 b.
[28] BGH LM Nr. 1 zu § 1169; BGH WM 1961, 25, 27; vgl. auch RG JW 1910, 29, 30.
[29] BGH WM 1961, 25, 27 (Sicherungsübertragung von Wechseln).
[30] Ebenso in dem bereits oben FN 6 zitierten Urteil in NJW 1976, 1093, 1095, wo unter Bezugnahme auf die Begründung des Berufungsgerichts (siehe S. 1094) § 812 herangezogen wurde, soweit die Grundschuld nicht mehr valutiert war.

In der zweiten und dritten Fallgestaltung liegt damit das Problem in der Einwirkung einer Störung im Bereich der gesicherten Forderung auf den Sicherungsvertrag und das Leistungsgeschäft. Hier geht die Rechtsprechung von einer Parallelität von vertraglichen und bereicherungsrechtlichen Ansprüchen aus. Das OLG Köln[31] versucht dies mit einer Einordnung des Sicherungszwecks als *Leistungszweck* zu erklären, dessen Nichterreichung wegen Fehlens oder Wegfalles der gesicherten Forderung unmittelbar zur Kondiktion führt. Damit bleibt aber – wie schon in der ersten Fallgruppe – das Verhältnis zwischen diesen beiden Anspruchssystemen ungeklärt. Ihren Grund hat diese Unsicherheit bei der Entscheidung für den einen oder anderen Rückabwicklungsbehelf in der fehlenden Klarstellung der Funktion des Sicherungszwecks. Dieser Frage muß daher zuerst nachgegangen werden, bevor die Rechtsfolgen einer Zweckverfehlung im einzelnen näher umschrieben werden können.

3. Die Haltung der Literatur

a) Kritik an der Auffassung der Rechtsprechung

In der Literatur wird die Lösung durch die Rechtsprechung vielfach kritisiert. Einwände werden dabei hauptsächlich gegen die Ausführungen erhoben, die einen bereicherungsrechtlichen Anspruch unmittelbar auf das Fehlen oder den Wegfall der *gesicherten Forderung* als *rechtlichem Grund* der Sicherungsübereignung stützen[32].

Zwar wird auch in der Literatur vereinzelt vertreten, die gesicherte Forderung bilde den Rechtsgrund für eine Sicherungsübertragung. Dies ergebe sich daraus, daß die Leistung einer Sicherheit nur eine Vorstufe für die Erfüllung einer Forderung darstelle und diese daher auch eine Behaltensberechtigung hinsichtlich des Sicherungsrechtes enthalte[33].

Demgegenüber wird überwiegend als Rechtsgrund iSd. § 812 nur ein Rechtsverhältnis angesehen, welches unmittelbar einen Anspruch auf die Leistung zum Inhalt hat, da sich nur aus diesem Anspruch ein Behaltensgrund (sog. „causa retinendi") ergeben könne[34]. Da die Sicherheitenbestellung einerseits nicht

---

[31] OLGZ 1969, 419, 423 f.

[32] Flume, Allg. Teil, S. 155 f.; Esser, SchuldR I (4. Aufl.) S. 19 bei FN 12; Huber, Sicherungsgrundschuld S. 80.

[33] Krawielicki, S. 167 ff., 170 f.; eine ähnliche Auffassung liegt wohl der Formulierung Westermanns zugrunde, die Forderung bilde den „mittelbaren" Rechtsgrund (Sachenrecht, § 43 III 2, § 114 II 1 b); vgl. auch Buchholz, ZIP 1987, 895 f.

[34] Jauernig, NJW 1982, 268; MK-Quack, Anh. §§ 929—936 Rdnr. 35; Tiedtke, DB 1982, 1709 bei FN 5. Dabei spielt es grundsätzlich keine Rolle, ob dieses Rechtsverhältnis als Verpflichtungsvertrag ausgestaltet ist oder als lediglicher Behaltensgrund („reiner Rechtsgrund") auftritt, wenn Abrede und Vollzug zeitlich zusammenfallen, Tiedtke, a.a.O.; Larenz, SchuldR II, 1. Halbbd. (13. Aufl.) S. 12 f.; v. Caemmerer, FS Rabel, Ges. Schr. I S. 220 FN 39.

II. Teil: Der schuldrechtliche Rückübertragungsanspruch

Erfüllung der gesicherten Forderung sei, sondern dem Gläubiger nur eine zusätzliche, neben die weiterhin geschuldete Erfüllungsleistung tretende Befriedigungsmöglichkeit eröffne, andererseits die gesicherte Forderung keinen Anspruch auf die Übertragung eines Sicherungsrechtes enthalte, kann nach dieser Auffassung die Forderung keinen rechtlichen Grund für die Sicherheitsleistung bilden[35]. Die überwiegende Meinung sieht daher den Rechtsgrund allein im Sicherungsvertrag, der die Verpflichtung des Sicherungsgebers zur Bestellung des Sicherungsrechtes zum Inhalt hat[36].

Diese Feststellung steht weiterhin der in manchen Entscheidungen zu findenden Aussage entgegen, neben einem bestehenden vertraglichen Rückgewähranspruch könne die Rückübertragung zugleich aus bereicherungsrechtlichen Gesichtspunkten verlangt werden[37]. Soweit nämlich diese Auffassung davon ausgeht, der Wegfall der gesicherten Forderung ließe den Bestand des Sicherungsvertrages unberührt[38], so daß dieser die Grundlage für einen Rückübertragungsanspruch bilden könne, läßt sich die Annahme eines inhaltsgleichen Anspruches aus § 812 nicht halten[39]. Die Ansprüche aus einer vertraglichen Rechtsbeziehung, womit auch die im Vertrag angelegten Rückabwicklungsbehelfe (wie beispielsweise die §§ 346 ff.) erfaßt sind, haben Vorrang vor bereicherungsrechtlichen Ansprüchen, so daß eine Anspruchskonkurrenz ausscheidet[40]. Die gleichzeitige Befürwortung eines Kondiktionsanspruches durch die Rechtsprechung, jedenfalls soweit dieser sich auf das Fehlen bzw. den Wegfall des rechtlichen Grundes (§ 812 Abs. 1 Satz 1, 1. Alt. bzw. Satz 2, 1. Alt.) stützt, verbietet sich damit.

Dieser nahezu einhelligen Kritik an der Begründung des schuldrechtlichen Rückübertragungsanspruches durch die Rechtsprechung steht eine Vielzahl von Lösungsansätzen im Schrifttum gegenüber, die die Einwirkung des Fehlens oder Erlöschens der gesicherten Forderung auf das Sicherungsrecht dogmatisch zu erfassen suchen. Dabei steht die rechtliche Erklärung des Zusammenhanges von

---

[35] Huber, Sicherungsgrundschuld S. 87 f.; Tiedtke, DB 1982, 1709; Jauernig, NJW 1982, 268; Carl, S. 39 f.

[36] Enneccerus/Wolff/Raiser, § 132 II, § 154 VI 1; Serick, Bd. I, S. 55, 57 ff.; Felgentraeger, FS v. Gierke S. 146; v. Caemmerer, FS Lewald, Ges. Schr. I S. 294; Weber, Sicherungsgeschäfte S. 99 f.; Küchler, Sicherungsgrundschuld S. 25; Scholz, FS Möhring S. 421; v. Tuhr, S. 179; Rimmelspacher, Rdnr. 390 f.; so im übrigen auch OLG München, NJW 1980, 1051, 1052.

[37] Derartige Formulierungen sind auch vereinzelt in der älteren Literatur, vgl. Soergel/Baur (10. Aufl.) § 1191 Rdnr. 5; Seckelmann, Sicherungsgrundschuld S. 138; Dempewolf, Rückübertragungsanspruch S. 17 f.; Krawielicki, S. 33 f.

[38] So ausdrücklich Weber, AcP 169, 243 f. und OLG Köln, OLGZ 1969, 423 f.

[39] Zu der Frage, ob dagegen eine Zweckverfehlungskondiktion (§ 812 Abs. 1 Satz 2, 2. Alt.) neben einem vertraglichen Rückgewähranspruch zum Zuge kommen kann, wie dies von Weber (AcP 169, 242, 244) und ihm folgend Welker (S. 98 f.) vertreten wird, siehe unten Teil V A 1.

[40] Esser, SchuldR (2. Aufl.) § 188, 3 b; Leser, Der Rücktritt S. 156; Scholz, FS Möhring S. 421; Schmitt, Subsidiarität der Bereicherungsansprüche S. 111, 113; Serick, Bd. III, S. 392; Jauernig/Schlechtriem, Vor. § 812 Anm. 4 a, b.

Forderung, Sicherungsvertrag und Übereignungsgeschäft durch den Sicherungszweck stärker im Vordergrund als bei der Rechtsprechung. Die Kernfrage aber betrifft letztlich die Entscheidung, ob die Fälle der Erledigung und Störung des Sicherungszwecks vom Sicherungsvertrag aufgefangen und geregelt werden können, oder ob dieser keinen Fortbestand hat und folglich die Korrektur über das Bereicherungsrecht erfolgen soll.

b) Die Rückabwicklung im Falle der Tilgung der gesicherten Forderung

Für den Fall, daß die gesicherte Forderung durch planmäßige Erfüllungsleistung seitens des Schuldners (Sicherungsgebers) zum Erlöschen kommt, wird nur von einigen, meist älteren Stimmen in der Literatur auf das Bereicherungsrecht zurückgegriffen. Dieser Rückabwicklungsbehelf wird jedenfalls dann für anwendbar gehalten, wenn eine ausdrückliche Vereinbarung dem Sicherungsvertrag nicht zu entnehmen ist[41]. Zur Begründung wird vereinzelt auf eine am Sicherungszweck orientierte Auslegung des Sicherungsvertrages verwiesen, die zu einer Hinfälligkeit der Verpflichtung des Sicherungsgebers bei Tilgung der gesicherten Forderung führen soll; dies liege in dem beschränkten Zweck der Sicherung begründet, dem die Verpflichtung diene, und folglich sei der Rechtsgrund iSd. § 812 weggefallen[42].

Demgegenüber gelangt das heute überwiegende Schrifttum mit einer ähnlichen, auf den Sicherungscharakter der Übereignung abstellenden Argumentation zu einem vertraglichen Rückgewähranspruch, auch ohne daß dies einer ausdrücklichen vertraglichen Regelung bedürfe. Zum Teil wird dieser Rückgewähranspruch als Gegenstück zum Eigentumsübertragungsanspruch der Sicherungsabrede inhärent[43] und durch Vertragsauslegung ermittelbar angesehen, da die Tilgung durch den Schuldner (Sicherungsgeber) von den Parteien regelmäßig als gewollter Normalfall ins Auge gefaßt werde[44]. Andere Stimmen greifen unmittelbar auf den Sicherungszweck als den für die typische Ausgestaltung der Rechte und Pflichten der Parteien maßgeblichen Vertragszweck zurück. Diesem Sicherungszweck würde die Annahme des Weiterbestandes der Sicherungsübertragungspflicht trotz Tilgung der gesicherten Forderung zuwiderlaufen, woraus sich im Umkehrschluß die Folgerung eines Rückgewähranspruches aus dem Vertrag ergebe[45].

---

[41] Planck/Strecker, § 1192 Anm. 6 b; Enneccerus/Wolff/Raiser, § 154 VI 1; Jahr/Kropf, JuS 1963, 359; Zeiss, AcP 164, 68 ff.

[42] Zeiss, AcP 164, 69 f.; vgl. auch die ähnliche Argumentation bei Welker, S. 98.

[43] Serick, Bd. III, S. 391 f.

[44] Weber, Sicherungsgeschäfte S. 99; ders., AcP 169, 240, 243; Welker, S. 97, FN 54; Westermann, SachenR § 114 II 1; Serick, Bd. I S. 57; Dempewolf, S. 17; Rimmelspacher, Kreditsicherungsrecht, Rdnr. 370; Buchholz, ZIP 1987, 895, 897 ff.

II. Teil: Der schuldrechtliche Rückübertragungsanspruch

Im Ergebnis hat sich die Literatur ziemlich einheitlich für eine Rückabwicklung auf vertraglicher Ebene entschieden, wenn das Sicherungsgeschäft planmäßig abgewickelt wird[46].

c) Die Rückabwicklung bei Fehlen oder Wegfall der gesicherten Forderung

Bei weitem keine Übereinstimmung herrscht dagegen bei der Beurteilung der beiden anderen Fallgruppen (Nichtentstehen bzw. Wegfall der gesicherten Forderung). Die Grenze zwischen Bereicherungsrecht und den im Rahmen des Vertrages liegenden Abwicklungsbehelfen wird hier unterschiedlich gezogen.

aa) Die am Sicherungsvertrag orientierte Lösung

Eine Ansicht zieht den Rahmen für die Störungsfälle, die vom Vertrag erfaßt werden, sehr weit und nimmt bei Fehlen oder Wegfall der Forderung gleichermaßen einen vertraglichen Rückübertragungsanspruch an[47]. Allerdings wird dabei zum Teil der Fall der Nichtigkeit des Rechtsverhältnisses, dem die gesicherte Forderung entspringt, ausgenommen und dem Bereicherungsrecht unterstellt, da sich dann aus § 139 die Nichtigkeit auch des Sicherungsvertrages ergebe[48].

Zur Begründung verweisen die Befürworter der vertraglichen Lösung auf die ergänzende Auslegung des Sicherungsvertrages, die auch den Fall der Störung des Kreditverhältnisses erfasse, der von den Parteien meist nicht ins Auge gefaßt werde und eine diesbezügliche Vereinbarung deshalb fehle[49].

Gegen diese vertragliche Lösung wird eingewandt, die Auslegung lege mehr in den Vertrag hinein, als die Sicherungsabrede tatsächlich enthalte, da häufig im

---

[45] Huber, S. 79 ff.; Jäckle, JZ 1982, 51; Esser, SchuldR I (4. Aufl.) S. 19 bei FN 14.

[46] So – auch ohne nähere Begründung – die h. L., vgl. Rimmelspacher, Kreditsicherungsrecht Rdnr. 390, 839; MK-Quack, Anh. §§ 929—936, Rdnr. 51, 76; Palandt/Bassenge, § 930 Anm. 4 b aa; Soergel/Baur, §§ 1191/1192 Rdnr. 9; Soergel/Mühl, § 930 Rdnr. 31, 77, 79; Erman/Räfle, § 1191 Rdnr. 12.

[47] Flume, Allg. Teil, S. 155 f.; Baur, SachenR § 57 IV 1; Serick, Bd. III, S. 392; Palandt/Bassenge, § 930 Anm. 4 b aa; § 1191 Anm. 3 d, bb; Soergel/Baur, §§ 1191/1192 Rdnr. 9.

[48] Serick, Bd. I, S. 60; Bd. III, S. 392; Weber, AcP 169, 240 f.; Palandt/Bassenge, § 930 Anm. 4 b aa; Soergel/Mühl, § 930 Rdnr. 31; dagegen aber Weitnauer, JZ 1972, 637, 638. Die Lösung über § 139 ist ohnehin auf den Fall der Nichtigkeit der gesicherten Forderung beschränkt; sie ist somit nicht geeignet, den gesamten hier anstehenden Problemkreis in den Griff zu bekommen und soll deshalb im weiteren außer Acht gelassen werden.

[49] Rimmelspacher, Rdnr. 390, 838 f.; Jauernig, § 1191 Anm. II 4; Buchholz, ZIP 1987, 897 ff.

Vertrag jeder Anhaltspunkt dafür fehlen werde, daß die Parteien den Störungsfall in Betracht gezogen hätten[50].

bb) Die bereicherungsrechtliche Lösung

Die andere Linie in der Literatur tendiert daher dazu, die Störungsfälle eher dem Bereicherungsrecht zu unterstellen. Dabei wird von den älteren Stimmen ohne nähere Begründung allgemein auf §§ 812 ff. verwiesen[51]. Im übrigen Schrifttum ist sowohl die anwendbare Kondiktionsart als auch die Begründung des einzelnen Kondiktionsanspruches umstritten. Grundsätzlich bieten sich zwei Wege an, die beide – mit unterschiedlicher Begründung – im Schrifttum vertreten werden: Die Zweckverfehlungskondiktion (§ 812 Abs. 1 Satz 2, 2. Alt.)[52] oder die Kondiktion wegen Fehlens bzw. nachträglichen Wegfalls des rechtlichen Grundes (§ 812 Abs. 1 Satz 1, 1. Alt. bzw. Satz 2, 1. Alt.)[53].

Die kontroverse Heranziehung dieser unterschiedlichen Kondiktionsformen zur Begründung eines Anspruches auf Rückübereignung hat ihre Ursache wiederum in der oben angedeuteten[54] Schwierigkeit der Erfassung und Einordnung des Sicherungszwecks. Bereits bei der Begründung der Leistungskondiktion zeigt sich die Notwendigkeit der genaueren Bestimmung seiner Funktion innerhalb des rechtlichen Gebildes „Sicherungsübereignung". Die Kondiktion nämlich ließe sich entweder unmittelbar auf die Verfehlung des *Sicherungszwecks* als *Leistungszweck*[55] oder aber auf die Verfehlung eines mit der Eigentumsübertragung verfolgten *Erfüllungszwecks* stützen, weil der zugrundeliegende Vertrag wegen Störung des Sicherungszwecks zum Wegfall gekommen ist.[56]

4. Der dogmatische Ausgangspunkt für die Rückabwicklung auf vertraglicher oder bereicherungsrechtlicher Grundlage

Für die hier angestrebte Lösung, den Sicherungszweck unter den Begriff der causa einzuordnen und daraus seine Wirkungsweise zu erklären, bietet das

---

[50] Weber, AcP 169, 243; ders., Sicherungsgeschäfte S. 99; Welker S. 97.
[51] Westermann, SachenR § 43 III 2; Enneccerus/Wolff/Raiser, § 154 VI 1; Locher, AcP 121, 45; Planck/Strecker, § 1192 Anm. 6 b.
[52] So z.B. Weber, AcP 169, 237, 243 f.; Welker, S. 95 ff. mit jeweils unterschiedlicher Begründung.
[53] So z.B. Jäckle, JZ 1982, 55 f.; Esser, SchuldR I (4. Aufl.) S. 18 ff.; Weitnauer, JZ 1972, 638; Zeiss, AcP 164, 59 ff., insbes. 68 ff. mit jeweils unterschiedlicher Begründung.
[54] Siehe oben unter 2 c.
[55] Vgl. Blomeyer, SchuldR S. 84; Weitnauer, JZ 1972, 638; v. Tuhr, S. 68, 174.
[56] Esser, SchuldR I (4. Aufl.) S. 19 f.; Jäckle, JZ 1982, 55 f.; Huber, Sicherungsgrundschuld S. 87 f., 92.

II. Teil: Der schuldrechtliche Rückübertragungsanspruch

Gesetz allerdings keinen unmittelbaren Ansatzpunkt. Weder enthält es eine allgemeine Regelung der Bedeutung der causa für eine Zuwendung noch eine einheitliche Anordnung von Rechtsfolgen bei Mängeln der causa. Dies macht es erforderlich, die hinter den einzelnen gesetzlich normierten Zuwendungen und Geschäftstypen, insbesondere den Sicherungsgeschäften, stehende Struktur zu untersuchen. Erst daraus läßt sich die Parallele zu der Bedeutung des Sicherungszwecks innerhalb des Geschäftstypus „Sicherungsübereignung" ziehen. Die Bestimmung der passenden Rückabwicklungsform als Reaktion auf das Fehlen oder Erlöschen der gesicherten Forderung, d.h. Nichterreichung des Sicherungszwecks, orientiert sich dann wiederum an den im Gesetz vorgegebenen Rechtsbehelfen zur Korrektur von Zweckverfehlungen innerhalb der Regelung von einzelnen typischen Zuwendungsgeschäften.

Unter den nach dem gesetzlichen Vorbild zur Verfügung stehenden Abwicklungsmöglichkeiten läßt sich dabei im Hinblick auf die Lösung der parallelen Problematik bei der Sicherungsübereignung eine innere Abstufung vornehmen. Der bereicherungsrechtliche Rückübertragungsanspruch bildet den allgemeinsten Behelf zur Rückgängigmachung von Vermögensverschiebungen, wenn eine vertragliche Sonderrechtsverbindung zwischen den Parteien nicht besteht oder vernichtet ist[57]. Er wird daher verdrängt, soweit die Eigentumsübertragung und die Pflicht zur Rückübertragung im Schuldvertrag speziell geregelt ist.

Der Sicherungsvertrag, dessen Rechte- und Pflichtengefüge sich auf die Willensentscheidung der Parteien gründet, bildet daher primär den Anknüpfungspunkt für die Regelung des Sicherungszwecks und der Rückabwicklungsfolgen. In Fortführung der Ansätze, die die Rechtsprechung[58] und Literatur[59] mit der Annahme eines vertraglichen Rückübertragungsanspruches bei planmäßiger Erledigung des Sicherungszwecks aufweist, ließen sich auch die weiteren Fälle der Zweckstörung in den Sicherungsvertrag aufnehmen. Dies liegt schon deshalb nahe, weil der Sicherungsvertrag – durchaus parallel zum Darlehens- oder sonstigen Gebrauchsüberlassungsvertrag[60] – von seinem notwendigen essentiellen Inhalt her eine Pflicht zur Rückübertragung der Sicherheit enthält[61]. Eine derartige einheitliche Abwicklung des Sicherungsgeschäftes auf vertraglicher Ebene hat als besonderes, von den Parteien geschaffenes Instrument Vorrang vor der ohnehin zu schematischen gesetzlichen Anordnung der Rückführung einer ungerechtfertigten Bereicherung[62].

---

[57] Liebs, JZ 1978, 701 bei FN 84; v. Caemmerer, FS Rabel, Ges. Schr. I S. 218 ff.; siehe auch Weitnauer, JZ 1972, 638.
[58] Siehe oben unter 2 a.
[59] Siehe oben unter 3 b.
[60] BGHZ 25, 174, 177 f.; RGZ 161, 52, 56 f.; v. Lübtow, Die Entwicklung des Darlehensbegriffs S. 16; MK-Westermann, Vor. § 607 Rdnr. 3; siehe auch Esser, SchuldR (2. Aufl.) § 16, 3d.
[61] Huber, Sicherungsgrundschuld S. 79.
[62] v. Caemmerer, FS Rabel, Ges. Schr. I S. 219 f.; Weitnauer, Symposium für König S. 26.

Neben diesen beiden Möglichkeiten besteht auf der dritten Stufe die weitestgehende Bindung an den Sicherungszweck im Wege einer unmittelbaren Abhängigkeit des Übereignungsgeschäftes vom Bestand der zu sichernden Forderung im Sinne einer Akzessorietät. Die Wirksamkeit des Sicherungsrechtes ist hier unmittelbar abhängig von der Erreichung des Sicherungszwecks.

Demnach stehen die Zuordnung einer causa zu einer Zuwendung einerseits und die Rückabwicklung als eine Regelung der Einwirkung einer Störung der causa auf die Zuwendung andererseits in einem unmittelbaren Zusammenhang. Beides soll im folgenden anhand der gesetzlich normierten Rechtsgeschäfte und Abwicklungsbehelfe näher untersucht werden.

III. Teil
Die Bedeutung des Zwecks im Schuldvertragsrecht und Bereicherungsrecht

1. Der Zweck als Bestimmungsgrund für die Vornahme von Verpflichtungs- und Verfügungsgeschäften

Der Versuch einer Einordnung des Sicherungszwecks unter den Begriff der causa, um daraus die Rechtsfolgen bei Fehlen oder Wegfall der gesicherten Forderung abzuleiten, führt zurück zu der allgemeinen Problematik der Rechtsgrundabhängigkeit der Zuwendungsgeschäfte.

Bei der Vornahme einer jeden Zuwendung lassen sich bestimmte Zwecke des Zuwendenden hervorheben, die dieser mit der Zuwendung verfolgt und die als Rechtsgrund der Zuwendung rechtlich von Bedeutung sind. Unter einer Zuwendung ist dabei jede rechtsgeschäftliche Verschaffung eines Vermögensvorteils zu verstehen, d.h. die Eingehung einer Verpflichtung (Begründung einer Verbindlichkeit) wie auch die Vornahme einer Verfügung[1]. Eine solche mit der Zuwendung unmittelbar herbeigeführte Vermögensmehrung wird nicht um ihrer selbst willen vorgenommen, sondern dient wiederum der Verwirklichung bestimmter Zwecke des Zuwendenden selbst[2]. Dieser will ein bestehendes Bedürfnis befriedigen, und dies soll durch einen mit der Zuwendung bezweckten weiteren Erfolg erreicht werden.[3]

Allgemeiner betrachtet beruht dies auf der Zweckgerichtetheit jeden menschlichen Handelns[4]. Ziel einer Handlung ist immer die Herbeiführung eines vom

---

[1] Kegel, FS Mann S. 59 ff.; Enneccerus/Lehmann, § 200, 1.; v. Tuhr, S. 49 ff., 62 ff.; Westermann, Die causa S. 3; Ehmann, Gesamtschuld S. 130 f.; Harder, S. 147. Tatsächliche Handlungen (z.B. Dienstleistungen) sind in gleicher Weise zweckbestimmt und unterliegen deshalb den gleichen rechtlichen Grundsätzen (Westermann, a.a.O.; siehe auch OLG Stuttgart, NJW 1977, 1779; a.A. wohl Frank, FS Müller-Freienfels, S. 154). Sie können aber aus Gründen der Einfachheit aus den folgenden Betrachtungen ausgeklammert werden.

[2] Larenz, Allg. Teil § 18 I, S. 302 f.; van den Daele, S. 17 ff., 20; Klinke, Causa und Synallagma S. 117 f. Zu dem Verhältnis von Zuwendungserfolg (Schuldzweck) und damit bezwecktem weiterem Erfolg (causa) siehe unten Teil V A 2 a.

[3] Kegel, Gutachten S. 149; ders., FS Mann S. 59 ff.; Klinke, Causa und Synallagma S. 19 ff., 55; Kriegsmann, S. 14; siehe auch Rheinstein, S. 105; Lorenzen, 28 Yale L.J., 632, 645.

[4] Esser, SchuldR I (4. Aufl.) S. 16; Kegel, Gutachten S. 148; Lenel, AcP 74, 231; Westermann, Die causa S. 16 f.; Klinke, Causa und Synallagma S. 18, 20, 74 f. Geistesgeschichtlich gesehen geht die Zwecklehre zurück auf Aristoteles und später die scholastische Kausalitätstheorie, siehe Söllner, ZSSt 77, 183 ff.; Sharp, 41 Columbia Law Rev., 784; Köhler, Unmöglichkeit und Geschäftsgrundlage S. 5 ff.

Willen vorgefaßten Erfolges, der als die sog. Zweckursache die Handlung veranlaßt. Diese steht somit zu dem angestrebten Erfolg im Verhältnis eines Mittels zum Zweck[5].

Aus dieser Erkenntnis der Finalität des Handelns erklärt sich das heutige Verständnis der causa einer Zuwendung. Die Eingehung einer Verpflichtung oder die Vornahme einer Verfügung erfolgen stets zu einem bestimmten Zweck, der der Zuwendung überhaupt ihren wirtschaftlichen Sinn verleiht und sie inhaltlich erklärt[6]. So kann der mit einer Verpflichtung zur Erbringung einer Leistung bezweckte Erfolg in der Erlangung einer Gegenleistung (gegenseitiger Vertrag), in einer unentgeltlichen Vermögensmehrung (Schenkungsvertrag) oder in der Sicherung einer Forderung (so z.B. bei der Bürgschaft) liegen[7]. Eine Verfügung kann in Erfüllung einer Verbindlichkeit (causa solutionis[8]) oder im Hinblick auf einen anderen Erfolg (Fälle der sog. datio ob rem, vgl. § 812 Abs. 1 Satz 2, 2. Alt.[9]) vorgenommen werden.

Die Zuwendung (als das Mittel) steht zur Erreichung eines derartigen Zweckes in einem inneren Abhängigkeitsverhältnis. Tritt der bezweckte Erfolg ein, ist auch der Bestand der Zuwendung gerechtfertigt, während der Zuwendende sich umgekehrt bei Verfehlung des Zweckes von der Bindung an die Zuwendung lösen können muß[10]; diese unterliegt dann der Rückabwicklung, wobei deren Ausgestaltung aufgrund der weiteren Unterscheidung in abstrakte und unmittelbar zweckabhängige Zuwendungen unterschiedlich ausfällt.

Bereits diese allgemeinen Betrachtungen zeigen, daß sich die Problematik der causa zunächst auf eine einzelne Zuwendung und damit einen Ausschnitt aus einem einheitlichen wirtschaftlichen Gesamttatbestand beschränkt. Dies beruht auf der dem BGB eigentümlichen Aufspaltung eines solchen Geschäftes in Verpflichtungs- und Verfügungsgeschäfte, die in ihrer Gesamtheit den angestrebten wirtschaftlichen Erfolg herbeiführen[11]. In dieser Weise unterteilen sich Rechtsgeschäfte wie Kauf, Miete oder Darlehen rechtlich in mehrere Zuwendungen der Parteien, die innerlich aufeinander bezogen sind und auf einen gemeinsamen Geschäftserfolg gerichtet sind.

---

[5] Larenz, Allg. Teil § 18 I, S. 302 f.; Kegel, FS Mann S. 59, 62 f.; Klinke, Causa und Synallagma S. 20 f.
[6] Larenz, Allg. Teil § 18 I, S. 302 f.; § 18 II, S. 317; Esser, SchuldR I (4. Aufl.) S. 16; Kegel, FS Mann S. 62 f.; van den Daele, S. 37; Westermann, Die causa S. 16 ff.
[7] Larenz, Allg. Teil § 18 II, S. 317; Westermann, Die causa S. 59 f., 83 f., 122 f.; Esser, SchuldR I (4. Aufl.) S. 18 f.; Siber, SchuldR S. 176; Kegel, Gutachten S. 146.
[8] Vgl. die Formulierung in §§ 364 Abs. 2, 813 Abs. 1, 814.
[9] Esser, SchuldR (2. Aufl.) § 14, 3; § 189, 2, 4—6; Weitnauer, Symposium für König S. 30 f. Im einzelnen dazu unten Teil V A 1.
[10] Westermann, Die causa S. 17 f.; Esser, SchuldR I (4. Aufl.) S. 17.
[11] Lange, Das kausale Element S. 1 f.

III. Teil: Der Zweck im Schuldvertrags- und Bereicherungsrecht

Der rechtliche Zusammenhang zwischen diesen Einzeltatbeständen wird durch den jeder Zuwendung zugeordneten Zweck hergestellt[12]. So können z.B. durch den Austauschzweck mehrere Verpflichtungen miteinander verknüpft sein (Synallagma) und durch den Erfüllungs-, Änderungs- oder Sicherungszweck weitere Zuwendungen in eine innere Beziehung zu einer Verpflichtung treten.

Auch der Sicherungsübereignung liegt eine solche Struktur der Zuwendungsgeschäfte zugrunde. Die Bestimmung der Rechtsfolgen einer Verfehlung des Sicherungszwecks setzt daher zunächst voraus, daß dieser Zweck als causa einer bestimmten Zuwendung innerhalb des Gesamttatbestandes des Sicherungsgeschäftes zuzuordnen ist. Eine weitere Frage ist dann, in welcher Form eine Verfehlung des Sicherungszwecks auf diese Zuwendung einwirkt.

2. Die innere und äußere Abhängigkeit einer Zuwendung von ihrer causa[13]

Das Recht kann schon aus Gründen der Rechtssicherheit nicht jede Zweckvorstellung, die eine Partei zu einer Zuwendung veranlassen kann, als beachtlich berücksichtigen und rechtliche Folgen an ihre Nichtverwirklichung knüpfen. Grundsätzlich sind daher Zwecke, die eine Partei mit einer Zuwendung verfolgt, als lediglicher Beweggründe (Motive) rechtlich ohne Bedeutung; das Risiko der Verwirklichung trägt der Zuwendende selbst, und tritt der erstrebte Erfolg nicht ein, berührt dies die Zuwendung nicht[14]. Um einen Zweck verbindlich und für die Vornahme einer Zuwendung bestimmend zu machen, bedarf es daher grundsätzlich der Parteivereinbarung[15]; durch die einverständliche Zweckabrede (die sog. „innere" oder „inhaltliche" causa) übernimmt der Zuwendungsempfänger die Zweckbestimmung, und damit wird das Motiv zum rechtlich beachtlichen Zweck (Rechtsgrund)[16].

---

[12] Westermann, Die causa S. 19, 73 f., 78 f.

[13] Die folgenden Ausführungen stützen sich auf die Untersuchungen von Jahr, ZSSt 80, 141, 147 ff.; ders., AcP 168, 14 ff.; Kegel, FS Mann S. 57 ff.; Flume, Allg. Teil § 12; v. Tuhr, S. 62 ff., 105 ff.; Siber, SchuldR S. 171 ff.; Westermann, Die causa S. 16 ff., 52 ff.; Ehmann, Gesamtschuld S. 130 ff.; Harder, S. 129 f.; 154 f.

[14] Kegel, Gutachten S. 146 f.; Esser, SchuldR I (4. Aufl.) S. 16 f.; Klinke, Causa und Synallagma S. 91 f.

[15] Im Bereicherungsrecht zeigt sich hier eine gewisse Sonderentwicklung insofern, als für „typische Leistungszwecke" wie die causa solvendi auf das Erfordernis der Zweckvereinbarung zugunsten einer einseitigen Zweckbestimmung verzichtet wird, BGHZ 40, 272, 277 f.; 69, 186, 188 f.; BGH NJW 1974, 1132 f.; Gernhuber, Die Erfüllung S. 108 ff.; Beuthien, Zweckerreichung S. 282 ff. Das Erfordernis einer causa ist damit nicht aufgegeben worden, zumal für die atypische Gestaltung der Leistung an Erfüllungs Statt oder der condictio ob rem ohnehin eine Zweckvereinbarung verlangt wird, BGHZ 44, 320, 322 f.; BGH NJW 1973, 612, 613; Erman/Westermann § 812 Rdnr. 51; Köhler, WM 1977, 242, 244 FN 16; Harder, S. 139 f.

[16] Esser, SchuldR I (4. Aufl.) S. 17; Kegel, Gutachten S. 147 FN 36; Jahr, ZSSt 80, 149 f.; Klinke, Causa und Synallagma S. 21, 32 f.; Westermann, Die causa S. 52 ff., 79 f.

Einen Rechtsgrund in diesem Sinne bilden dabei typischerweise die wirtschaftlich und rechtlich „nächsten" Zwecke, die mit der Zuwendung „unmittelbar verbunden" sind[17]. Sie lassen sich nach überkommener Auffassung[18] auf drei Grundformen zurückführen, die causa solvendi, die causa acquirendi (Erwerbs- bzw. Austauschzweck, dessen Hauptfall der gegenseitige Vertrag ist[19]) und die causa donandi (Unentgeltlichkeits- oder Liberalitätszweck). Der Sicherungszweck wird dabei jedoch häufig als eigenständige Kategorie angesehen[20]. Diese causae sind in der gesetzlichen Regelung einzelner Schuldverträge nach typischen Inhalten geordnet und vorgeformt und gelten als regelmäßig mit Geschäftsabschluß mitvereinbart. Beim Kauf-, Miet- oder Werkvertrag ist dies die causa acquirendi (die auch die Form der causa credendi beim Darlehensvertrag umfaßt[21]), bei unentgeltlichen Geschäften oder Schenkung die causa donandi und bei der Bürgschaft der Sicherungszweck[22]. Die causa solvendi wird dagegen hauptsächlich den Verfügungsgeschäften als ein typischer „Leistungszweck" zugeordnet und ist damit aus dem Bereich der Schuldvertrags-causae ausgegliedert[23].

Es kann hier dahingestellt bleiben, ob an dieser klassischen Dreiteilung der causae festzuhalten ist[24]; ihre wesentliche Bedeutung liegt jedenfalls im Herausstellen bestimmter typischer Zweckstrukturen der Zuwendungsgeschäfte[25]. Die Parteien verfolgen mit Vertragseingehung zwar immer mehrere heterogene Zwecke und streben somit unterschiedliche Erfolge an[26]; gleichwohl liegt beispielsweise allen Formen gegenseitiger Verträge auf der formalsten, abstraktesten Ebene der Austausch von Leistung und Gegenleistung zugrunde, so daß sich als gemeinsamer Zweck der Verpflichtungen jeweils der Erwerb der Gegenverpflichtung bzw. der Gegenleistung darstellt[27]. In gleicher Weise ist der

---

[17] Enneccerus/Lehmann, § 200, 1.; v. Tuhr, S. 63, 79 f.; Flume, Allg. Teil § 12 I 5; Westermann, Die causa S. 40 ff., 51 f., 56 f.; Kohler, SchuldR S. 221; siehe auch Lenel, AcP 74, 230, 232.

[18] Schwarz, Die Grundlage der condictio S. 230 ff.; Esser, SchuldR I (4. Aufl.) S. 17 ff.; v. Tuhr, S. 67; Zeiss, AcP 164, 55; auch noch Larenz, SchuldR II (9. Aufl.) § 62 I a.

[19] Klinke, Causa und Synallagma S. 94 f.; Westermann, Die causa S. 59.

[20] v. Caemmerer, FS Lewald, Ges. Schr. I S. 293 f.; Esser, SchuldR (2. Aufl.) § 14, 3; § 85, 1; Jahr, ZSSt 80, 145 bei FN 20, 150; Westermann, Die causa S. 16, 80, 122 ff.; v. Tuhr, S. 68, 174 ff.; Welker, S. 79.

[21] v. Tuhr, S. 69 f.; Westermann, Die causa S. 57 f.

[22] Flume, Allg. Teil § 12 I 5; Larenz, Allg. Teil § 18 II, S. 317; Esser, SchuldR I (4. Aufl.) S. 17 f.; Westermann, Die causa S. 16 f., 48 ff., 79 f.

[23] Weitnauer, Symposium für König S. 30 f.; Westermann, Die causa S. 58, 82, 89 f.; Esser, SchuldR I (4. Aufl.) S. 17; näher dazu unten unter 3. und Teil IV 2 b.

[24] Kritisch Jahr, ZSSt 80, 148 FN 27; Westermann, Die causa, S. 57 f.; Harder, S. 146, 157, 159; Flume, Allg. Teil § 12 I, S. 155; dagegen schon RGZ 62, 386, 389; Windscheid, Pandekten Bd. 1 § 98, S. 278 f. FN 1.

[25] Westermann, Die causa, S. 47; Weitnauer, NJW 1979, 2009.

[26] Flume, Allg. Teil § 25, 5 b; Esser, SchuldR I (4. Aufl.) S. 16; Kegel, Gutachten S. 148; Köhler, Unmöglichkeit und Geschäftsgrundlage S. 7.

III. Teil: Der Zweck im Schuldvertrags- und Bereicherungsrecht 31

Sicherungszweck gemeinsamer und wirtschaftlich nächster Zweck einer Sicherheitenbestellung[28]. Bei der Bürgschaft etwa erschöpft sich der mit der Eingehung der Verpflichtung verfolgte Zweck zunächst in der Eröffnung einer zusätzlichen, neben die Hauptschuldnerverpflichtung tretenden Zugriffsmöglichkeit auf das Vermögen des Bürgen, um dadurch dem Gläubiger die Realisierung seiner Forderung zu sichern. Dieser Zweck charakterisiert die Bürgschaft inhaltlich und bildet einen hinreichenden rechtlichen Grund für die Zuwendung des Bürgen.[29]

Darüber hinaus gebietet es der Grundsatz der privatautonomen Gestaltungsfreiheit, daß jeder beliebige andere Zweck – innerhalb der durch die Rechtsordnung gezogenen Grenzen (§§ 134, 138) – als Rechtsgrund einer Zuwendung vereinbart werden kann, wie auch weitere Zwecke neben einen typischen „ersten" Zweck treten können[30]. So können neben dem für ein Sicherungsgeschäft (Bürgschaft) typischen Geschäftszweck (Sicherungszweck) weitere Zwecke im Verhältnis zum Hauptschuldner oder zum Gläubiger vereinbart und damit als Rechtsgrund von Bedeutung sein. Eine solche Fallgestaltung ist gegeben, wenn der Bürge seine Verpflichtung im Rahmen eines Gefälligkeits- oder Geschäftsbesorgungsverhältnisses mit dem Hauptschuldner eingeht oder gegenüber dem Gläubiger den Zweck verfolgt, diesen zu einem bestimmten Verhalten zu bewegen[31].

Neben der Festsetzung des mit der Zuwendung verfolgten Zweckes erfordert ein wirksamer Rechtsgrund zusätzlich die Erreichung des Zweckes (sog. „äußere" causa)[32]. Durch die Vereinbarung, daß mit der Zuwendung die Erreichung eines bestimmten wirtschaftlichen Zieles angestrebt wird, wird die Zuwendung inhaltlich von dem Eintritt dieses Erfolges abhängig gemacht[33]. Die einverständliche Anerkennung eines Zweckes als maßgeblich für die Vornahme der Zuwendung verlagert das Risiko der Verwirklichung des bezweckten Erfolges auf den Zuwendungsempfänger; bleibt der vereinbarte Erfolg aus, so

---

[27] Flume, Allg. Teil § 12 I 5; van den Daele, S. 21; MK-Emmerich, Vor § 320 Rdnr. 5, 7; Klinke, Causa und Synalagma S. 117; siehe auch Mitteis/Liberich, Deutsches Privatrecht S. 151. Diese Gegenseitigkeitsverknüpfung zweier Leistungen ist im englischen und angloamerikanischen Recht zum tragenden Prinzip des Vertragsrechts erweitert worden und bildet dort das entscheidende Merkmal für eine Vertragsbindung überhaupt, siehe unten Teil IV I c.

[28] Jäckle, JZ 1982, 55; v. Caemmerer, FS Lewald, Ges. Schr. I S. 293 f.

[29] v. Caemmerer, FS Rabel, Ges. Schr. I S. 259; ders., FS Lewald, Ges. Schr. I S. 293 f.; Esser, SchuldR I (4. Aufl.) S. 18 f.; Weitnauer, FS v. Caemmerer S. 260 f.

[30] v. Caemmerer, FS Rabel, Ges. Schr. I S. 259; Soellner, AcP 163, 29; Weitnauer, FS v. Caemmerer S. 260 f.; Kreß, SchuldR S. 57; Ehmann, Gesamtschuld S. 140 f.; van den Daele, S. 19 FN 21; dies ist bedeutsam insbesondere für die causa bei der datio ob rem (§ 812 Abs. 1 Satz 2, 2. Alt.) im Sinne eines „speziellen Geschäftszwecks", vgl. Esser, SchuldR II (4. Aufl.) § 103 II 1; Jahr, ZSSt 80, 146, 150 FN 41.

[31] So z.B. im Fall RGZ 118, 358. Siehe dazu näher unten Teil V A I b.

[32] Enneccerus/Lehmann, § 200, 1; Westermann, Die causa S. 17 f., 52 ff.; Ehmann, Gesamtschuld S. 131, 139; Serick, Bd. I S. 51 f.; Jahr ZSSt 80, 147 ff. (im Anschluß an Siber, SchuldR S. 171 ff.); v. Tuhr S. 105 ff.); vgl. auch Beuthien, Zweckerreichung S. 286 f.

[33] Westermann, Die causa S. 19 f., 48; Esser, SchuldR I (4. Aufl.) S. 16 f.

wird der Zuwendende an der Zuwendung nicht festgehalten, und der andere Teil, der sich auf die Zwecksetzung eingelassen hat, verliert das zugewendete Recht wieder, wobei das Gesetz hierfür unterschiedliche Behelfe vorsieht[34].

So führt die Verfehlung bzw. der Wegfall eines typischen oder speziell vereinbarten Zweckes (Rechtsgrundes) einer „Leistung" zur Kondizierbarkeit nach § 812 Abs. 1 Satz 1, 1. Alt. bzw. Satz 2, 1. Alt. oder § 812 Abs. 1 Satz 2, 2. Alt.[35]. Ebenso unterliegen vertragliche Verpflichtungen bei Nichterreichung des bezweckten Erfolges der Rückabwicklung, wobei die dafür vorgesehenen Behelfe unterschiedlich ausgestaltet sind: Bleibt etwa beim gegenseitigen Vertrag der bezweckte Erfolg der Erlangung der Gegenleistung aus, weil die Gegenleistung unmöglich oder trotz Fristsetzung nicht erbracht wurde, so regeln die §§ 306, 323 ff. mit der Hinfälligkeit einer oder beider Verpflichtungen bzw. mit Rücktritt oder Schadensersatz die Einwirkung auf das synallagmatische Gefüge[36]. Auch die Nichterreichung des Sicherungszwecks wegen Fehlens oder Wegfalles der gesicherten Forderung ist gesetzlich geregelt; beim Bürgschaftsvertrag beispielsweise[37] sieht § 767 für diesen Fall die Hinfälligkeit der Bürgenverpflichtung vor[38].

Der rechtliche Grund im Sinne eines Behaltensgrundes für eine Zuwendung setzt sich somit aus der Vereinbarung und der Erreichung eines Zweckes zusammen[39]. Ein Mangel der Vereinbarung oder der Nichteintritt des bezweckten Erfolges führt folglich zur Rückgängigmachung der Zuwendung, wobei für bestimmte typische Fälle Abwicklungsnormen im Gesetz vorgegeben sind[40].

In dem Erfordernis der Zweckerreichung („äußere" causa) für den Rechtsgrund und damit für das „Behaltendürfen" einer Zuwendung liegt demnach eine zweite Funktion der causa, nämlich neben der inhaltlichen Konkretisierung einer Zuwendung deren Bestand zu rechtfertigen[41]. Nur mit Erreichung des bezweckten Erfolges, d.h. Erlangung der Gegenleistung, Sicherung oder Erfül-

---

[34] Kegel, FS Mann S. 59 f., 71; Köhler, Geschäftsgrundlage und Unmöglichkeit S. 10 ff., 100 ff.; Klinke, Causa und Synallagma S. 31 ff., 55 ff.

[35] Weitnauer, FS v. Caemmerer S. 263; ders., Symposium für König S. 30 f.; Westermann, Die causa S. 58, 184, 185 f.; Esser, SchuldR II (4. Aufl.) § 103 II, 1.

[36] Kegel, Gutachten S. 147; van den Daele, S. 24, 25 f.; Kreß, SchuldR S. 59; Westermann, Die causa S. 19 f., 55 f., 59 f.; Söllner, AcP 163, 20 f. Im einzelnen dazu unter 3 b.

[37] Zu der Regelung des Sicherungszwecks bei Hypothek und Pfandrecht siehe unten Teil IV 2 d.

[38] Siber, SchuldR S. 164; Esser, SchuldR (2. Aufl.) § 85, 1; Ehmann, Gesamtschuld S. 334; Schnauder, S. 44 f.

[39] Klinke, Causa und Synallagma S. 25 ff., 60 ff.; Westermann, Die causa S. 16 ff.; van den Daele, S. 19 FN 23; Esser, SchuldR (2. Aufl.) § 14, 3; Siber, SchuldR S. 171 ff.

[40] Larenz, SchuldR I § 6 I, S. 72 f.; Jahr/Kropf, JuS 1963, 359; van den Daele, S. 20 ff., 22; Liebs, JZ 1978, 701 bei FN 82—84; Kegel, Gutachten S. 146 f.

[41] Esser, SchuldR I (4. Aufl.) S. 17; Westermann, Die causa S. 16 f.; van den Daele, S. 10 FN 23; Klinke, Causa und Synallagma S. 81. Windscheid, (Lehrbuch des Pandektenrechts Bd. II, § 423, S. 541 FN 8) trennt die causa daher in „Bestimmungsgrund" und „Rechtfertigungsgrund" auf.

III. Teil: Der Zweck im Schuldvertrags- und Bereicherungsrecht

lung einer Forderung oder unentgeltlicher Vermögensmehrung ist die Zuwendung in ihrem Bestand gerechtfertigt. Wird der Zweck dagegen von Anfang an verfehlt (die zu sichernde oder zu erfüllende Forderung besteht nicht, die Gegenleistung ist nicht erbringbar) oder fällt er später weg, dann fehlt bzw. entfällt der rechtliche Grund und damit die Rechtfertigung für die Zuwendung. Den deutlichsten Ausdruck hat diese Abhängigkeit von der Zweckerreichung im Gesetz in § 812 Abs. 1 Satz 2, 2. Alt. gefunden, wo die Rückforderbarkeit einer „Leistung" an den Nichteintritt des „bezweckten Erfolges" geknüpft ist [42].

Auf diese Funktion der causa, bei Zweckverfehlung die Rückabwicklung auszulösen, ist das hauptsächliche Augenmerk der gesetzlichen Regelung und der wissenschaftlichen Diskussion (insbesondere im Bereicherungsrecht) gerichtet [43]. Es liegt hier auch grundsätzlich die Hauptaufgabe des Gesetzes, denn der Fall der Störung des vorgesehenen Geschäftsablaufes wird von den Parteien meist nicht in die Überlegungen einbezogen; entsprechende Rechtsfolgen sind deshalb vertraglich regelmäßig nicht vereinbart [44]. Allerdings kommt aus diesem Grunde die weiterreichende Funktion der causa, die Vornahme einer Zuwendung zu erklären, diese nach ihrem Rechtsgrund zu konkretisieren und sowohl ihre Entstehung wie auch die Rückgängigmachung zu kontrollieren [45], im Gesetz nur unvollkommen zum Ausdruck [46].

Die Unterschiedlichkeit der Rechtsfolgen bei Mängeln im Rechtsgrund aber erklärt sich aus der unterschiedlichen Abhängigkeit abstrakter und kausaler Zuwendungen von ihrem Rechtsgrund. Abstrakte Zuwendungen sind hinsichtlich der Auswirkungen der Erreichung oder Verfehlung des Zweckes auf ihren Bestand anders ausgestaltet als kausale Zuwendungen, und dementsprechend greifen verschiedene Rückabwicklungsbehelfe bei Rechtsgrundstörungen ein.

---

[42] Für das Verständnis der Rechtsgrundproblematik nimmt diese Kondiktionsart daher eine zentrale Stellung ein (Wolf, Symposium für König S. 92 f.), wenngleich ihre praktische Bedeutung heute gering ist, siehe unter 3 c.

[43] Westermann, Die causa S. 17 f., 19 f., 54; Jahr, ZSSt 80, 145 f., 151 ff.; Weitnauer, Symposium für König S. 42. Im Bereicherungsrecht wird die Hauptbedeutung der causa in der kondiktionsauslösenden Wirkung der Zweckverfehlung gesehen, siehe unten S. 39; ebenso sind in §§ 320 ff. nur die Auswirkungen von Störungen auf das Synallagma geregelt, während das genetische Synallagma vom Gesetz vorausgesetzt wird, Esser, SchuldR I (4. Aufl.) S. 18; van den Daele, S. 23; Westermann, a.a.O. S. 83 f. Das genetische Synallagma ist dabei in gleicher Weise wie die Zweckwidmung einer „Leistung" im Bereicherungsrecht dogmatisch umstritten, vgl. Klinke, Causa und Synallagma S. 94 ff.; Gernhuber, Die Erfüllung § 5 III, S. 108 ff.

[44] Leser, Der Rücktritt S. 100 f.; Larenz, SchuldR I § 6, S. 73; Gernhuber, FS Larenz S. 470 f.

[45] Aufgrund dieser umfassenden Bedeutung der causa für eine Zuwendung bezeichnet Kreß, (SchuldR I S. 45 FN 28) den Zweck – bezogen auf vertragliche Verpflichtungen – als die „Seele" des Schuldverhältnisses. Siehe auch MK-Söllner, § 305 Rdnr. 6; Westermann, Die causa S. 83 f. (speziell für den gegenseitigen Vertrag).

[46] Weitnauer, Symposium für König S. 42; Westermann, Die causa S. 16, 17 f.; Klinke, Causa und Synallagma S. 26 ff., 98, 142 f.

3. Die gesetzliche Ausgestaltung abstrakter und kausaler Zuwendungen

Ob eine Zuwendung abstrakt oder kausal ausgestaltet ist, ist in erster Linie eine gesetzgeberische Entscheidung und daher dem Gesetz zu entnehmen[47]. Gemeinhin werden die schuldvertraglichen Verpflichtungsgeschäfte als kausal, die Verfügungsgeschäfte und die sog. „verpflichtenden Leistungsgeschäfte" (Schuldversprechen, Schuldanerkenntnis) als abstrakt angesehen.

Bei den abstrakten Zuwendungen gehört der Rechtsgrund nicht zum Inhalt des Geschäfts; sie sind „farblos" hinsichtlich des Zweckes und dieser kommt in den rechtsgeschäftlichen Erklärungen nicht zum Ausdruck[48]. Die Einigung ist auf den bloßen erklärten Zuwendungswillen reduziert[49], und daher ist die Zuwendung in ihrem Bestand unabhängig sowohl von der wirksamen Vereinbarung des Zwecks (Abstraktion von der „inneren causa") als auch von der Erreichung des Zwecks (Abstraktion von der „äußeren causa")[50]. Wird beispielsweise eine Sache zur Erfüllung eines Anspruches übereignet, so liegt der Zweck der Zuwendung in der causa solvendi; die Übereignung ist wirksam ohne Rücksicht darauf, ob sich die Parteien über diesen Zweck wirksam geeinigt haben oder nicht (Konsens oder Dissens über die causa) und ob dieser bezweckte Erfolg eintritt oder nicht (weil etwa der zu erfüllende Anspruch nicht besteht). Aufgrund dieser vom Gesetz zuerkannten Bestandswirkung abstrakter Zuwendungen unabhängig von der Wirksamkeit des Rechtsgrundes erfolgt die Rückabwicklung im Wege des Bereicherungsausgleichs (Rückgängigmachung der Zuwendung oder Wertersatz), wenn der Zweck verfehlt wird oder wegfällt[51].

Anders strukturiert sind dagegen die kausalen Zuwendungen, womit primär der Bereich der Schuldverträge betroffen ist. Die Zuwendung ist hier mit dem Zweck unmittelbar verknüpft und dieser konkretisiert inhaltlich die ansonsten bloße Einigung über die Schuld[52]. Mit den die vertragliche Verpflichtung konstituierenden Erklärungen wird gleichzeitig der Zweck vereinbart und zum Inhalt des Zuwendungstatbestandes erhoben, und damit ist die Entstehung und der Fortbestand der Zuwendung in unmittelbare Abhängigkeit von der wirksamen Vereinbarung und der Erreichung des Zwecks gebracht[53]. Ein Mangel des

---

[47] Westermann, Die causa S. 95; Harder, S. 166; Beuthien, Zweckerreichung S. 286 f.; Flume, Allg. Teil S. 157 f.
[48] Jahr, AcP 168, 16 f.
[49] Lenel, ZSSt 3, 114 f.; Lange, Das kausale Element S. 2 f.
[50] Esser, SchuldR (2. Aufl.) § 14, 3; Flume, Allg. Teil § 12 III; Jahr, AcP 168, 16 f.; Kriegsmann, S. 75.
[51] Kegel, FS Mann, S. 65; Blomeyer, SchuldR S. 83 f.; v. Tuhr, S. 81 f.; 96 f.; Klinke, Causa und Synallagma S. 29.
[52] Jahr, ZSSt 80, 148 f.; Flume, Allg. Teil § 12 II 4 b, S. 170; Larenz, Allg. Teil § 18 II, S. 316 f.
[53] Westermann, Die causa S. 16 ff.; Ehmann, Gesamtschuld S. 171 f.; Esser, SchuldR (2. Aufl.) § 14, 3; van den Daele, S. 19 FN 23; Siber, SchuldR S. 171 f.; v. Tuhr, S. 18 f., 96 f.

III. Teil: Der Zweck im Schuldvertrags- und Bereicherungsrecht 35

Rechtsgrundes wirkt deshalb anders als bei den abstrakten Zuwendungen auch direkt auf den Bestand der schuldrechtlichen Verpflichtung ein. Diese wird nicht als wirksam aufrechterhalten, sondern es treten die oben[54] bereits angeführten Befreiungswirkungen, Rückführungs- und Ersatzansprüche ein[55]. Im Bereich der Schuldverträge sind somit weitgehend eigene Rechtsfolgen und Behelfe zur Rückabwicklung vorgesehen, wenn der mit einer Verpflichtung bezweckte Erfolg nicht verwirklicht wird.

Diese Einteilung der Zuwendungsgeschäfte nach ihrer unterschiedlichen Zweckabhängigkeit ist überlagert von einer nach typologischen Gesichtspunkten vorgenommenen Zuordnung der verschiedenen causae entweder zu den kausalen oder den abstrakten Zuwendungen. Typischerweise werden den Verpflichtungsgeschäften die sog. Schuldvertrags-causae („vertragscharakteristische Geschäftszwecke" wie die causa acquirendi, causa donandi) und den Verfügungsgeschäften die „Leistungszwecke" (insbesondere die causa solvendi) zugeordnet[56]. Die Aufteilung in (abstrakte) Leistungszwecke und (kausale) Schuldvertragszwecke führt des weiteren dazu, daß im Falle der Nichterreichung einer dieser causae die Zuordnung der Behelfe auf der Rechtsfolgeseite nach den gleichen typologischen Gesichtspunkten vorgenommen wird. So hat die Nichterreichung eines mit einer (abstrakten) Verfügung verfolgten typischen „Leistungszweckes" stets die Kondiktion zur Folge. Die Verfehlung eines typischerweise mit einer Verpflichtung verknüpften Zweckes dagegen löst die für die kausale Zweckabhängigkeit charakteristischen Rechtsfolgen aus: Meist wird die Abwicklung (wie z.B. in §§ 325, 326) im Vertrag selbst geregelt; sieht das Gesetz ausnahmsweise (wie z.B. in § 306)[57] die Unwirksamkeit der Verpflichtung vor, so erfolgt die Rückführung bereits erbrachter Leistungen wiederum im Wege des Bereicherungsrechts. Aus der typologischen Zuordnung der einzelnen causae zu den Verpflichtungs- oder Verfügungsgeschäften werden somit die Rechtsfolgen im Falle einer Störung des Zweckes abgeleitet. Hierin aber liegt der Grund für die Schwierigkeiten bei der Einordnung gesetzlich nicht vorgegebener causae wie des Sicherungszwecks innerhalb der Sicherungsübereignung und der Bestimmung der Rückabwicklungsform bei seiner Verfehlung[58].

Zurückzuführen ist diese Einteilung der causae auf die oben[59] erwähnte, am Regelfall des Umsatzgeschäftes orientierte[60] Aufspaltung eines wirtschaftlich

---

[54] Unter 2.
[55] Kegel, Gutachten S. 147; im einzelnen siehe unten 3 b und Teil V B 1.
[56] Westermann, Die causa S. 58. Die in der Literatur häufig zu findende Bezeichnung „Leistungszweck" und „Vertragszweck" bzw. „vertragscharakteristischer Geschäftszweck" (vgl. Esser, SchuldR (2. Aufl.) § 14, 3) ist auf die besondere Entwicklung des causa-Begriffs im Bereicherungsrecht zurückzuführen, siehe unten Teil IV 2 c.
[57] Dazu im einzelnen unter 3 b und Teil V B 2.
[58] Siehe z.B. Zeiss, AcP 164, 53 ff., 59 ff.; dazu unten Teil IV 2 c.
[59] Siehe oben unter 1.
[60] Zu abweichenden Gestaltungen, zu denen auch die akzessorischen Sicherungsrechte gehören, und deren Einordnung siehe unter 3 c (zur condictio ob rem) und Teil IV 2 c, d.

einheitlichen Geschäftes in mehrere Einzelzuwendungen, die jeweils unterschiedliche Funktionen im Hinblick auf die Herbeiführung des Geschäftserfolges erfüllen[61]. Die Zweispurigkeit der Rückabwicklungssysteme stellt sich demnach als ein Spiegelbild der historischen Entwicklung dieser Funktionsverteilung dar, die bei einer Zweckstörung entweder zur Korrektur auf vertraglicher oder auf bereicherungsrechtlicher Ebene führt. Allerdings ist vom Gesetzgeber eine durchgängige und konsequente systematische Abgrenzung zwischen den beiden Rückabwicklungssystemen nicht vorgenommen worden[62]. Erst die wissenschaftliche Entwicklung nach Erlaß des BGB hat sich – insbesondere unter dem Eindruck des umfassenderen Verständnisses des Aufgabenbereiches des Schuldvertrages – um eine klare Abgrenzung zwischen Bereicherungsrecht und vertraglichen Rückabwicklungsbehelfen bemüht[63].

Demnach liegt hier auch der Anknüpfungspunkt für die Einordnung des Rückübertragungsanspruches im Rahmen der Sicherungsübereignung bei Fehlen oder Wegfall der gesicherten Forderung. Mit Hilfe der Zuordnung des Sicherungszwecks als causa zum Sicherungsvertrag oder zum Übereignungsgeschäft läßt sich eine Aussage über die Rechtsfolgen einer Verfehlung dieses Zweckes treffen. Die Einordnung hängt dabei nach den obigen Ausführungen von der unterschiedlichen Funktion der einzelnen Zuwendungen innerhalb eines Geschäftstypus wie der Sicherungsübereignung ab.

a) Die unterschiedliche Funktion von Verpflichtungs- und Verfügungsgeschäft

Aufgrund der Ausklammerung des Rechtsgrundes aus dem Tatbestand der abstrakten Zuwendungen, welche regelmäßig – von den abstrakten Verpflichtungsgeschäften abgesehen – als Verfügungsgeschäfte unmittelbar auf eine Rechtsänderung gerichtet sind, ist die Kausalabrede auf ein separates Rechtsgeschäft verlagert. Der Grund für die Vornahme einer Übertragung, Aufhebung, Änderung usw. eines Rechtes ist dabei im Regelfall[64] in einem Schuldvertrag geregelt[65]. Dieser enthält die materiale Zweckbestimmung für die Verfügung und gibt damit den wirtschaftlichen Erfolg an, auf welchen das Gesamtgeschäft gerichtet ist[66]. Aufgrund der kausalen Ausgestaltung schuldvertraglicher Ver-

---

[61] Jahr, ZSSt 80, 150 FN 33; Harder, S. 158 f.
[62] Im einzelnen dazu unter 3 b.
[63] v. Caemmerer, FS Rabel, Ges. Schr. I S. 218 ff.; Leser, Der Rücktritt S. 100 ff.
[64] Siehe dazu schon oben bei FN 60 und unter 3 c.
[65] v. Tuhr, S. 82; Lange, Das kausale Element S. 1; Jahr, ZSSt 80, 154, 156, 162 ff., 169; siehe auch Protokolle, Bd. II S. 689, wonach eine „Leistung" iSd. § 812 einem „... außer ihr liegenden Zweck diene, welcher erst den wirtschaftlichen Charakter der Vermögensübertragung bestimme und sie in die Wirtschaftsführung der Beteiligten eingliedere".
[66] Der Schuldvertrag wird aus diesem Grund häufig als „Plangeschäft" oder „Planungsgrundlage" bezeichnet, Reuter/Martinek, § 4 II 3a, S. 92 f.; Reeb, Grundprobleme des Bereicherungsrechts S. 29 f.; Rothoeft, AcP 163, 224 ff.

III. Teil: Der Zweck im Schuldvertrags- und Bereicherungsrecht 37

pflichtungen gehört dieser Zweck als „strukturell typischer"[67] oder „vertragscharakteristischer" Geschäftszweck[68] zum Inhalt des Vertrages und bildet dessen Rechtsgrund.

Das mit Vertragseingehung begründete Schuldverhältnis wiederum ist die Grundlage für das Gefüge von Rechten und Pflichten der Parteien zur Erreichung des vereinbarten Geschäftserfolges[69]. Dessen Gehalt ist daher inhaltlich an dem zum Vertragsinhalt erhobenen Zweck ausgerichtet. Die an den Vertrag anknüpfenden Nebenleistungs- und Verhaltenspflichten sind an dem vereinbarten Zweck (Austausch von Leistungen, Überlassung einer Sache als Darlehen, Pfand usw.) der einzelnen Verpflichtungen orientiert. Dem Schuldvertrag kommt somit die Funktion zu, diese die wirtschaftliche Erscheinungsform des jeweiligen Geschäftstypus prägende causa umfassend zu regeln und das Verhaltensprogramm zur Verwirklichung des bezweckten Erfolges zu konkretisieren[70]. Derartige inhaltliche Strukturen von Schuldverhältnissen hat der Gesetzgeber im besonderen Schuldrecht für einige typische causae von Verpflichtungsgeschäften vorgeformt, die als regelmäßig mit Vertragsabschluß vereinbart gelten und insofern einer individuellen Zweckvereinbarung gleichgestellt sind[71].

Dieser Umstand, daß die eingehende Regelung des Geschäftszwecks im Schuldvertrag erfolgt und dessen inhaltliche Gestalt daher durch diesen Zweck geformt ist, tritt noch deutlicher hervor bei der rechtlichen Behandlung von gesetzlich nicht geregelten Vertragstypen oder Sonderformen typischer Verträge. Die Entwicklung ihrer inhaltlichen Struktur durch die Rechtsprechung und Wirtschaftspraxis orientiert sich an dem Leistungsgegenstand, auf den die Verpflichtungen gerichtet sind, und dem Zweck, der mit der Eingehung des Vertrages verfolgt wird[72].

Ein geradezu klassisches Beispiel dafür ist die Herausbildung eines Typus „Sicherungsvertrag" durch die Rechtsprechung, die anhand des mit der Verpflichtung zur Vollrechtsübertragung verfolgten Sicherungszweckes einzelne Rechte und Pflichten der Vertragsparteien entwickelt und zu einem feststehenden Erscheinungsbild verdichtet hat[73]. So wird aus der „Natur des Rechtsver-

---

[67] Terminologie nach van den Daele, S. 22; Jäckle, JZ 1982, 55.
[68] Terminologie nach Esser, SchuldR (2. Aufl.) § 14, 1, 3; Jahr ZSSt 80, 148 f.
[69] Esser, SchuldR I (4. Aufl.) S. 17 f.; van den Daele, S. 18 ff.; Weick, NJW 1978, 14, 15; Larenz, SchuldR I, § 2 I, § 6 I; MK-Kramer, § 241 Rdnr. 16 ff.; MK-Roth, § 242 Rdnr. 106 ff., 113; siehe auch Leser, AcP 183, 579 ff.
[70] Leser, Die Vertragsaufhebung im einheitlichen Kaufgesetz, S. 2.
[71] Kegel, Gutachten S. 146; Flume, Allg. Teil § 12 II 4 b, S. 170; van den Daele, S. 20 ff., 38; Esser, SchuldR (2. Aufl.) § 14, 1; Larenz, SchuldR I, § 2 V; Harder, S. 159; MK-Söllner, § 305 Rdnr. 6.
[72] Weick, NJW 1978, 14; van den Daele, S. 17 f., 19; Jäckle, JZ 1982, 55 bei FN 105; siehe auch Larenz, SchuldR I § 2 V, S. 26 f.
[73] Soergel/Mühl, § 930 Rdnr. 32; Palandt/Bassenge, § 930 Anm. 4 a, bb; Huber, Sicherungsgrundschuld S. 77.

hältnisses", welches auf die Rechtsübertragung zum Zwecke der „Gewährleistung der Befriedigung des Gläubigers" gerichtet ist, der „treuhänderische Charakter" der Inhaberschaft der überschießenden Rechtsposition des Sicherungsnehmers abgeleitet[74]. Anhand dieser im Sicherungsvertrag verankerten Bindung der Rechtsausübung an den beschränkten Sicherungszweck hat die Rechtsprechung – teilweise unter Anlehnung an gesetzliche Regelungen vergleichbarer Interessenlagen im Wege der Analogie (z.B. zu §§ 662 ff., 666, 667) – einzelne Pflichten auch ohne ausdrückliche Regelung im Sicherungsvertrag konkretisiert; insbesondere ergibt sich danach aus dem Vertrag die Rückübertragungspflicht nach Befriedigung des Gläubigers[75], die Pflicht zur Auskehr des Übererlöses bei Verwertung[76] und eine umfassende Interessenwahrungspflicht gegenüber dem Sicherungsgeber bei Durchführung der Verwertung[77], sowie Auskunftspflichten über die Verwertungsmaßnahmen und die Tilgungshöhe der gesicherten Forderung[78].

Hieran wird deutlich, daß der Schuldvertrag die zentrale Stellung innerhalb des Rechtes der Güterbewegung einnimmt. Er regelt den Geschäftszweck und die Art und Weise seiner Verwirklichung, und damit liegen die Gründe für das Behaltendürfen oder die Rückabwicklung einer Vermögensverschiebung (Rechtfertigungswirkung) letztlich allein im Schuldvertrag[79].

Die abstrakten Zuwendungen (Verfügungen und abstrakte Verpflichtungsgeschäfte) dienen demgegenüber regelmäßig der Durchführung einer vertraglichen Verpflichtung und daher liegen ihnen lediglich „Abwicklungszwecke" zugrunde[80]. Sie sind auf die Herbeiführung eines schuldvertraglich bereits vorgefaßten Zieles gerichtet und deshalb von ihrem Inhalt her unselbständig. Die causa solvendi (Erfüllungszweck) stellt als typischer Abwicklungszweck den Hauptfall dar[81]; mit der Erfüllungsleistung soll ein geschuldeter Leistungserfolg herbeigeführt werden[82], und aufgrund dieser inhaltlichen Bezugnahme auf eine

---

[74] BGHZ 32, 67, 70; RG JW 1914, 76; RGZ 59, 190, 191 f.; 76, 345, 347; 116, 330, 331 f.; zum Ganzen Baur, SachenR § 57 IV, § 58 I 1 b.

[75] RG JW 1914, 76; RG WarnRspr. 1908, 143 (Nr. 197); 1934, 166, 167 (Nr. 77); RG HRR 1930 Nr. 2145.

[76] RGZ 59, 190, 191 f.

[77] BGH NJW 1966, 2009 (der Sicherungsnehmer darf ein günstiges Angebot für den Verkauf des Sicherungsgutes nicht ohne stichhaltigen Grund ablehnen); BGHZ 32, 67, 69 f. (Pflicht zur bestmöglichen Verwertung); ebenso RGZ 59, 190, 191 f.; 76, 345, 347; 116, 330, 331 f. BGH NJW 1970, 701, 703 f. erachtete den Sicherungseigentümer (Finanzierungsinstitut) von noch im Besitz des Verkäufers befindlichen Gegenständen als gegenüber dem Abzahlungskäufer (Sicherungsgeber) verpflichtet, beim Konkurs des Verkäufers Aussonderungsrechte geltend zu machen.

[78] OLG Braunschweig, BB 1956, 903; BGH WM 1966, 1037, 1039.

[79] v. Caemmerer, FS Rabel, Ges. Schr. I S. 219 f.

[80] Weitnauer, Symposium für König S. 31 f., 53 f.

[81] v. Caemmerer, FS Rabel, Ges. Schr. I S. 220; Esser, SchuldR I (4. Aufl.) S. 17; SchuldR II (4. Aufl.) § 101 II 3., S. 341; Westermann, Die causa S. 58. Auch der Sicherungszweck ist ein solcher Abwicklungszweck, vgl. Weitnauer, a.a.O. S. 32, und unten Teil IV 2 a.

III. Teil: Der Zweck im Schuldvertrags- und Bereicherungsrecht   39

schuldrechtliche Leistungspflicht kann die Rechtfertigungswirkung der causa auch nur bei deren Bestand eintreten[83].

Für die Frage der Rückabwicklung ergibt sich daraus, daß bei Fehlen oder späterem Fortfall der zugrundeliegenden Verpflichtung der mit einem „Durchführungsgeschäft" verfolgte Zweck nicht erreicht werden kann; die Rechtfertigungswirkung der causa entfällt damit. Die Rückführung der so erbrachten „Leistung" findet wegen deren Abstraktheit vom Zweck im Wege der Leistungskondiktion statt (§ 812 Abs. 1 Satz 1, 1. Alt. bzw. Satz 2, 1. Alt., Fehlen bzw. Wegfall des rechtlichen Grundes)[84]. Das Bereicherungsrecht übernimmt damit die Aufgabe der Korrektur der „technischen" Wirkung der Abstraktion bei Bestandsmängeln im Bereich des Schuldvertrages[85].

Eine Störung des „vertragscharakteristischen Geschäftszwecks", der causa einer vertraglichen Verpflichtung, zieht dagegen aufgrund der kausalen Abhängigkeit von der Rechtfertigungswirkung des Rechtsgrundes direkt auf den Schuldvertrag einwirkende Rechtsfolgen nach sich. Diese sind allerdings im Gesetz nicht allgemein für alle Schuldverträge geregelt. Vielmehr weist das BGB in seinem „isolierenden und abstrahierenden Denkstil"[86] nur punktuelle Lösungen für bestimmte Störungstatbestände auf, die – meist gesondert für einzelne Vertragsformen – eine auf die jeweilige typische Interessenlage beschränkte Ausgleichsregelung treffen[87]. Ein Rechtssatz, der auf einen gesetzlich nicht geregelten

---

[82] Gernhuber, Die Erfüllung S. 96 f. Für die Erfüllung wurde daher zum Teil die objektive Herbeiführung dieses Erfolges „Befriedigung des Gläubigerinteresses" als ausreichend angesehen, vgl. Boehmer, Erfüllungswille. S. 41 ff.; Krawielicki, S. 80, 122 f.; Harder, S. 134 ff. Die h.M. verlangt jedoch zusätzlich einen inneren Bezug zwischen Leistungserbringung und Obligation, Gernhuber, Die Erfüllung § 5 III 1, S. 108; Larenz, SchuldR I S. 222 f.; Beuthien, Zweckerreichung S. 288 ff.; Westermann, Die causa S. 90 f.; Schmidt, Die Erfüllung S. 78, 114; Harder, S. 167; Krawielicki S. 79 f.

[83] Köhler, WM 1977, 242, 245; Westermann, Die causa S. 18, 82; Harder, S. 159 f., 164 ff.; Ehmann, Gesamtschuld S. 154 f. Deshalb nimmt Wacke (Tijdschrift voor Rechtsgeschiedenis 40, 232 f.) für die römisch-rechtliche stipulatio an, daß der „Versprechenszweck" (der stipulatio) den „Schuldgrund" (das „Rechtsgrundverhältnis") inhaltlich voraussetzt. Aus dem gleichen Grund bezeichnet Stampe (Das causa-Problem S. 22 ff., 31 f.) die in Ausführung eines „Grundgeschäftes" vorgenommenen Zuwendungen als „Hilfsgeschäfte".

[84] Gernhuber, Die Erfüllung S. 96 f., 105; Reuter/Martinek, S. 97 ff.; Blomeyer, SchuldR S. 83 f.; Weitnauer, FS v. Caemmerer S. 263; Locher, AcP 121, 43; v. Tuhr, S. 81 f., 96 f.; Kegel, FS Mann S. 65. Gleiches gilt auch für die Rückabwicklung bei Verfehlung eines „atypischen" Zwecks bei der condictio ob rem (§ 812 Abs. 1 Satz 2, 2. Alt.). Dieser Kondiktionsform liegt jedoch eine gänzlich andere Gestaltung und Zweckstruktur einer (abstrakten) Zuwendung zugrunde, die nur aus der historischen Entwicklung verständlich ist und deshalb erst unten unter 3 c und Teil V A 1. behandelt wird.

[85] v. Caemmerer, FS Rabel, Ges. Schr. I S. 220; Flume, Allg. Teil § 12 I 2, S. 157; Larenz, Allg. Teil § 18 II, S. 316; siehe auch Reuter/Martinek, S. 14.

[86] Gernhuber, FS Larenz S. 455, 469; vgl. auch Leenen, Typus und Rechtsfindung S. 163; Wilburg, AcP 163, 346.

[87] Larenz, SchuldR I § 6 I, S. 73; van den Daele, S. 20 ff.; Flume, Allg. Teil § 12 II 4 b, S. 170; Westermann, die causa S. 94 f.; Jahr, ZSSt 80, 167 FN 64; Jahr/Kropf, JuS 1963, 359; siehe auch die Ausführungen in RGZ 54, 98, 102.

Geschäftstyp (wie den Sicherungsvertrag) übertragbar wäre, kann deshalb nur den hinter der Regelung einzelner Typen und Kategorien stehenden Strukturen und Wertungen entnommen werden[88].

b) Die gesetzliche Regelung der Rechtsfolgen von Rechtsgrundstörungen im Vertrags- und Bereicherungsrecht

Liegt der Rechtsmangel bereits im Bereich der Vereinbarung des Geschäftszwecks (Dissens über die causa, Irrtum), so sieht das Gesetz die Nichtigkeit (§§ 154, 155) oder die Anfechtbarkeit (§ 119) der Zuwendung vor[89]. Eine Verpflichtung kann bei Fehlen der „inneren" causa keinen Bestand haben.

Die Einwirkung der Verfehlung des Zwecks (der „äußeren" causa) auf die schuldrechtliche Verpflichtung ist hauptsächlich im Recht der Leistungsstörungen geregelt. Liegt der bezweckte Erfolg nämlich in irgendeiner Form in einer zu erbringenden Leistung (schenkungsweise Übereignung, Erwerb einer Gegenleistung, Überlassung einer zu vermietenden Sache), dann stellt sich ein Leistungshindernis als Ausbleiben des mit der Zuwendung angestrebten Erfolges und damit als Zweckverfehlung dar[90]. Die ausgeprägteste gesetzliche Regelung hat hier der gegenseitige Vertrag als wirtschaftlich wichtigste Geschäftsform erfahren. Aufgrund des bei Vertragseingehung vereinbarten Austauschzwecks als rechtlichem Grund (innerer causa) der beiderseitigen Verpflichtungen liegt der Zweck jeder Verpflichtung in der Erlangung der Gegenleistung. Die Unmöglichkeit, der Verzug[91] oder die Mangelhaftigkeit[92] einer Leistung bewirkt deshalb die Vereitelung des Zwecks der Gegenverpflichtung[93]. Bei einem anfänglichen Leistungshindernis fehlt die Rechtfertigung für die (Gegen-)

---

[88] van den Daele, S. 23; siehe auch Wilburg, AcP 163, 346; Esser, SchuldR (2. Aufl.) § 16, 3 d.

[89] Esser, SchuldR (2. Aufl.) § 14, 3; v. Tuhr, S. 96 f.; Kegel, Gutachten S. 146 f.; ders., FS Mann S. 66; Jahr, ZSSt 80, 147 ff.; Klinke, Causa und Synallagma S. 97, 143 ff.

[90] Köhler, Unmöglichkeit und Geschäftsgrundlage S. 3 f.; Westermann, Die causa S. 19 f.; Kegel, FS Mann S. 67; Esser, SchuldR I (4. Aufl.) § 33 V, S. 213; van den Daele, S. 20 ff., 88 ff.; siehe auch Leser, Lösung vom Vertrag, FS Wolf S. 374.

[91] Der Verzug wird bei Vorliegen der Voraussetzungen der §§ 286, 326 (Fristsetzung mit Ablehnungsandrohung bzw. Interessewegfall) oder eines Fixgeschäftes der Nichterfüllung gleichgestellt, RGZ 54, 98, 101 f.; MK-Emmerich, § 326 Rdnr. 2 f., 72 f.; Erman/Battes, § 326 Rdnr. 1; Mitteis/Lieberich, Deutsches Privatrecht S. 143 f.; vgl. auch RGZ 91, 164, 165; 101, 397, 399.

[92] MK-Westermann, § 459 Rdnr. 4, 8, 12. Nach Kegel, FS Mann S. 69 liegt bei Mangelhaftigkeit einer Leistung eine Teilstörung (Teilmangel der causa) im Gegensatz zur Gesamtstörung bei Unmöglichkeit vor. Die Rechtsfolgen ergeben sich jedoch gleichermaßen aus der Austauschzweckverknüpfung (dem konditionellen Synallagma), siehe Klinke, Causa und Synallagma S. 132; Kegel, a.a.O. S. 67, und sogleich im Text.

[93] Kegel, Gutachten S. 147; ders., FS Mann S. 61 ff., 66 f.; Esser, SchuldR I (4. Aufl.) S. 17; van den Daele, S. 24 ff., 89; Weitnauer, Symposium für König S. 39; Köhler, Unmöglichkeit und Geschäftsgrundlage S. 3 f.

III. Teil: Der Zweck im Schuldvertrags- und Bereicherungsrecht 41

Verpflichtung von Anfang an, bei einem nachträglichen Hindernis fällt sie später weg.

Die Wirkungen der Zweckverfehlung (des Entfallens der äußeren causa) auf den Bestand der Verpflichtung des vertragtreuen Teils und auf den gesamten Vertrag ergeben sich aus der gesetzlichen Regelung der inneren Abhängigkeit von Leistungs- und Gegenleistungspflicht, dem sog. konditionellen Synallagma[94]. Die §§ 306, 323 Abs. 1 enthalten hierzu die strikteste, gleichsam „radikalste" Rechtsfolge, indem sie für beide Verpflichtungen die Hinfälligkeit (§ 306: Nichtigkeit des ganzen Vertrages) anordnen[95]. Für diesen Fall der Störung des vertragstypischen Geschäftszwecks (Austauschzwecks) erfolgt daher die Rückführung bereits erbrachter Leistungen nach Bereicherungsrecht (§ 323 Abs. 3), da ein Mangel der schuldrechtlichen Verpflichtung zur Verfehlung bzw. zum Wegfall des Erfüllungszwecks der Leistung führt[96].

Die Unwirksamkeit ist jedoch keine notwendige oder logisch zwingende Folge der Nichterreichung des mit einer kausalen Zuwendung verfolgten Zweckes[97]. Vielmehr zeigt schon die übrige Regelung des konditionellen Synallagma in §§ 323–326 und des Mängelgewährleistungsrechts (§§ 433 ff., 440, §§ 459 ff., 633 ff. mit Wandlung, Minderung und Schadensersatz), daß eine Störung des Austauschzwecks vom Vertrag selbst geregelt werden kann; das Schuldverhältnis bleibt hier mit verändertem Inhalt fortbestehen und bildet die Grundlage für die Rückabwicklungsansprüche, die sich aus einer Umgestaltung der ursprünglichen Leistungspflichten ergeben[98]. Deutlich wird dies bereits bei § 323 Abs. 2, wonach der Gläubiger trotz Nichterreichung des Gegenleistungserfolges an seiner Verpflichtung festgehalten wird und damit das Austauschverhältnis

---

[94] Esser, SchuldR I (4. Aufl.) § 16, 1, S. 103 f.; MK-Emmerich, Vor § 320 Rdnr. 16; Erman/Battes, Vor § 320 Rdnr. 14, 16. Das konditionelle Synallagma wird dabei zum Teil als Unterfall des funktionellen Synallagma aufgefaßt, vgl. van den Daele, S. 23 FN 36; Klinke, Causa und Synallagma S. 96 FN 21; Westermann, Die causa S. 83.

[95] Jahr, ZSSt 80, 150 FN 32; van den Daele, S. 24 f.; Kegel, FS Mann S. 66 f.; Flume, Allg. Teil S. 171; Weitnauer, FS v. Caemmerer S. 265; Esser, SchuldR I (4. Aufl.) § 16 I, S. 103; Ehmann, Gesamtschuld S. 167; Welker, S. 99 FN 63. Zur Kritik an der gesetzgeberischen Entscheidung in § 306 siehe unten Teil V B 2.

[96] Der ursprüngliche Austauschzweck, dem die erbrachten Leistungen letztlich dienen, der aber aufgrund der technischen Abstraktion aus dem Tatbestand der „Leistungsgeschäfte" ausgeschieden ist und deshalb grundsätzlich für den Bereicherungsausgleich ohne Bedeutung ist (v. Caemmerer, FS Rabel, Ges. Schr. I S. 221), findet nach der modernen Entwicklung von Rechtsprechung und Wissenschaft gleichwohl wieder Berücksichtigung bei der Rückabwicklung. Die Saldotheorie und weitergehende Ansätze des faktischen Fortwirkens des Synallagma verknüpfen die Bereicherungsansprüche gerade im Sinne der ursprünglichen Leistung und Gegenleistung, vgl. Leser, Von der Saldotheorie zum faktischen Synallagma S. 41 ff., 49 ff.; ders., Der Rücktritt S. 107 ff.; Kegel, FS Mann S. 66 f.; Klinke, Causa und Synallagma S. 118.

[97] Palandt/Heinrichs, § 306 Anm. 1; anders dagegen Teile insbesondere des älteren Schrifttums, vgl. v. Tuhr, S. 96 f.; Krawielicki, S. 8; Windscheid/Kipp, Pandekten Bd. I § 97 FN 5; Ehmann, Gesamtschuld S. 181; Batsch, NJW 1973, 1640; siehe auch Motive, Bd. II S. 207 f.

[98] Esser, SchuldR I (4. Aufl.) § 16 I, S. 104; Leser, Der Rücktritt S. 100 ff., 145 f., 157 ff.; van den Daele, S. 26 bei FN 45; Kreß, SchuldR S. 59; siehe auch Blomeyer, SchuldR S. 82, der den Rücktritt als mögliche Rechtsfolge der Zweckverfehlung ansieht.

intakt bleibt, soweit er von der Möglichkeit der Surrogation (§ 281) Gebrauch macht; in gleicher Weise bleibt der Gläubiger gem. § 324 verpflichtet, wenn er die Vereitelung des Zuwendungszwecks zu vertreten hat[99]. Noch weitergehend werden dem Gläubiger bei Vereitelung des Austauschzwecks im Falle der §§ 325, 326 sowie des Mängelgewährleistungsrechts mit Rücktritt, Schadensersatz wegen Nichterfüllung, Wandlung und Minderung Behelfe in die Hand gegeben, mit denen die Rückabwicklung unter Aufrechterhaltung des mit Vertragsabschluß aufgestellten synallagmatischen Gefüges herbeigeführt wird[100]. Der Vertrag nimmt hier die spezifischen Behelfe zur Erledigung der Störung des Austauschzwecks in seinen Regelungsbereich auf, unter gleichzeitiger Berücksichtigung der mit Vertragsabschluß begründeten Gegenseitigkeitsverknüpfung von Leistungs- und Gegenleistungspflicht sowie der tatsächlich darauf erbrachten Leistungen[101].

Allerdings ist diese Wirkung des konditionellen Synallagma im Gesetz nicht im einzelnen und vollständig geregelt. Vielmehr ergibt sich zunächst nur aus § 326 Abs. 1 Satz 2, daß der Schuldner nach Fristablauf nicht mehr zur Erbringung der ursprünglich geschuldeten Leistung verpflichtet ist. Die gleiche Rechtsfolge beinhaltet bereits § 275 für den Fall der Unmöglichkeit („impossibilium nulla est obligatio")[102]. Dagegen läßt sich das Schicksal der Gegenverpflichtung des vertragstreuen Teils, dessen Zweck nunmehr nicht verwirklicht werden kann, dem Gesetz nicht unmittelbar entnehmen.

Beim Schadensersatz wegen Nichterfüllung beruhte die gesetzgeberische Konzeption, die von einer weitgehenden Selbständigkeit der gegenseitigen Leistungspflichten ausging, noch auf dem Gedanken einer fortbestehenden Verpflichtung des Gläubigers und eines Schadensersatzanspruches als Surrogat für den untergegangenen ursprünglichen Erfüllungsanspruch (sog. Austausch- oder Surrogationstheorie)[103]. Den entscheidenden Schritt zur Anerkennung des inneren Zusammenhanges von Leistungs- und Gegenleistungspflicht und dessen weitere Berücksichtigung auch für die Erledigung des gestörten Vertrages hat indessen die Rechtsprechung und Wissenschaft mit der Entwicklung der Differenztheorie vollzogen[104]. Aus dem konditionellen Zusammenhang der beiden Verpflichtungen ergibt sich, daß die Nichterfüllung durch die eine Partei

---

[99] Esser, SchuldR I (4. Aufl.) § 33 V, S. 212; Köhler, Unmöglichkeit und Geschäftsgrundlage S. 108; Palandt/Heinrichs, § 323 Anm. 3; RGRK-Ballhaus, § 323 Rdnr. 8 f.

[100] RGZ 141, 254, 262 (für Schadensersatz wegen Nichterfüllung); Kegel, FS Mann S. 67; Klinke, Causa und Synallagma S. 132; van den Daele, S. 26 bei FN 45; Esser, SchuldR I (4. Aufl.) § 30 III; siehe auch Motive Bd. II, S. 211.

[101] Leser, Der Rücktritt S. 6, 39 f., 41 ff., 121 f., 122 ff., 157 ff., 175 ff.; Esser, SchuldR I (4. Aufl.) § 51 I, S. 363 f.

[102] MK-Emmerich, § 275 Rdnr. 74 f.

[103] Leser, Der Rücktritt S. 122, 124 ff.; ders., Lösung vom Vertrag, FS Wolf S. 387 f.; van den Daele, S. 89 f.; Esser, SchuldR I (4. Aufl.) § 51 I 2, S. 363 f.

[104] Kegel, FS Mann S. 67; Leser, Der Rücktritt S. 124 ff., 128 ff.; Esser, a.a.O.; van den Daele, S. 88 ff.

III. Teil: Der Zweck im Schuldvertrags- und Bereicherungsrecht 43

Auswirkungen auch auf den Bestand der anderen Verpflichtung haben muß. Soweit daher der Gläubiger seine Gegenleistung noch nicht erbracht hat, geht die Rechtsprechung von der grundsätzlichen Befreiung von seiner (rechtsgrundlosen) Verbindlichkeit aus[105]. Der Schadensersatzanspruch des Gläubigers stellt sich daraufhin nicht mehr als isolierter Ausgleichsanspruch (Surrogat) dar, sondern als ein Differenzanspruch, der aus einer Gesamtabrechnung der beiderseitigen Leistungspflichten resultiert. Aufgrund der synallagmatischen Abhängigkeit von Leistung und Gegenleistung werden diese letztlich als bloße Abzugsposten unter Einbeziehung der erlittenen Einbußen gegenübergestellt, so daß die Wertdifferenz dem Gläubiger als einseitiger Geldanspruch zusteht[106]. Der Wegfall der Leistungspflicht des Gläubigers wird daher als wertmäßiger Minderungsposten berücksichtigt[107], während andererseits der Gläubiger bei bereits erbrachter Leistung den vollen Ersatzanspruch unter Einschluß des Wertes der Leistung erhält, und dies ebenso, wenn er von seinem Wahlrecht Gebrauch macht, die eigene Leistung noch zu erbringen[108]. Beim Schadensersatz wegen Nichterfüllung wird daher die Störung des Zuwendungszwecks (Austauschzwecks) vom Vertrag selbst geregelt, wobei die ursprüngliche synallagmatische Verknüpfung beider Verpflichtungen aufrechterhalten bleibt und auf die Abwicklung fortwirkt[109].

Ähnlich wird der Rücktritt nach §§ 325, 326, 327 Satz 1, 346 ff. (und ebenso die Wandlung und Minderung gem. §§ 467 Satz 1, 472, 634 Abs. 4, 346 ff.) nach heutiger Auffassung als Fortführung des Vertrages unter Umwandlung der ursprünglichen Leistungspflichten in ein Rückabwicklungsverhältnis aufgefaßt[110]. Auch hier besteht das Schuldverhältnis unter einer modifizierten Zielsetzung fort, wobei der Rücktritt auf die Befreiung von noch unerfüllten Leistungspflichten sowie die Rückführung erbrachter Leistungen unter gleichzeitiger Ausgleichung zwischenzeitlicher Veränderungen des Leistungsgegenstandes gerichtet ist[111]. Die Rechtsfolgen der Verfehlung des Austauschzwecks

---

[105] BGHZ 20, 338, 343 f.; 54, 214, 216; BGH LM Nr. 4 zu § 454; RGZ 54, 98, 102; 107, 345, 347 f.; 141, 259, 261 f.; Leser, Lösung vom Vertrag, FS Wolf S. 374 f., 385 f., 388 ff., 390; MK-Emmerich, § 326 Rdnr. 140; Erman/Battes, § 325 Rdnr. 7.

[106] RGZ 127, 245, 248; 141, 259, 261 f.; 149, 135, 136; 152, 111, 112; BGHZ 20, 338, 343; Larenz, SchuldR I, § 22 II 6, S. 314; van den Daele, S. 91; Esser, SchuldR I (4. Aufl.) § 51 I 2, S. 363 f.; Leser, Der Rücktritt S. 115 ff.; siehe auch S. 132 ff. zur Parallele des „kleinen" und „großen" Schadensersatzes bei § 463.

[107] RGZ 141, 259, 261; 149, 135, 136; Larenz, a.a.O.; Leser, a.a.O. S. 129 f.

[108] BGH LM Nr. 4 zu § 454; Leser, Lösung vom Vertrag, FS Wolf S. 388 ff., 393; Erman/Battes, § 325 Rdnr. 7 f. Aufgrund dieses Wahlrechts wird die automatische Befreiungswirkung des konditionellen Synallagma (siehe oben FN 105) von manchen Stimmen abgelehnt, Leser, a.a.O. S. 131 f., unter Bezugnahme auf Rabel, Zu den allgemeinen Bestimmungen über Nichterfüllung gegenseitiger Verträge, Ges. Schr. III, S. 147 f.

[109] Siehe dazu noch unten Teil V B 1.

[110] Leser, Der Rücktritt S. 140 f., 150 ff., 157 ff., 163, 175 ff.; van den Daele, S. 50 f.; Esser, SchuldR I (4. Aufl.) § 51 II 2., S. 368 f.; Stoll, AcP 131, 171 ff.; Larenz, SchuldR I § 26 a, S. 374; Mitteis/Lieberich, Deutsches Privatrecht S. 126 f.

[111] Leser, Der Rücktritt S. 103 f.; Larenz, SchuldR I § 26 a, S. 373 f.

sind also auch hier im Vertrag selbst enthalten; die daran anknüpfenden Rückführungs- und Ersatzpflichten sind in das fortwirkende Schuldverhältnis einbezogen, so daß das ursprüngliche Synallagma und die vertragliche Risiko- und Gefahrverteilung nicht außer Kraft gesetzt sind[112].

Die Verfehlung oder der Wegfall des Rechtsgrundes einer Verpflichtung im gegenseitigen Vertrag wegen Ausbleibens der Gegenleistung führt somit bei bestimmten Störungstatbeständen nicht zur Unwirksamkeit des Vertrages, sondern zur Regelung auch der Störungsfolgen auf der Grundlage des fortwirkenden Schuldverhältnisses. Dort, wo die Nichterreichung des vertragscharakteristischen Geschäftszwecks von weiteren komplexen Fragen der Zurechnung des Vertretenmüssens, der Gefahrtragung und der Schadenskompensation überlagert ist, hat das Gesetz die Durchführung des Interessenausgleichs aus dem Bereicherungsrecht ausgeklammert und dafür differenzierte, an der spezifischen Interessenlage orientierte Behelfe zur Verfügung gestellt. Das schematische, „lapidare" Rückgewährprinzip der Kondiktion[113] mit seiner Beschränkung auf die noch vorhandene Bereicherung weicht hier einer Lösung, die von der Fortführung des Vertrages als Rückabwicklungsverhältnis ausgeht und damit das ursprüngliche Vertragsprogramm mit seiner Risiko- und Gefahrverteilung in die Rückabwicklung miteinbezieht[114].

Das Beispiel des gegenseitigen Vertrages zeigt deutlich, daß die Störung des Rechtsgrundes einer vertraglichen Verpflichtung (hier aufgrund der Nichterreichung des bezweckten Gegenleistungserfolges) durchaus zu einer Korrektur auf der Grundlage des fortbestehenden Schuldverhältnisses führen kann, wobei der von den Parteien vereinbarte Vertragszweck unmittelbar Berücksichtigung findet[115]. Der Vertrag als umfassender Organismus von Rechten und Pflichten der Parteien übernimmt damit nicht nur die Aufgabe, die Verwirklichung des Geschäftserfolges zu gewährleisten, sondern enthält auch die Normen für die Reaktion auf eine Verfehlung des Geschäftszwecks, um dessen Erreichung willen die Parteien ihre Verpflichtungen eingegangen waren[116].

---

[112] Leser, a.a.O. S. 104, 163. Die insbesondere im Anschluß an die Entscheidungen BGHZ 53, 144; 57, 137 eingesetzte Diskussion um die der vertraglichen Gefahrtragung (§ 446) widersprechende Regelung in § 350 ist deshalb um eine Harmonisierung der Zufallshaftung im Rückabwicklungsverhältnis mit der vertraglichen Risikozuweisung bemüht, vgl. v. Caemmerer, „Mortuus redhibetur", Ges. Schr. III S. 167, 182 ff.; Leser, a.a.O. S. 115 ff., 151, 190 ff., 194 ff., 204 ff.

[113] v. Caemmerer, FS Rabel, Ges. Schr. I S. 219.

[114] v. Caemmerer, a.a.O. S. 219 ff.; Weitnauer, Symposium für König S. 26; Reuter/Martinek, § 17 III 2 c, S. 599 ff.; § 19 I, S. 660; siehe auch § 5 III c, S. 166; Esser, SchuldR I (4. Aufl.) § 16 I, S. 103 f.; ders., SchuldR II (4. Aufl.) § 103 II 2, S. 254 f.

[115] Es bedarf dann keiner Übertragung vertraglicher Strukturen und Risikozuweisungen auf die bereicherungsrechtlichen Ausgleichsansprüche wie dies z.B. bei der Fortwirkung der synallagmatischen Verknüpfung auf die Rückerstattung erbrachter Leistungen nach §§ 812 ff. der Fall ist (Saldotheorie, faktisches Synallagma), siehe unten Teil V B 3.

[116] Larenz, SchuldR I § 6 I, S. 72 f.; Köhler, Unmöglichkeit und Geschäftsgrundlage S. 133; van den Daele, S. 21 f.; Klinke, Causa und Synallagma S. 31.

III. Teil: Der Zweck im Schuldvertrags- und Bereicherungsrecht

Die obigen Darlegungen haben gezeigt, daß mit der Verlagerung des Geschäftszwecks aus dem Tatbestand der Verfügungsgeschäfte auf einen separaten Schuldvertrag auch die Regelung der Rechtsfolgen bei Nichterreichung dieses Zwecks zu einem gewissen Teil in den Vertrag einbezogen wurde. Das Bereicherungsrecht als „allgemeiner Teil des Abwicklungsrechts"[117] ist insoweit durch die besonderen vertraglichen Behelfe verdrängt[118]. Die Schnittpunkte der beiden Rückabwicklungssysteme ergeben sich dort, wo die Einwirkung der Rechtsgrundstörung als Unwirksamkeitsgrund der schuldvertraglichen Zuwendungen ausgestaltet ist und infolgedessen für erbrachte Leistungen die Kondiktion wegen Nichterreichung des typischen Abwicklungszwecks eingreift. Beide Behelfe laufen damit hinsichtlich ihrer Funktion als Korrektiv für fehlgeschlagene Verträge parallel[119].

Für die eingangs[120] gestellte Frage nach den möglichen Rechtsfolgen der Erledigung oder Verfehlung des Sicherungszwecks ist es daher von Bedeutung, in welchem Verhältnis diese beiden Möglichkeiten zueinander stehen.

Die neuere Entwicklung in Rechtsprechung und Wissenschaft geht dahin, den als zu undifferenziert empfundenen und für die vielschichtige Aufgabe des Ausgleichs der am Vertrag beteiligten Interessen zu starren Bereicherungsausgleich auszuschalten oder zu modifizieren[121]. Dahinter steht das Bemühen, der von den Parteien einmal geschaffenen Regelung und Risikoverteilung trotz der Unwirksamkeit des Vertrages[122] auch im Bereich der Abwicklung Geltung zu verschaffen.

Diese Fortentwicklung einer am ursprünglichen Vertrag orientierten und deshalb sachgerechteren Lösung ist auch durchaus konsequent vor dem Hintergrund der historischen Betrachtung der Funktion des Bereicherungsrechts und Schuldvertragsrechts. Während im römischen Recht die condictio noch hauptsächlich der Rückführung von Leistungen unmittelbar aufgrund bestimmter Störungen des Gesamtgeschäftszwecks (z.B. Ausbleiben der vereinbarten Gegenleistung) diente[123], erlaubte die Entwicklung des Schuldverhältnisses als ein den Geschäftszweck umfassend regelnder Organismus die Einbeziehung dieser Störungsfälle in den Vertrag selbst[124].

---

[117] Liebs, JZ 1978, 701 bei FN 84.
[118] v. Caemmerer, FS Rabel, Ges. Schr. I S. 220 f.; Liebs, a.a.O., bei FN 82 ff.
[119] v. Caemmerer, FS Rabel, Ges. Schr. I S. 118 f.; Rengier, AcP 177, 448; Reuter/Martinek, S. 660.
[120] Siehe Teil II 4.
[121] Dazu unten Teil V B 2, 3.
[122] Liebs, JZ 1978, 701 FN 84 spricht von „Vertragsversuch".
[123] Söllner, AcP 163, 24 f., 28 f.; Wolf, Symposium für König S. 92; siehe auch Leser, Der Rücktritt S. 3.
[124] v. Caemmerer, FS Rabel, Ges. Schr. I S. 220 f.; Mitteis/Lieberich, Deutsches Privatrecht S. 126 f., 145 f.

III. Teil: Der Zweck im Schuldvertrags- und Bereicherungsrecht

c) *Die historische Entwicklung vertraglicher
und bereicherungsrechtlicher Rückabwicklungsbehelfe*

Die Funktion der condictio im römischen Recht läßt sich zunächst anhand der Struktur der Verfügungsgeschäfte, insbesondere der traditio des klassischen Rechts, verdeutlichen. Zwar kannte das römische Recht neben dem Formversprechen der stipulatio bereits die obligierende Wirkung eines bloßen formlosen Versprechensgeschäftes; spätestens im 2. Jahrhundert v. Chr. war unter dem Einfluß des steigenden wirtschaftlichen Verkehrs die Entwicklung des Vertragsgedankens soweit abgeschlossen, daß für die ausgewählten Typen der sog. Konsensualkontrakte (emptio-venditio, locatio-conductio) die verbindliche, schulderzeugende Wirkung der bloßen übereinstimmenden Willenserklärungen anerkannt war[125]. Ebenso hatten sich bestimmte Formen von Realkontrakten herausgebildet[126], bei denen die Hingabe einer Sache einen einklagbaren Anspruch auf Rückleistung auch ohne Einhaltung der ursprünglich notwendigen Form der stipulatio begründete[127].

Trotz dieser Kontraktsnatur wurde jedoch eine Verpflichtung, die auf Verschaffung des Eigentums an einer Sache gerichtet war, nicht als ein von der Eigentumsübertragung getrenntes Rechtsgeschäft aufgefaßt; auch beim Verpflichtungskauf erfolgte die Sachleistung nach wie vor emptionis causa und wurde nicht als separates (Erfüllungs-)Geschäft angesehen[128]. Die Abrede über den rechtlichen Grund (Kauf, Darlehen) war daher im klassischen römischen Recht als „iusta causa" mit dem Übertragungsakt (der traditio) unmittelbar verbunden[129]. Die Vereinbarung des Geschäftszwecks, der nach der Vorstellung des heutigen Rechts aus dem Verfügungstatbestand ausgeschieden ist und regelmäßig nur im Schuldvertrag Ausdruck findet, gehörte zum Inhalt der traditio und konkretisierte so die Übereignungsgeschäfte nach bestimmten Typen, welche durch die wirtschaftlichen Bedürfnisse geprägt und rechtlich anerkannt

---

[125] Kaser, Römisches Privatrecht I (2. Aufl.) § 46 I, S. 177 f.; ders. Römisches Privatrecht (14. Aufl.) § 38 II 1 d, § 38 III 2, § 41 I 2; Seuffert, Geschichte der obligatorischen Verträge S. 13 f.; Mitteis/Lieberich, Deutsches Privatrecht S. 30, 138.

[126] Die sog. „benannten" oder „Nominatrealkontrakte", womit das Handdarlehen, die Leihe, Verwahrung und Verpfändung bezeichnet sind, Liebs, Römisches Recht S. 204 f.; Kaser, Römisches Privatrecht (14. Aufl.) § 38 II 1, § 39; Mitteis/Lieberich, Deutsches Privatrecht S. 132; Windscheid, Pandekten Bd. II, S. 175 FN 4, 207 ff., insbes. FN 9.

[127] Später hat sich unter dem Einfluß der Konsensualkontrakte auch hier die Willenseinigung als schuldbegründendes Merkmal durchgesetzt, vgl. Jahr, ZSSt 80, 154 f., 163; Kaser, Römisches Privatrecht (14. Aufl.) § 38 II 1 d.

[128] Jahr, ZSSt 80, 162 ff., 168 f.; Kaser, Römisches Privatrecht Bd. I (2. Aufl.) § 100 IV, S. 417. Dagegen erfolgte die Leistung auf die Gegenverpflichtung wegen ihres generischen Charakters (Geldzahlungsverpflichtung) ebenso wie die Leistung auf eine Stipulationsverbindlichkeit zum Zwecke der Erfüllung (causa solvendi), vgl. Wolf, Symposium für König, S. 92; Jahr, ZSSt 80, 163, 169 f.

[129] Kaser, Römisches Privatrecht Bd. I (2. Aufl.) § 100 IV 1, 2, S. 416 f.; Schwarz, Die Grundlage der condictio S. 120; Jahr, ZSSt 80, 162 ff., 168 f.; Wolf, Symposium für König S. 90 f.

III. Teil: Der Zweck im Schuldvertrags- und Bereicherungsrecht 47

wurden[130]. Die Übertragung von Eigentum an „res nec mancipi" durch die traditio setzte damit neben der Besitzverschaffung eine wirksame Zweckbestimmung voraus, die als rechtlicher Grund die Verfügung in ihrem Bestand rechtfertigte; die traditio ex iusta causa war insoweit ein inhaltlich kausales Übereignungsgeschäft[131].

Die Vereinbarung über den Zweck aber konnte, wenn sie einem der anerkannt schuldbegründenden Kontraktstypen zuzuordnen war, auch verpflichtende Wirkung erzeugen. Fielen die Abrede über den Kauf und die tatsächliche Besitzverschaffung zeitlich auseinander, war die causa als Verpflichtungsgeschäft mit primären Leistungspflichten ausgestaltet, wohingegen die Vereinbarung einer Schenkung, Mitgiftbestellung oder einer datio ob rem nur bei unmittelbarem Vollzug als sog. „Handgeschäft" rechtswirksam war und die Verfügung rechtfertigte[132].

Gleichwohl wurde die Eigentumsübertragung auch im Falle der Verpflichtungswirkung der causa nicht zum Zwecke der Erfüllung („solvendi causa") vorgenommen, sondern der Zweck der Übereignung blieb unverändert der unmittelbare typische Geschäftszweck (causa emptionis). Darin zeichnet sich noch die ursprüngliche Form des Bargeschäftes ab, dem das römische Recht verhaftet geblieben war[133].

Vor diesem Hintergrund, daß die materiale Geschäftszweckbestimmung dem Verfügungsgeschäft (traditio, datio) zugeordnet wurde, die Verfehlung dieses Zweckes also auch direkt die Übereignung betraf, erklärt sich die Funktion der condictio. Das römische Recht ging nämlich nicht so weit, die Wirksamkeit der traditio auch von der Zweckerreichung (der „äußeren" causa) abhängig zu machen. Konnte der wirksam vereinbarte Zweck nicht realisiert werden[134], so wurde die traditio (und gleichermaßen die abstrakte mancipatio) trotzdem als

---

[130] Lenel, ZSSt 3, 114 f.; Jahr, ZSSt 80, 147 ff., 152 ff., 162 f.
[131] Jahr, ZSSt 80, 152, 162 f., 166, 168 f.; Kaser, Römisches Privatrecht Bd. I (2. Aufl.) § 100 IV, S. 417; Lenel, ZSSt 3, 115; Wolf, Symposium für König S. 90 f. Abstrakte Geschäfte im heutigen Sinne waren im römischen Recht nur die stipulatio und die mancipatio. Letztere hatte sich von dem altrömischen Barkaufgeschäft, dem sie ursprünglich allein diente, durch den allmählichen Verzicht auf das Erfordernis eines tatsächlichen Leistungsaustausches so weit verselbständigt, daß sie für verschiedene Zwecke verwendet werden konnte, ohne daß dies in der Formel zum Ausdruck kam, vgl. Kaser, Römisches Privatrecht Bd. I (2. Aufl.) § 9 III 1, 2, S. 46 f.; § 33 I 2, S. 133 f.; § 100 II, S. 414; Mitteis/Lieberich, Deutsches Privatrecht S. 152.
[132] Jahr, ZSSt 80, 162 f., 164; Wolf, Symposium für König S. 90, 92.
[133] Jahr, ZSSt 80, 163, 166, 170 f.; Wolf, a.a.O. S. 91 f.; Kaser, Römisches Privatrecht Bd. I (2. Aufl.), § 100 IV, S. 417. Daraus erklärt sich auch der Gefahrübergang bereits zum Zeitpunkt des Vertragsschlusses („periculum est emptoris"), Kaser, Römisches Privatrecht (14. Aufl.), S. 193 f.
[134] Bei der Schenkung oder dem Darlehen ist allerdings der Zweck mit wirksamer Vereinbarung und Besitzverschaffung auch gleichzeitig erreicht, Jahr ZSSt 80, 154 f., 157 f. Als Fälle der Störung kommen bei der Schenkung nur die Bedürftigkeit des Schenkers oder grober Undank des Beschenkten in Betracht, wo dem Schenker noch heute die Kondiktion eingeräumt wird, siehe §§ 528 Abs. 1 Satz 1, 530, 531 Abs. 2; vgl. auch Jahr, a.a.O., 155 bei FN 39.

gültig angesehen, und diese Abstraktheit der Verfügung von der äußeren causa führte zur Anwendung der condictio[135].

Die condictio ging dabei auf eine eigenständige Entwicklung zurück, die ursprünglich mit dem Begriff der causa nicht in Zusammenhang stand; erst Justinian hatte versucht, die von den klassischen Juristen gebildeten typischen Fallgestaltungen der condictio mit dem einheitlichen Begriff der causa zu erfassen[136].

Die Entstehung der legis actio per condictionem liegt im 3. Jahrhundert v. Christus[137]. Aufgrund der abstrakten Fassung der Klageformel, die den Klagegrund nicht nannte, konnte sie für unterschiedliche Klagen auf Herausgabe einer „certa res" oder „certa pecunia" benutzt werden[138]. In ihrem Ursprung diente sie insbesondere der Rückgängigmachung einer datio zum Zwecke der Darlehensgewährung; hier wurde dem Darlehensgeber die condictio zur Verfügung gestellt, nachdem das strenge Formerfordernis der stipulatio für die Einklagbarkeit des Rückgewähranspruches[139] aufgegeben worden war[140]. Die condictio war damit zunächst ein Rückforderungsbehelf zur Ergänzung einer Zweckabrede, welcher als causa einer datio die rechtliche Anerkennung und Durchsetzbarkeit versagt war.

In Anlehnung an die Rückerstattung eines Darlehensbetrages wurde der Anwendungsbereich der condictio auf den Fall der Rückforderung einer nicht geschuldeten Zahlung („ac si mutuum accepisset")[141] und der datio ob rem erweitert[142]. Dabei spielte die letztgenannte Kondiktionsform, die condictio ob rem, im klassischen römischen Recht eine erhebliche Rolle[143]. Sie griff immer ein, wenn der nach der Parteivereinbarung mit einer datio bezweckte Erfolg („datio ut res sequatur") nicht eintrat („re non secuta")[144], wobei dieser Erfolg in der Erlangung einer Gegenleistung, einer Rückleistung oder einem sonstigen Verhalten seitens der Empfängers liegen konnte[145]. Das römische Vertragssystem

---

[135] Kaser, Römisches Privatrecht Bd. I (2. Aufl.) § 100 IV 3, S. 417; Jahr ZSSt 80, 157 ff., 162 ff.; Wolf, Symposium für König S. 91; Reuter/Martinek, S. 6.

[136] Wolf, Symposium für König S. 90, 93; Söllner, ZSSt 77, 189; Kaser, Römisches Privatrecht (14. Aufl.), § 48 I, II 1 b, S. 218 f., 220; Reuter/Martinek, S. 7.

[137] Liebs, Römisches Recht S. 202 f.; Reuter/Martinek, S. 6.

[138] Kaser, Römisches Privatrecht (14. Aufl.) § 48 I; Söllner, AcP 163, 24; Reuter/Martinek, S. 6; siehe auch v. Caemmerer, FS Rabel, Ges. Schr. I S. 224.

[139] siehe oben bei FN 127.

[140] Jörs/Kunkel/Wenger, Römisches Privatrecht § 135, S. 219 f., 221; Kaser, Römisches Privatrecht (14. Aufl.) § 39 I 2, 48 I 2; Söllner, AcP 164, 24; Liebs, Römisches Recht S. 202 f.

[141] Söllner, AcP 163, 24 bei FN 21 unter Verweis auf Gaius, Inst. III, 91.

[142] Liebs, Römisches Recht S. 203.

[143] Jörs/Kunkel/Wenger, Römisches Privatrecht § 155, S. 249 f.; Kaser, Römisches Privatrecht Bd. I (2. Aufl.) § 139 III 3., S. 597; Bd. II § 270 III, S. 423; Schwarz, Die Grundlage der condictio S. 226; Simshäuser, AcP 172, 24.

[144] Liebs, JZ 1978, 697; Söllner, AcP 163, 25; Kaser, Römisches Privatrecht (14. Aufl.) § 48 II 2 c.

III. Teil: Der Zweck im Schuldvertrags- und Bereicherungsrecht 49

ließ zwar jede derartige Zweckabrede als Rechtfertigungsgrund für eine erfolgte Vermögensverschiebung gelten, versagte ihr aber die rechtliche Durchsetzbarkeit im Falle des Ausbleibens des Erfolges, wenn sie nicht unter einen der anerkannten Typen der causae fiel[146]. Der Vorleistende konnte dann nur auf die condictio zurückgreifen, um die eigene Zuwendung wiederzuerlangen.

Die Funktion der condictio ob rem (re data re non secuta) lag demnach in der Rückabwicklung dieser sog. Innominatrealkontrakte[147], wenn der vereinbarte, aber nicht einklagbare Geschäftserfolg (Erlangung einer Gegenleistung, Bestimmung des Empfängers zu einem bestimmten Verhalten) nicht erreicht wurde. Der bezweckte Erfolg wurde ursprünglich rein gegenständlich als „res", später von Justinian als „causa" bezeichnet („condictio causa data causa non secuta")[148]. Es war somit nach heutiger Terminologie der den wirtschaftlichen Charakter des Gesamtvorganges der Güterverschiebung bestimmende Geschäftszweck, der als causa mit der datio verbunden war und diese inhaltlich konkretisierte und dessen Verfehlung unmittelbar die Rückabwicklung im Wege der Kondiktion herbeiführte.

Die Vereinbarung dieses Geschäftszwecks ist nach heutigem Recht regelmäßig verbindlich und durchsetzbar, da nahezu jede Willenseinigung über einen Geschäftsgegenstand eine einklagbare Verpflichtung erzeugt. Die condictio ob rem hat daher ihren eigentlichen Anwendungsbereich verloren; neben der Bindung an die Verpflichtung soll sie kein „Reurecht" des Zuwendenden begründen[149], sondern sie ist auf den Restbereich derjenigen Zweckvereinbarungen beschränkt, denen noch heute keine rechtlich verbindliche Wirkung zukommt[150].

---

[145] Die von Söllner (AcP 163, 25, 29) und Schwarz (Die Grundlage der condictio, S. 117 ff.) vorgenommene Einschränkung der Bedeutung „ob rem" auf eine Gegenleistung ist wohl zu eng, vgl. Kaser, Römisches Privatrecht Bd. I (2. Aufl.) § 139 III, S. 597 FN 40; ders., Römisches Privatrecht (14. Aufl.) § 38 III 3., S. 180; Liebs, JZ 1978, 698 bei FN 25.

[146] Söllner, AcP 163, 24 f.; Simshäuser, AcP 172, 23 f.; Wolf, Symposium für König S. 92 f.

[147] Diese Bezeichnung stammt erst aus dem Mittelalter, vgl. Liebs, JZ 1978, 698; Jörs/Kunkel/Wenger, Römisches Privatrecht § 155, S. 244 f.; Windscheid, Pandekten Bd. I, § 312, S. 176 FN 4.

[148] Kaser, Römisches Privatrecht Bd. I (2. Aufl.) § 139 III, S. 597 FN 42; Wolf, Symposium für König S. 93; Söllner, AcP 163, 25; Simshäuser, AcP 172, 24. Die von Schwarz (Die Grundlage der condictio, S. 120 ff.; siehe auch Jahr, ZSSt 80, 142 f.; Windscheid, Pandekten Bd. II, § 423, S. 542 FN 11 a.E.) getroffene Unterscheidung, mit „datio ob rem" sei der erwartete Erfolg, mit „ob causam" dagegen das rechtsunerhebliche Motiv gemeint, wird weitgehend als zu begrifflich abgelehnt, Kaser, a.a.O.; Liebs, JZ 1978, 698 FN 25.

[149] Lenel, AcP 74, 234; Söllner, AcP 163, 27 f.; Jörs/Kunkel/Wenger, Römisches Privatrecht § 155, S. 244 f.; Kaser, Römisches Privatrecht Bd. II (2. Aufl.) § 269 II, S. 421; Windscheid, Pandekten Bd. II § 321, S. 207 f. FN 9, 10.

[150] Söllner, AcP 163, 28 f.; Simshäuser, AcP 172, 32 ff.; im einzelnen dazu unten Teil V A 1. Für die Erfassung der Zweckstruktur von Zuwendungsgeschäften hingegen kommt der Kondiktion wegen Zweckverfehlung trotz ihrer geringen praktischen Bedeutung im heutigen Recht Modellcharakter zu, Weitnauer, Symposium für König S. 35 ff.; Jahr, ZSSt 80, 155 f.; Wolf, Symposium für König S. 93; dagegen Lieb, Symposium für König S. 96.

50   III. Teil: Der Zweck im Schuldvertrags- und Bereicherungsrecht

Der entscheidende Grund aber für die Verdrängung der Kondiktion von der Aufgabe der Abwicklung einer Störung des Geschäftszwecks liegt in dem im BGB streng durchgeführten Trennungsprinzip und der dadurch bedingten Aufgliederung eines einheitlichen Geschäftsvorganges in mehrere Einzelzuwendungen, denen jeweils unterschiedliche Funktionen zukommen. Der charakteristische Geschäftszweck gehört aufgrund der Abstraktheit der „Leistungsgeschäfte" (der Zuwendungen, die das römische Recht mit datio bezeichnete) nicht mehr zu deren Inhalt, sondern ist aus ihrem Tatbestand ausgegliedert und separat in einem Schuldvertrag geregelt.[151] Dieser bildet als umfassendes Gefüge von Rechten und Pflichten der Parteien die Grundlage für das Verhaltensprogramm zur Erreichung des vereinbarten Geschäftserfolges sowie für Sekundäransprüche im Falle der Nichterreichung[152]; sowohl die Rückleistungsansprüche bei planmäßiger Durchführung des Vertrages (z.B. Darlehensrückzahlungsanspruch) als auch die Rückgewähr- und Erstattungsansprüche bei Verfehlung des Geschäftszwecks (z.B. §§ 320 ff.) sind in den Schuldvertrag einbezogen und damit aus dem Anwendungsbereich der Kondiktion herausgenommen[153].

Die Entwicklung dieser Funktion des unmittelbar zweckabhängigen (kausalen) Schuldvertrages innerhalb des Güterverschiebungsprozesses hat somit eine Einschränkung des Aufgabenbereiches der Kondiktion zur Folge. Die Trennungslinie verläuft dort, wo der materielle Grund für eine Vermögensverschiebung (der Geschäftszweck) durch einen Schuldvertrag verbindlich geregelt ist[154]; dieser enthält dann auch die Behelfe zur Regelung einer Störung dieses Zweckes. Der Anwendungsbereich der Kondiktion dagegen liegt in der Rückabwicklung derjenigen Zuwendungsgeschäfte, die aufgrund ihrer Abstraktheit durch eine Zweckverfehlung nicht in ihrem Bestand berührt werden[155]. Bereicherungsrechtlich relevant sind daher zum einen nur solche das Gesamtgeschäft charakterisierende Geschäftszwecke, deren Erreichung und Verfehlung einer schuldvertraglichen Regelung nicht zugänglich sind[156]; zum anderen sind es die

---

[151] Siehe oben unter 3 a.
[152] Larenz, SchuldR I § 2 V, S. 26 f.; § 6 I, S. 72 f.; Leser, AcP 183, 581; Mitteis/Lieberich, Deutsches Privatrecht S. 126 f., 145 f. Diese zentrale Funktion des Schuldvertrages, den Geschäftszweck umfassend zu regeln und Neben- sowie Sekundärpflichten zu begründen, wird wohl von den Autoren, die die Figur der sog. Handgeschäfte befürworten (Jahr, ZSSt 80, 146, 162 ff.; Weitnauer, Symposium für König S. 37 f., 39, 105; Siber, SchuldR S. 172 ff.), außer Acht gelassen. Der Geschäftszweck wird dort als reine „Rechtsgrundabrede" dem Verfügungsgeschäft zugeordnet. Für die Erklärung der Regelung einer Rechtsgrundstörung beispielsweise aufgrund Mangelhaftigkeit der Kaufsache in §§ 459 ff. ergeben sich dann dogmatische Schwierigkeiten, siehe Siber, a.a.O., 174. Gegen diese Konstruktion daher Larenz, SchuldR II, 1. Halbbd. (13. Aufl.) S. 12; v. Caemmerer, FS Rabel, Ges. Schr. I S. 220 FN 39.
[153] v. Caemmerer, FS Rabel, Ges. Schr. I S. 220 f.; Protokolle Bd. II, S. 692 f.
[154] Windscheid, Pandekten Bd. II § 321, S. 207 FN 9, 10, 10 a; § 428 S. 560 FN. 7.
[155] Die Erkenntnis dieses Funktionswandels des Bereicherungsrechts geht zurück auf v. Savigny, System des heutigen römischen Rechts Bd. III S. 354 ff., Bd. V S. 515; siehe dazu Reuter/Martinek S. 13 f.; Krawielicki, S. 6 ff.
[156] Dies ist, wie soeben gezeigt und wie unten Teil V A 1. weiter auszuführen sein wird, bei der condictio ob rem (Zweckverfehlungskondiktion, § 812 Abs. 1 Satz 2, 2. Alt.) der Fall. Hier

III. Teil: Der Zweck im Schuldvertrags- und Bereicherungsrecht 51

auf die Herbeiführung eines durch schuldvertragliche Verpflichtung vorgegebenen Leistungserfolges gerichteten Abwicklungszwecke, von denen die causa solvendi den wichtigsten Anwendungsfall bildet und als typischer Leistungszweck das Recht der Leistungskondiktion beherrscht[157]. Eine Verfehlung dieses Abwicklungszwecks kommt nur in Betracht, wenn der den materiellen Geschäftszweck regelnde Schuldvertrag gänzlich fehlt (unwirksam ist oder zum Wegfall gekommen ist).[158] Das Bereicherungsrecht steht damit als ein ergänzender Behelf neben dem Vertragsrecht und übernimmt die Rückführung einer Güterbewegung, wenn das Regelungsgefüge des Schuldvertrages fehlt oder außer Kraft gesetzt ist.[159] Bedingt durch die Abstraktheit der Verfügungsgeschäfte ist daher das Bereicherungsrecht in seiner heutigen Funktion von der eigentlichen Aufgabe der Rückabwicklung bei Störungen des Geschäftszwecks verdrängt, dessen umfassende Regelung auf den Schuldvertrag verlagert ist.[160]

4. Die Einordnung des Sicherungszwecks unter den Begriff der causa

Zusammenfassend kann im Hinblick auf die Problematik der Sicherungsübereignung zunächst festgehalten werden, daß sich die Struktur der Zuwendungsgeschäfte und deren Rückabwicklung bei bestimmten Störungstatbeständen aus dem Zweckgedanken der causa erklären lassen. Dabei führt die neuere Entwicklung des Schuldrechts dahin, daß der den einheitlichen wirtschaftlichen Geschäftstatbestand prägende Zweck im Schuldvertrag umfassend geregelt wird und die Behelfe zur Abwicklung von Störungen dieses Zweckes weitgehend in den Vertrag einbezogen sind. Das Bereicherungsrecht wird demgegenüber von seiner Funktion her auf eine Ergänzung zum Vertragsrecht begrenzt, die nur bei Fehlen eines vertraglichen Regelungsinstrumentes zur Korrektur der abstrakt wirksamen Zuwendungsgeschäfte zum Zuge kommt.

Bei der Sicherungsübereignung ließe sich dementsprechend der Sicherungszweck als Gesamtgeschäftszweck dem Sicherungsvertrag zuordnen. Als causa wäre er maßgeblich für die inhaltliche Ausgestaltung des Vertrages, wobei dessen Wirkungsbereich so weit gesteckt sein könnte, daß er auch die Rückabwicklung

---

ist die Regelung des Geschäftszwecks nicht im Wege des verpflichtenden Vertrages möglich, und daher begleitet der Geschäftszweck unmittelbar die abstrakte „Leistung" als einverständlich gesetzter Rechtsgrund (Rechtsgrundabrede).

[157] Gernhuber, Die Erfüllung S. 97, 105; Reuter/Martinek, § 4 II 3 a, S. 93 ff.
[158] v. Caemmerer, FS Rabel, Ges. Schr. I S. 219 f.; König, Gutachten S. 1526. Siehe dazu oben unter 3 a.
[159] König, Gutachten S. 1521.
[160] Mitteis/Lieberich, Deutsches Privatrecht S. 126 f., 145 f. Als – z.T. von Erwägungen der Haftungserleichterung geleitete (siehe unten Teil V B 2) – Ausnahme hiervon sind die oben unter 2, 3 b dargestellten Rechtsfolgen der §§ 306, 323 Abs. 1, 3 anzusehen, die zur Rückabwicklung mittels der Leistungskondiktion führen.

im Falle der Nichterreichung des Sicherungserfolges regelt. Diese Lösung stünde in Übereinstimmung mit der bisher dargelegten Entwicklung, die das ohnehin zu schematische und den Regelungen des einzelnen Vertrages nur schwer zugängliche Bereicherungsrecht aus der Vertragsabwicklung verdrängt.

Eine solche Einordnung des Sicherungszwecks kann allerdings nicht gänzlich ohne Rücksicht auf die gesetzliche Regelung der Struktur der akzessorischen Sicherungsgeschäfte vorgenommen werden. Das Gesetz enthält dort eine bestimmte Ausgestaltung von Sicherungsgeschäften, innerhalb derer auch die Funktion des Sicherungszwecks verbindlich festgelegt ist. Erst die Analyse der Struktur dieser Sicherungsrechte ermöglicht daher eine Aussage über den tragenden Unterschied zwischen den akzessorischen und nichtakzessorischen Sicherungsrechten hinsichtlich der Funktion und Wirkungsweise des Sicherungszwecks.

IV. Teil
Die Bedeutung des Sicherungszwecks als causa innerhalb der Sicherungsgeschäfte

Bevor der Versuch weiterverfolgt werden kann, anhand des bisher allgemein dargelegten Verständnisses der causa und ihrer Funktion für die Zuwendungsgeschäfte die Abhängigkeit eines Sicherungsgeschäftes von der gesicherten Forderung sowie die Rechtsfolgen bei deren Fehlen oder Erlöschen zu erklären, ist zwei grundsätzlichen Einwänden zu begegnen, die die Brauchbarkeit dieses Begriffes in Frage stellen.

Zum einen hat sich der Begriff der causa unter dem Eindruck der Entwicklung des Bereicherungsrechts entscheidend verändert[1], was auch die Betrachtung des Problems des Sicherungszwecks beeinflußt hat[2]. Zum anderen wird der Begriff der causa von einigen Stimmen generell als zu unklar und mit zu vielschichtigen Bedeutungsinhalten belastet abgelehnt[3] und daher auch als ungeeignet für einen Ansatz zur Begründung der Rückübertragungsverpflichtung bei Mängeln der gesicherten Forderung bezeichnet[4]. Diese begriffliche Unsicherheit wird dabei bereits auf die uneinheitliche Quellenlage im römischen Recht[5] sowie auf die gemeinrechtliche Zivilrechtsdogmatik[6] zurückgeführt, die mit der starken Betonung des begrifflichen Denkens bis hin zum „Rechnen mit Begriffen"[7] unterschiedliche Bedeutungen der causa zusammenzufassen versuchte[8]. Zudem wird insbesondere im rechtsvergleichenden Schrifttum betont, daß die causa im deutschen Vertragsrecht dank der Anerkennung der verbindlichen Verpflichtungswirkung des bloßen Konsenses keine eigenständige Bedeutung mehr habe[9].

---

[1] Jahr, ZSSt 80, 144 ff., 151 f.

[2] Dazu unten unter 2 b.

[3] Söllner, AcP 163, 21; Rheinstein, S. 101 ff.; Lorenzen, 28 Yale L.J., 630 f.; Lawson, A common lawyer S. 160; siehe auch Westermann, Die causa S. 58. Ebenso die Gegner der cause-Theorie in Frankreich, vgl. Planiol, Traité élémentaire, §§ 1031 f.

[4] Jäckle, JZ 1982, 55 FN 104.

[5] Walton, 41 Law Quart. Rev., 311 ff.; Wacke, Tijdschrift voor Rechtsgeschiedenis 40, 232 f.; Söllner, ZSSt 77, 189; auch Lenel (AcP 74, 235 FN 17) beklagt, daß die Bezeichnung „causa" in den Quellen keinen eindeutigen Inhalt habe. Wie oben Teil III 3 c schon bemerkt, hat dies seinen Grund u.a. in der Erweiterung dieses Begriffes auf die Kondiktionstypen des klassischen römischen Rechts durch Justinian.

[6] Esser, SchuldR I (4. Aufl.) S. 17; Kupisch, JZ 1985, 106 f.; siehe auch Rheinstein, S. 101 ff., 104; Zweigert/Kötz, Bd. II S. 93; Batsch, NJW 1973, 1640.

[7] Mitteis/Lieberich, Deutsches Privatrecht S. 20.

[8] Esser, SchuldR I (4. Aufl.) S. 17; Kupisch, NJW 1985, 2372 f.

Demgegenüber läßt sich der Gedanke, die Abhängigkeit des Sicherungseigentums von der gesicherten Forderung aus der causa im Sinne des Zweckes einer Zuwendung zu erklären, als nach wie vor geeigneter und rechtlich brauchbarer Ansatzpunkt gerade anhand einer rechtsvergleichenden Betrachtung zusätzlich absichern. Die Zweckgerichtetheit von Zuwendungen ist keine auf das deutsche Privatrecht beschränkte Erscheinung, sondern liegt beispielsweise auch in mancher Hinsicht der "consideration doctrine" des englischen und anglo-amerikanischen Rechts zugrunde. So wird auch in der modernen Kodifikation der Mobiliarsicherungsrechte in Art. 9 des amerikanischen Uniform Commercial Code der Zusammenhang von Sicherungsrecht und Forderung über die consideration hergestellt. Dabei weist die neuere Entwicklung der consideration doctrine mit der sog. "bargain theory" einige Parallelen zu dem Zweckgedanken der causa auf, der hier zur Lösung der Rückabwicklungsproblematik bei der Sicherungsübereignung herangezogen werden kann.

1. Die Brauchbarkeit der causa für die Begründung des Abhängigkeitsverhältnisses von Sicherungseigentum und gesicherter Forderung

Die causa hat im BGB keine allgemeine und umfassende Regelung erfahren. Im Bereicherungsrecht, welches überwiegend als Anwendungsgebiet dieser Lehre anerkannt wird[10], hat die Zweckabhängigkeit einer Zuwendung nur in der Zweckverfehlungskondiktion (§ 812 Abs. 1 Satz 2, 2. Alt) unmittelbar Ausdruck gefunden. Ansonsten sind die Gesetzesverfasser mit der neutralen Formulierung des „rechtlichen Grundes" in § 812 den Bestrebungen in der Literatur nachgekommen, die einerseits Windscheids Voraussetzungslehre ablehnten, andererseits aber die Lehre von der causa als Zuwendungszweck noch weiterer Klärung durch die Wissenschaft vorbehalten wollten[11]. Im Vertragsrecht hat sie überhaupt keine Erwähnung gefunden; für die Entstehung des Vertrages ist die causa – insoweit anders als im französischen Recht in art. 1108, 1131, 1133 code civil – nicht als gesonderte Voraussetzung genannt[12], und die Rechtsfolgen von Mängeln der causa sind nur in den einzelnen Abwicklungsnormen des Vertragsrechts

---

[9] Zweigert, JZ 1964, 352 f.; von Mehren, The civil law system S. 464; Lord Wright, 49 Harvard Law Rev., 1238, 1252; Chloros, 17 Int'l. and Comp. L.Q., 144 ff.; Walton, 41 Law Quart. Rev., 323 f.; Lorenzen, 28 Yale L.J., 631 ff., 642, 645 f.

[10] Zweigert, JZ 1964, 353; Lorenzen, 28 Yale L.J. 633; für das französische Recht Planiol, Traité élémentaire de droit civil II, § 1031, der ein Gegner der Anwendung der „cause" im Vertragsrecht ist, vgl. auch Rheinstein, S. 103.

[11] Lenel, AcP 74, 237 f.; Protokolle, Bd. II S. 690 f., 692; dazu Westermann, Die causa S. 44 f. Dabei zeigen die Protokolle (Bd. II, S. 689 f., 691 f.), daß die Abhängigkeit einer Zuwendung vom Zweck als Grundlage für die Kondiktion durchaus anerkannt war.

[12] Für den gegenseitigen Vertrag beispielsweise wird das sog. genetische Synallagma vom Gesetz vorausgesetzt, Esser, SchuldR I (4. Aufl.) S. 18; van den Daele, S. 23.

IV. Teil: Der Sicherungszweck als causa der Sicherungsgeschäfte

bei bestimmten typischen Störungstatbeständen mitenthalten, ohne daß dies im Gesetz eigens zum Ausdruck gebracht ist[13].

Der Grund dafür liegt darin, daß das Erfordernis einer causa für die Verbindlichkeit einer Verpflichtung durch das Konsensprinzip verdeckt ist[14]. Im Unterschied zum geltenden französischen Vertragsrecht[15] ist die causa kein neben die Einigung über eine Schuld tretendes Wirksamkeitserfordernis; sie ist vielmehr die den Inhalt der Schuld konkretisierende Zweckbestimmung, die eine Verpflichtungserklärung überhaupt als solche kennzeichnet und damit in der Einigung selbst enthalten ist[16]. Das Verständnis der causa hat sich insofern von der mittelalterlichen Vorstellung der „civilis causa contractus" als eines nach Typen geordneten „vestimentum", welches ein unklagbares „pactum" zum klagbaren „contractus" machte[17], zum heutigen Gedanken des frei vereinbarten wirtschaftlichen Zweckes einer Zuwendung entwickelt[18].

In dieser Bedeutung aber liegt die causa der gesetzlichen Regelung sowohl der Sicherungsrechte wie auch der übrigen Geschäftstypen, insbesondere der Regelung des gegenseitigen Vertrages zugrunde. Zwar wird in Bezug auf die Rechtsfolgen, die das Gesetz im Falle des gegenseitigen Vertrages an die Zweckverknüpfung von Leistungs- und Gegenleistungspflicht knüpft, eingewandt, diese resultierten bereits aus der „Eigenart"[19] oder dem „Wesen"[20] dieser Vertragsform. Die gleichen Stimmen ziehen jedoch zur Erklärung der Wirkungen des konditionellen Synalagma als einer Ausprägung der Gegenseitigkeitsverknüpfung beim gegenseitigen Vertrag die Annahme einer Bedingung heran.[21] Damit aber wird der Bestand einer Verpflichtung in Abhängigkeit vom Eintritt eines Erfolges, der Gegenleistung, gesetzt, worin letztlich wieder der Zweckgedanke

---

[13] Siehe oben Teil III 3 b.

[14] Kreß, SchuldR allg. Teil S. 45 FN 28; Klinke, Causa und Synalagma S. 26 ff., 29, 30; Westermann, Die causa S. 16, 17 f.; siehe auch Lawson, A common lawyer S. 157 f.

[15] Baudrie – Lacantinerie/Barde, Traité théorique et pratique Bd. XII, Des obligations S. 332; dazu Westermann, Die causa S. 22; Salmond, 3 Law Quart. Rev., 177; Lorenzen, 28 Yale L.J., 632 ff.

[16] Esser, SchuldR I (4. Aufl.) S. 18; Jahr, ZSSt 80, 147 f.; Lange, Allg. Teil § 36 V 2 a, b, 3 b, S. 225 f.

[17] Söllner, ZSSt 77, 213, 216 ff.; Rheinstein, S. 102; Lorenzen, 28 Yale L.J., 631; Sharp, 41 Columbia Law Rev., 783 ff.; Holdsworth, A history of English Law, Vol. VIII S. 42 ff.; Walton, 41 Law Quart. Rev., 312 f., 323 f.

[18] Söllner, ZSSt 77, 195 ff.; Westermann, Die causa S. 17, 19 f.; Flume, Allg. Teil § 12 II 3, 4, S. 165 ff.; van den Daele, S. 37 FN 79; Rheinstein, S. 102 ff.; Lawson, A common lawyer S. 159 f.

[19] Zweigert, JZ 1964, 352 f.

[20] Lorenzen, 28 Yale L.J., 625 f.; so auch Planiol, Traité élémentaire de droit civil Bd. II, § 1039.

[21] Lorenzen, 28 Yale L.J., 631, 634, 645 f.; Planiol, a.a.O.; siehe auch Leser, Der Rücktritt S. 9 bei FN 35; diese Erklärung der gegenseitigen Abhängigkeit aus einer Bedingung findet eine Parallele in der Annahme einer „constructive condition of exchange" im englischen und anglo-amerikanischen Vertragsrecht, Chitty on contracts, Rdnr. 754, 1616 ff.; Farnsworth, Contracts S. 60, 64, 576 ff.; van den Daele, S. 51 f.

zum Ausdruck kommt.[22] Nur stellt sich die Bedingung als ein zu grober und unflexibler Ansatz zur Lösung des konditionellen Synallagma dar[23], und sie liefert als von außen in den Vertrag hineingelegter Behelf keine Begründung für die innere Abhängigkeit der gegenseitigen Verpflichtungen[24]. Diese läßt sich vielmehr allein aus der mit Vertragseingehung begründeten Zweckbestimmung und Zweckabhängigkeit (innere und äußere causa) erklären[25].

Diese zentrale Funktion der causa[26] für die Zuwendungsgeschäfte wird noch deutlicher bei den abstrakten Verpflichtungsgeschäften (§§ 780, 781), die aufgrund ihrer Abstraktheit des materiellen Zweckes entkleidet sind und deshalb einer außerhalb des bloßen Verpflichtungstatbestandes liegenden causa bedürfen (§§ 812 Abs. 2, 821)[27].

Demgegenüber enthalten die einzelnen Schuldvertragstypen im BGB eine Normierung bestimmter typischer causae, die dort zum Inhalt der Schuldtatbestände gehören und den Rechtsgrund für ihren Bestand bilden[28]. Eben diese Bedeutung der causa kommt bei denjenigen Vertragsformen zum Tragen, die im Gesetz keine typische Ausgestaltung erfahren haben und deren inhaltliche Ausformung durch Rechtsprechung und Wissenschaft sich an dem vereinbarten Geschäftszweck orientiert. Gerade der Sicherungsvertrag ist, wie oben[29] bereits ausgeführt, ein klassisches Beispiel für die Gestaltung eines Vertragstypus durch die Konkretisierung von Einzelpflichten und Rechtsfolgen anhand der den Vertrag konstituierenden, essentiellen Zweckvereinbarung[30]. Diese stellt den inneren Zusammenhang zwischen dem Sicherungsrecht und der gesicherten Forderung her und gibt damit die wirtschaftliche Zielrichtung des Geschäfts an.

---

[22] Esser, SchuldR I (4. Aufl.) § 4 IV, S. 21 f.; Farnsworth, Contracts S. 60.

[23] Klinke, Causa und Synallagma S. 113 ff.; vgl. auch Leser, Der Rücktritt S. 18, 20 f., 22 ff. zu der gleichgelagerten Problematik bei der Entwicklung des Rücktritts aus einer auflösenden Bedingung. Die Ungeeignetheit der Bedingung für die Erfassung des inneren Zusammenhanges mehrerer Zuwendungen ist nicht auf das Synallagma beschränkt, sondern gilt gleichermaßen für den Ansatz, die akzessorische Abhängigkeit eines Sicherungsrechtes von der gesicherten Forderung aus einer Bedingung zu erklären, siehe unten Teil V C 2.

[24] van den Daele, S. 40 ff., 51 f.; Klinke, Causa und Synallagma S. 94 ff.

[25] vgl. die Formulierung in BGHZ 20, 338, 344 („enger Zusammenhang" der beiderseitigen Verpflichtungen) und RGZ 54, 98, 102 („funktionelle Abhängigkeit"). Dem folgen Klinke, Causa und Synallagma S. 94 ff., 116 ff. 119 f.; van den Daele, S. 25, 51 f.; Köhler, Unmöglichkeit und Geschäftsgrundlage S. 9 f.; Westermann, Die causa S. 83 f.; anders aber z.B. Schnauder, S. 43 f. Für das französische Recht vgl. z.B. Aubry/Rau, § 345, S. 467 f. bei FN 3, und Carbonnier, S. 132 („la cause de l'obligation de chaque contractant est l'obligation de l'autre ... Il existe ainsi entre les obligations réciproques une interdépendance ...").

[26] Kegel, FS Mann S. 61; siehe auch Krawielicki S. 6 f.

[27] Mugdan, Bd. II S. 689; van den Daele, S. 37 FN 77; Flume, Allg. Teil § 12 II 2., S. 163 f.; § 12 II 4., S. 167 f.; Jahr, AcP 168, 15 f.

[28] MK-Söllner, § 305 Rdnr. 6; Flume, Allg. Teil § 12 II 4 b, S. 170; van den Daele, S. 38.

[29] Siehe Teil III 3 a.

[30] BGH NJW 1984, 1185, 1186; Huber, Sicherungsgrundschuld S. 77.

IV. Teil: Der Sicherungszweck als causa der Sicherungsgeschäfte 57

Somit erscheint es keineswegs fernliegend, auch den Sicherungszweck als causa der Übereignungsverpflichtung des Sicherungsgebers einzuordnen, die diese vom Bestand der gesicherten Forderung abhängig macht und gleichzeitig dem gesamten Vertrag sein Gepräge verleiht; sie ist dann auch der Anknüpfungspunkt für die Wirkungen eines Fehlens oder des Wegfalles der gesicherten Forderung auf das Rechte- und Pflichtengefüge des Vertrages.

a) Der Zweckgedanke der causa unter rechtsvergleichendem Gesichtspunkt

Die Berechtigung der causa als sachgerechter Anknüpfungspunkt für die Bestimmung der Rechtsfolgen einer Störung im Bereich der gesicherten Forderung auf den Sicherungsvertrag und das Übereignungsgeschäft ergibt sich dabei zusätzlich aus einer rechtsvergleichenden Betrachtung der Anwendung der consideration doctrine durch das anglo-amerikanische Recht im Rahmen der Mobiliarsicherung nach Art. 9 des Uniform Commercial Code. Zwar wurden in vielen Arbeiten, die die consideration doctrine und die causa vergleichend gegenüberstellten[31], die beiden Systeme insgesamt als zu unterschiedlich für einen Vergleich[32] oder zumindest die Funktion der causa als mit der consideration nicht deckungsgleich angesehen[33].

In der Tat übernimmt die consideration in Teilbereichen wie beispielsweise dem Vertrauensschutz im Wege des "promissory estoppel"[34] andere Aufgaben als die causa, wohingegen die consideration im englischen und anglo-amerikanischen Recht nicht für Fragen der Rückabwicklung herangezogen wird[35]. Gleichwohl weisen vereinzelte Stimmen in der Literatur auf eine parallele Funktion der beiden Institute hin, nämlich die nicht auf einen anerkannten wirtschaftlichen Erfolg gerichteten, rechtlich nicht durchsetzbaren "agreements" vom verbindlichen Vertrag abzugrenzen[36].

---

[31] Rheinstein, Die Struktur des vertraglichen Schuldverhältnisses im anglo-amerikanischen Recht S. 101 ff.; Chloros, 17 Int'l. and Comp. Law Quart., 139, 145 ff.; Corbin on Contracts, Vol. I § 111, S. 495 ff.; Vol. I A § 196, S. 199 f.; speziell unter rechtshistorischem Aspekt Lorenzen, 28 Yale L.J., 621 ff. und Walton, 41 Law Quart. Rev., 306 ff.; siehe auch Lord Wright, 49 Harvard Law Rev., 1251 f.; Sharp, 41 Columbia Law Rev., 783 ff.; Holdsworth, Vol. VIII S. 42 ff.; Vol. III S. 421 f.; Mitteis/Lieberich, Deutsches Privatrecht S. 125, 150.

[32] Chloros, a.a.O., S. 146 f.; Rheinstein, a.a.O., S. 101 ff.; siehe auch Lawson, A common lawyer S. 160.

[33] Lorenzen, a.a.O., S. 637 ff.; Walton, a.a.O., S. 325; siehe auch von Mehren, The civil law system S. 464, 469 f.

[34] Farnsworth, Contracts S. 15 f., 89 FN 5; Fuller, 41 Columbia Law Rev., 810 ff.; Sharp, 41 Columbia Law Rev., 785, 790 f.; Cohen, 46 Harvard Law Rev., 578; Kessler, FS Rabel Bd. I, 253; Zweigert, JZ 1964, 351.

[35] Rheinstein, S. 116 f.

[36] Schlesinger, Formation of contracts Vol. I, S. 71 f.; Vol. II S. 1256, 1291; Kegel, FS Mann S. 61; van den Daele, S. 25 FN 43; Söllner, ZSSt 77, 268; Klinke, Causa und Synallagma S. 28 f.; beachte auch Lorenzen, 28 Yale L.J., 641 f.

IV. Teil: Der Sicherungszweck als causa der Sicherungsgeschäfte

Dabei wird ein Nebeneinanderstellen von causa und consideration doctrine für die hier behandelte Problematik der causa der Sicherungsgeschäfte dadurch nahegelegt, daß im U.S.-amerikanischen Recht der Sicherheiten an beweglichem Vermögen die consideration doctrine zur Begründung der Abhängigkeit eines Sicherungsrechtes von der zu sichernden Forderung herangezogen wird[37]. Die Zuwendung einer Sicherung und die Valutierung der zu sichernden Forderung werden damit unter das der consideration doctrine zugrunde liegende traditionelle Prinzip einer wechselseitigen Hingabe gebracht[38]. Näher rückt dieses Erfordernis für die Wirksamkeit einer Zuwendung zu dem Gedanken der Zweckbestimmtheit von Zuwendungsgeschäften bei der Betrachtung der modernen Entwicklung des Vertragsrechts insbesondere in den USA[39], welche eine zunehmende Betonung der subjektiven Zielrichtung bei der Eingehung einer Verpflichtung bzw. Erbringung einer Leistung aufweist[40]. Danach bemißt sich das Vorliegen einer consideration nicht nach der gegenständlichen Existenz einer solchen Zuwendung, sondern die Wirksamkeit einer Verpflichtung hängt von der Zweckgerichtetheit der Hingabe der consideration ab; diese muß gerade im Hinblick auf die Verpflichtung erbracht werden und durch diese veranlaßt ("induced") sein[41], womit die Zweckbezogenheit der Hingabe einer Zuwendung um der anderen Zuwendung willen in den Vordergrund tritt[42].

Die nähere Untersuchung der damit angedeuteten Ähnlichkeit im Grundgedanken soll sich hier auch nur auf den Teilbereich beschränken, der tatsächlich eine Parallelität in der Funktion von causa und consideration für die Zuwendungsgeschäfte aufweist. Wie bereits angedeutet, spielt die consideration doctrine – anders als die causa etwa im Bereicherungsrecht – keine Rolle für Fragen der Rückabwicklung. Ihre Bedeutung erschöpft sich in der Bereitstellung eines Kriteriums für die wirksame Begründung einer Zuwendung (Entstehung einer Verpflichtung[43]); sie betrifft also im Falle des gegenseitigen Vertrages nur das sog. genetische Synallagma[44]. Dagegen wird für die Rückabwicklung bei

---

[37] 69 Am.Jur.2nd (secured transactions), §§ 280 f., S. 112 ff.; Coogan, A suggested analytical approach to Art. 9, § 4. 03; siehe dazu sec. 9—203 (1), 1—201 (44) UCC.

[38] Zur consideration doctrine im einzelnen siehe Rheinstein, Die Struktur des vertraglichen Schuldverhältnisses im anglo-amerikanischen Recht S. 55 ff.; Kessler, FS Rabel Bd. I S. 251 ff.

[39] Die consideration doctrine hat in den U.S.A. eine gewisse Eigenentwicklung erfahren, Rheinstein S. 60 f.

[40] Farnsworth, Contracts S. 41 f., 60, 64, 66; Ballantine, 28 Harvard Law Rev., 126.

[41] Wisconsin and Michigan Railway Co. v. Powers, 191 U.S., 379, 386 (U.S. Supreme Court, 1903); Holmes, The common law S. 227 ff.; im einzelnen dazu sogleich im Text unter 1 e.

[42] Ballantine, 28 Harvard Law Rev., 126; Farnsworth, Contracts S. 60, 64, 68 f. bei FN 11, 12.

[43] Die strenge Trennung in Verpflichtungsgeschäft und abstraktes Verfügungsgeschäft kennt das englische und amerikanische Recht nicht. Die consideration betrifft nur die Frage, ob einem Leistungsversprechen eine Gegenleistung (Gegenverpflichtung oder sonstige tatsächliche Leistung) gegenübersteht, siehe unten unter 1 c.

[44] Rheinstein, S. 78; van den Daele, S. 25 FN 43; Klinke, Causa und Synallagma S. 28 f.; siehe auch Chitty on contracts, Rdnr. 3 a. E.

IV. Teil: Der Sicherungszweck als causa der Sicherungsgeschäfte 59

Störungen des Austauschverhältnisses im englischen und U.S.-amerikanischen Recht auf andere Lösungen zurückgegriffen[45]. Das konditionelle Synallagma wird durch die Annahme einer Bedingung für den Fall des Ausbleibens der Gegenleistung hergestellt, die als "implied by law" der einzelnen Verpflichtung zugeordnet wird[46].

Auch die Einwirkung des Wegfalles oder Erlöschens der gesicherten Forderung auf den Bestand eines Sicherungsrechtes ist kein Problem der consideration, sondern wird auf anderem Weg erklärt. Ist die gesicherte Forderung getilgt oder durch andere Umstände zum Erlöschen gekommen, wird auch das Sicherungsrecht automatisch als nicht fortbestehend, als "expired" angesehen, so daß damit eine der gesetzlich angeordneten Akzessorietät gleichkommende Abhängigkeit geschaffen ist, die auch im amerikanischen Recht aus dem Sicherungscharakter des übertragenen Rechtes begründet wird[47].

Die Abhängigkeit von Leistungs- und Gegenleistungspflicht durch die "constructive condition of exchange" oder des Sicherungsrechtes von der gesicherten Forderung beruht demnach auf Erwägungen, die der Zweckverknüpfung durch die causa zumindest nahestehen. Die gegenseitige Bedingtheit der Leistungspflichten wurde dabei früher aus dem Sinn des Vertrages abgeleitet[48], und nach modernerer Auffassung ist sie die unmittelbare Folge aus der mit Vertragseingehung verfolgten Zweckrichtung, die auf Erhalt der jeweiligen Gegenleistung gerichtet ist (sog. "bargained – for consideration")[49]. Auch die Hinfälligkeit des Sicherungsrechtes bei Erlöschen der gesicherten Forderung wird auf den wirtschaftlichen Zweck der Zuwendung gestützt, der einem Fortbestand des Rechtes in der Hand des Sicherungsnehmers bei Wegfall der Forderung entgegenstehen würde[50].

---

[45] Soweit bei gänzlichem Ausbleiben der Gegenleistung in der Spruchpraxis z.T. der Begriff "failure of consideration" verwendet wird (Fibrosa Spolka Akcyjna v. Fairbairn Lawson Combe Barbour, Ltd. (1943) A.C. 32, 48), ist damit eigentlich die Erfüllungsleistung ("performance") auf eine bereits wirksame Verpflichtung angesprochen; die Heranziehung des Begriffes der consideration auf diese Fallgestaltung wird daher abgelehnt, Rheinstein, S. 78, 209; Farnsworth, Contracts S. 581; siehe auch Chitty on contracts, Rdnr. 1064 f.

[46] van den Daele, S. 51 f.; Farnsworth, Contracts S. 576 ff. Zu den daneben anwendbaren Behelfen der "restitution" oder "damages for breach of contract" siehe Chitty on contracts, Rdnr. 1931 ff., 1964 f.

[47] Bank of Lexington v. Jack Adams Aircraft Sales, Inc., 570 F.2nd, 1220 (U.S. Court of Appeals, 1978); In re Apollo Travel, Inc., 567 F.2nd, 841 (U.S. Court of Appeals, 1977); siehe dazu noch Teil V C 4 b. Der Begründung für diese Abhängigkeit des Sicherungsrechtes von der gesicherten Forderung liegt dabei kein komplexer Zweckmechanismus wie der Vorstellung der causa bei mehreren abstrakten und kausalen Zuwendungen zugrunde; ein Fortbestand des Sicherungsrechtes würde dem wirtschaftlichen Sinn dieser Einrichtung entgegenstehen, und allein daher wird es als "expired" angesehen, soweit es nicht ausnahmsweise auf einen zahlenden Dritten übergeht, 69 Am.Jur.2nd (secured transactions), §§ 528 f., S. 413 ff.

[48] Kingston v. Preston, 2 Dougl. 689, 691; 99 Eng. Rep. 437, 438 (K.B. 1773).

[49] Farnsworth, Contracts S. 60, 576 ff.

[50] Gilmore, Security interests in personal property, Vol. I § 10, 3, § 11, 5; Nickles, 34 Arkansas Law Rev., 634.

IV. Teil: Der Sicherungszweck als causa der Sicherungsgeschäfte

Diese nur angedeutete Parallele zur Behandlung des konditionellen Synallagma soll hier nicht weiter verfolgt werden. Der Vergleich beschränkt sich auf die hinter der causa und der consideration doctrine liegende Struktur der Zuwendungsgeschäfte, deren Entstehung von Zweckvorstellungen geleitet ist, die in den verschiedenen Rechtsordnungen unterschiedliche Anerkennung erfahren haben und in unterschiedlichen Formen zum Ausdruck gelangt sind. Die vergleichende Betrachtung soll dabei eine gewisse Gültigkeit des Zweckgedankens auch über die Grenzen der deutschen Zivilrechtsdogmatik hinaus deutlich machen und somit den hier vertretenen Ansatz stützen, die Vornahme einer Sicherungsübereignung aus dem Sicherungszweck als causa zu erklären und die Rechtsfolgen bei Fehlen oder Erlöschen der Forderung dann auch an dieses Zweckmoment zu knüpfen.

b) Die Parallele zu der Funktion der consideration im amerikanischen UCC für die Begründung des inneren Zusammenhanges von Sicherungsrecht und gesicherter Forderung

Mit der causa wird die Entstehung und der Fortbestand einer Zuwendung in Abhängigkeit gesetzt von der Erreichung des als maßgeblich vereinbarten Zweckes, d.h. von dem Eintritt des Erfolges, auf welchen der erklärte Wille des Zuwendenden gerichtet ist[51]. Bei einem Sicherungsgeschäft liegt dieser bezweckte Erfolg in der Sicherung einer Forderung, so daß eine Zweckerreichung nur eintreten kann, wenn die Forderung auch tatsächlich besteht. Der Sicherungszweck stellt damit einen inneren Zusammenhang zwischen Sicherungsrecht und gesicherter Forderung her[52], wobei dieser bei den akzessorischen Sicherungsrechten anders ausgestaltet ist als bei der nichtakzessorischen Sicherungsübereignung. In jedem Fall ergibt sich aus dem Sicherungszweck[53], daß dem Sicherungsnehmer bei Zweckverfehlung das Sicherungsrecht nicht zustehen soll[54].

Eben diese Zweckabhängigkeit eines Sicherungsrechtes von der zu sichernden Forderung begründet das amerikanische Recht in Art. 9 des Uniform Commercial Code (UCC) über den Weg der consideration.

Der UCC enthält dort eine umfassende Regelung der Sicherheiten an "personal property"[55]; dieser liegt unter Abkehr von der früheren Vielfalt ver-

---

[51] Siehe oben Teil III 1.
[52] Dazu im einzelnen unter 2 a.
[53] Zur genaueren Analyse der Wirkungsweise des Sicherungszwecks auf schuldrechtlicher und dinglicher Ebene siehe unten unter 2 a, d.
[54] siehe RG WarnRspr. 1908 Nr. 197, S. 143; WarnRspr. 1934 Nr. 77, S. 166 f.; OLG Köln, OLGZ 1969, 424.
[55] Der Begriff "personal property" als Sicherungsgut (im UCC auch als "collateral" bezeichnet, vgl. sec. 9—203 (1) (a), (c)), schließt dabei bewegliche Sachen ("goods", sec. 9—102

IV. Teil: Der Sicherungszweck als causa der Sicherungsgeschäfte

schiedener Sicherungsrechte[56] die Konzeption eines einheitlichen besitzlosen Sicherungsrechtes (sog. "security interest") zur Erfassung aller Formen der Waren- und Geldkreditsicherung zugrunde[57]. Charakteristisch für dieses security interest ist, daß es eine lediglich Belastung des Rechts an dem Sicherungsgut ("collateral") darstellt, ohne daß eine Besitz- oder Vollrechtsübertragung stattzufinden braucht (sec. 9–202). Ohne Rücksicht auf die konkrete Ausgestaltung durch die Parteien sind auf den Eigentumsvorbehalt ("retention of title")[58], ein zu Sicherungszwecken vereinbartes "leasing", den Verkauf von Forderungen ("sale of accounts")[59] oder ein sonstiges Sicherungsgeschäft gleichermaßen die Regeln des Art. 9 UCC anzuwenden, so daß die Voraussetzungen für die Wirksamkeit eines security interest stets Anwendung finden[60].

Dabei wird für die wirksame Entstehung eines security interest (sog. attachment[61]) insofern wieder das Erfordernis der consideration herangezogen, als in sec. 9–203(1) neben der Vereinbarung eines "security agreement" und der Rechtsinhaberschaft des Sicherungsgebers[62] die Hingabe eines "value" verlangt wird. Das security interest entsteht bei Vorliegen dieser Voraussetzungen mit unmittelbarer Wirkung zugunsten des Sicherungsnehmers, da das amerikanische Recht eine gedankliche Trennung von Schuldvertrag und Verfügung, wie sie das deutsche Recht durchführt, in dieser Form nicht kennt.

Im UCC werden unter "value" verschiedene Fallgestaltungen der consideration zusammengefaßt, wobei im Wesentlichen die Hingabe der Darlehensvaluta, die den zu sichernden Rückzahlungsanspruch entstehen läßt, oder die Erhöhung eines bereits bestehenden Kredits im Vordergrund steht[63]; eine bedeu-

---

(1) (a), 109), Forderungen ("accounts") und sonstige Rechte ("general intangibles", sec. 9—106) sowie bestimmte Wertpapiere ("documents", "instruments", vgl. sec. 9—102 (1) (a) und Official Comment 3 zu sec. 9—105) ein.

[56] Zu den sog. "pre-code security devices" wie "conditional sale", "trust receipt" oder "factor's lien" siehe Braucher/Riegert, Commercial transactions S. 397 ff.; Milger, S. 45 f.; Dielmann, S. 19 ff. Sie sind mit Erlaß des UCC in den einzelnen Staaten der USA verdrängt worden (sec. 9—102 (2)); siehe In re United Thrift Stores, 363 F.2nd, 11, 14 (U.S. Court of Appeals, 1966).

[57] Zum Ganzen siehe Milger, S. 47 ff.; Dielmann, S. 29 ff., 70 f., 252 ff.; White/Summers, UCC S. 875 ff., 901 ff. und unten Teil V C 4 b.

[58] sec. 1—201 (37), 2—401. Der Vorbehaltskauf wird auch als "conditional sale" bezeichnet.

[59] Sec. 9—102 (1) (b); Official Comment 2 zu sec. 9—102; Henson, Secured transactions S. 42; Gilmore, Security interests, Vol. I § 10.5; White/Summers, UCC S. 892 ff.

[60] Malcolm, 12 Int'l. and Comp. L.Q., 238; Henson, Secured transactions S. 40; siehe auch sec. 9—102 (1) (a).

[61] Sec. 9—203 (2). Neben den Begriff "attachment" tritt der weitere der "perfection", sec. 9—303 (1), was neben der Möglichkeit der Besitzübertragung auf den Sicherungsnehmer im Wege der Eintragung in ein Register ("filing", sec. 9—401 seq.) vonstatten geht, siehe White/Summers, UCC S. 919 ff., 937 ff. Perfection ist insbesondere von Bedeutung für die Rangbestimmung unter mehreren Sicherungsrechten, vgl. sec. 9—301, 306, 312, 313. Für die wirksame Begründung des security interest genügt jedoch das attachment (sec. 9—201, 203 (2)).

[62] Sec. 9—203 (1) (c); dazu Gilmore, Security interests, Vol. I § 11.5; Henson, Secured transactions S. 59.

tende Erweiterung hat die consideration doctrine allerdings dadurch erfahren, daß als "value" auch eine bereits bestehende Verbindlichkeit ("pre-existing claim") ausreicht, die Bestellung eines Sicherungsrechtes also auch im Hinblick auf ein schon gewährtes Darlehen wirksam ist[64]. Damit wird im UCC unter Abkehr von allgemein vertragsrechtlichen Grundsätzen[65] ein Fall der sog. "past consideration" anerkannt[66].

Über den Weg der consideration als Wirksamkeitserfordernis für die Bestellung einer Sicherheit wird somit der unmittelbare Zusammenhang zwischen Sicherungsrecht und gesicherter Forderung hergestellt. Die Valutaauszahlung wird als eine Leistung angesehen, im Hinblick auf welche das Sicherungsrecht begründet wird, und welche damit unabdingbare Voraussetzung für die Entstehung eines security interest ist. Daß diesem rechtstechnischen Mittel entgegen dem äußeren Eindruck ein Gedanke zugrundeliegt, der der Bestands- und Rechtfertigungsfunktion der causa sehr nahesteht, zeigt die historische Entwicklung der consideration doctrine im englischen und anglo-amerikanischen Recht.

c) Die historische Entwicklung der consideration doctrine

Vereinzelt ist schon die Auffassung vertreten worden, die consideration doctrine sei von den frühen englischen equity courts aus dem römisch-rechtlichen Begriff der causa abgeleitet worden[67]. Dies ist jedoch weitgehend als historisch unzutreffend verworfen worden[68], und der Ursprung wird heute, von einigen Berührungspunkten mit den römischen Quellen abgesehen, in einer eigenständigen Entwicklung aus der action of debt gesehen, die bis zum 15. Jahrhundert als eine Schuldklage der heutigen Vorstellung einer Vertragsklage am

---

[63] Dies entspricht den Anforderungen, die auch vor Erlaß des UCC für die Begründung eines Sicherungsrechtes bestanden, vgl. 69 Am.Jur.2nd (secured transactions), §§ 277 ff., S. 109 ff.

[64] Sec. 1—201 (44), der die Definition des Begriffes "value" enthält, lautet:
(44) "Value". Except as otherwise provided a person gives "value" for rights if he acquires them
(a) in return for a binding commitment to extend credit or for the extension of immediately available credit ...; or
(b) as security for or in total or partial satisfaction of a pre-existing claim; or
(c) by accepting delivery pursuant to a pre-existing contract for purchase; or
(d) generally, in return for any consideration sufficient to support a simple contract.

[65] Der UCC enthält verschiedene Lockerungen der strengen consideration doctrine, so z.B. in sec. 2—205 (firm offers) und sec. 2—209 (1) (Änderungsvertrag); siehe auch Hay, Introduction S. 54, 56.

[66] Coogan, A suggested analytical approach to Art. 9, § 4.03; 69 Am.Jur.2nd (secured transactions), § 281 S. 114 f.

[67] Salmond, 3 Law Quarterly Rev., 176 ff.; dazu Lorenzen, 28 Yale L.J., 636; Rheinstein, S. 101.

[68] Holdsworth, Vol. III S. 412 f., 420 ff.; Holmes, The common law S. 200, 209 ff.; Lorenzen, 28 Yale L.J., 636; Lord Wright, 49 Harvard Law Rev., 1234.

IV. Teil: Der Sicherungszweck als causa der Sicherungsgeschäfte

nächsten kam[69]. Eine gewisse Anlehnung an den Sprachgebrauch bei den römischen Realkontrakten lag dabei darin, daß die Voraussetzung des englischen Prozeßrechts für das Durchgreifen der action of debt, daß nämlich der Kläger seinerseits die Hingabe einer Leistung an den Beklagten beweisen mußte, als „quid pro quo" bezeichnet wurde[70]. Des gleichen wurde der der consideration doctrine zugrundegelegte Satz „ex nudo pacto non oritur obligatio" dem römischen Recht entnommen, dessen Sinngehalt jedoch unter der Entwicklung des englischen Rechts eine Änderung erfuhr[71].

Das prozessuale Erfordernis des „quid pro quo" für die Schuldklage aber bildet den Anknüpfungspunkt für das Dogma des englischen Vertragsrechts, daß eine verbindliche, rechtlich durchsetzbare Verpflichtung nur besteht, wenn ihr eine Leistung auch des anderen Teils gegenübersteht[72]. Die Einigung über eine Verpflichtung allein ist ein „nudum pactum", ein "agreement", welches nicht einklagbar ("enforceable") ist und den Versprechenden rechtlich nicht bindet[73]. Es bedarf nach der englischen Auffassung eines weiteren, außerhalb der Einigung liegenden objektiven Merkmals zur Bestimmung der Verbindlichkeit eines "promise"; dieses äußere Merkmal, welches ein „pactum" zum durchsetzbaren „contractus" qualifiziert, liegt in dem Umstand, daß auf das Versprechen hin die andere Partei eine Leistung erbracht, zumindest einen Nachteil erlitten hat[74]. Die Hingabe der consideration wirkt daher rechtsbegründend, ist "substance" der schuldrechtlichen Verpflichtung[75], deren Notwendigkeit nur bei einem Formalakt entfällt: ein "promise under seal" bedarf keiner consideration; das Formversprechen ersetzt insoweit die "substance"[76].

Das Erfordernis der consideration findet seine heutige theoretische Rechtfertigung darin, daß ein Versprechen nur ernstlich gewollt sein kann, wenn es um

---

[69] Corbin on contracts, Vol. I § 117, S. 506; Vol. I A § 195, S. 198; Dawson/Harvey/Henderson, S. 101.

[70] Holmes, The common law S. 198 ff., 209 f.; Holdsworth, Vol. III S. 420 ff.; Lorenzen, 28 Yale L.J., 623 FN 15; Farnsworth, Contracts S. 14 f.

[71] Lorenzen, 28 Yale L.J., 636; Lord Wright, 49 Harvard Law Rev., 1233 f.

[72] Auf die Einzelausprägungen dieser Lehre in der englischen und anglo-amerikanischen Spruchpraxis kann an dieser Stelle nicht eingegangen werden. Insoweit sei auf die Ausführungen bei Hay, Introduction S. 54 ff.; Lord Wright, 49 Harvard Law Rev., S. 1225 ff.; Farnsworth, Contracts S. 39 ff.; Rheinstein, Die Struktur des vertraglichen Schuldverhältnisses im anglo-amerikanischen Recht. S. 55 ff.; Kessler, FS Rabel Bd. I S. 251 ff. verwiesen.

[73] Lord Wright, 49 Harvard Law Rev., S. 1226; Kessler, FS Rabel Bd. I S. 268; Rheinstein, S. 50 f.; Holdsworth, Vol. III S. 413.

[74] So die klassische Begriffsbestimmung in Currie v. Misa (1875) L.R. 10 Ex. 153, 162: "A valuable consideration, in the sense of the law, may consist either in some right, interest, profit, or benefit accruing to the one party, or some forbearance, detriment, loss, or responsibility, given, suffered, or undertaken by the other".

[75] Siehe Farnsworth, Contracts S. 83; Hay, Introduction S. 54 f.; Lorenzen, 28 Yale L.J., 636 f.; Fuller, 41 Columbia L.Rev., 800 f.

[76] Chitty on contracts, Rdnr. 11,25; Corbin on contracts, Vol. I § 110, S. 495; Dawson/Harvey/Henderson, Contracts S. 146; Farnsworth, Contracts S. 83; Hay, Introduction S. 54; Rheinstein, S. 54 f. bei FN 9, S. 110.

eines Äquivalents willen vorgenommen wird; unentgeltliche, auf Freigebigkeit beruhende Verpflichtungsgeschäfte sind dagegen nicht als einklagbar anerkannt[77]. Daher wurde z.B. ein auf persönlicher Zuneigung des Vaters gegenüber seiner kranken Tocher beruhendes Versprechen einer unentgeltlichen Zuwendung wegen "want of consideration" als rechtlich nicht bindend angesehen[78]. Darüber hinaus steht die consideration doctrine auch der Durchsetzbarkeit anderer unentgeltlicher Geschäfte wie beispielsweise einem Leistungsversprechen aus sittlicher Pflicht oder unentgeltlichem Auftrag oder der Verpflichtung zur unentgeltlichen Übernahme von Dienstleistungen entgegen[79]. Die englische Rechtspraxis hat damit für das Vertragsrecht an dem ursprünglichen Gedanken des tatsächlichen Leistungsaustausches festgehalten[80].

Dies ist allerdings kein Gedanke, der der Entwicklung dieses Instituts im Sinne einer rationalen Überlegung zugrundelag. Die consideration ist eher ein Produkt historischer Zufälligkeiten und war vielfachen Änderungen unterworfen[81]. Der Versuch, die in der Rechtsprechung gefundenen Einzelformulierungen des überkommenen Merkmals des „quid pro quo" unter einen einheitlichen Begriff zu bringen und damit das historisch bedingte Festhalten an dem Formalakt der Sachhingabe inhaltlich zu rechtfertigen, kam erst im 19. Jahrhundert auf[82]. Erst zu diesem Zeitpunkt wurden überhaupt Begriffe wie "benefit" oder "detriment"[83] als Ausprägungen eines allgemein formulierten Grundsatzes der consideration doctrine aufgefaßt.

Die heutige Theorie des englischen Vertragsrechts geht damit auf ein dem Formalprozeß der action of debt entsprungenes äußeres Merkmal ("extrinsic evidence") für das Bestehen einer Schuld zurück[84]. Es ist dabei eine für jede Rechtskultur in ihrer frühen Entwicklungsstufe typische Erscheinung, daß die rechtliche Beachtlichkeit von Willensakten an der Einhaltung einer Form oder der Vornahme einer gegenständlichen, erkennbaren Handlung gemessen wird[85].

---

[77] Schmitthoff, JZ 1967,4; Ballantine, 28 Harvard Law Rev., 121, 126, 134; Cohen, 46 Harvard Law Rev., 580; Kessler, FS Rabel Bd. I S. 268, 272 f.

[78] Fisher v. Union Trust Co., 138 Mich. 612, 101 N.W. 852 (Supreme Court of Michigan, 1904); ähnlich Schnell v. Nell, 17 Ind. 29 (1861). Das deutsche Recht würde in diesem Falle nur bei notarieller Beurkundung (§ 518 BGB) zur Einklagbarkeit kommen.

[79] Rheinstein, Die Struktur des vertraglichen Schuldverhältnisses im anglo-amerikanischen Recht S. 83 ff.

[80] Vgl. Mitteis/Lieberich, Deutsches Privatrecht S. 125.

[81] Lord Wright, 49 Harvard Law Rev., 1227; Corbin on contracts Vol. I §§ 111, 112, S. 496 f.; Llewellyn, 41 Columbia Law Rev., 778; Lorenzen, 28 Yale L.J., 643 f.; Kessler, FS Rabel Bd. I S. 267.

[82] Gilmore, The death of contract S. 18 f.

[83] Siehe oben FN 74.

[84] Zu der heutigen Kritik am Festhalten an diesem Formalerfordernis siehe unten unter 1 e bei FN 160.

[85] Larenz, Allg. Teil § 21 I, S. 396 f.; Lorenzen, 28 Yale L.J., 641; Kaser, Römisches Privatrecht (14. Aufl.) § 8 I 2., S. 50 f.

IV. Teil: Der Sicherungszweck als causa der Sicherungsgeschäfte

Im römischen Recht konnte eine bindende Verpflichtung zunächst nur durch die Spruchformel der stipulatio begründet werden[86]; bei den späteren Realkontrakten bildete die tatsächliche Sachhingabe die Grundlage für eine klagbare Gegen- oder Rückleistungspflicht[87]. Der Formalakt war nicht bloße Einkleidung einer als rechtlich maßgeblich erkannten Willenseinigung, sondern er war konstitutiv für die Entstehung der Schuld; die Form war „Wirkform" und machte damit den eigentlichen Tatbestand der Schuldbegründung aus[88].

In gleicher Weise knüpfte das englische Recht bis zum 15. Jahrhundert die Einklagbarkeit einer Leistungsverpflichtung entweder an den Gebrauch einer förmlichen Urkunde (sog. "deed" oder "contract under seal")[88a] oder die Hingabe einer eigenen Leistung („quid pro quo") seitens der klägerischen Partei[88b]. In letzterem Falle beruhte die dann statthafte action of debt auf dem Gedanken, daß die Annahme einer Leistung, die "half-completed exchange"[89], den Empfänger zur Gegen- oder Rückleistung verpflichtet[90]; der Schuldgrund kam dabei in der Prozeßformel nicht zum Ausdruck[91]. Das Gegenleistungsversprechen wurde also bei Vorliegen der prozessualen Voraussetzung des quid pro quo unterstellt[92], während das Moment der Willenseinigung und ihres Inhaltes noch nicht als maßgebliches Kriterium im Vordergrund stand. Der Ursprung der Vertragsklage lag in der "compensation" für eine Realleistung und nicht etwa bei der Durchsetzung eines als rechtlich beachtlich anerkannten Versprechensgeschäftes[93].

An dem Erfordernis des „quid pro quo" wurde auch festgehalten, als im 16. Jahrhundert die starre, auf eine von vornherein festzulegende Klagesumme ("sum certain") beschränkte action of debt von der "action of assumpsit" für die

---

[86] Siehe dazu schon oben Teil III 3 c.

[87] Jahr, ZSSt 80, 154 f., 163 f.; Mitteis/Lieberich, Deutsches Privatrecht S. 137 f., 152; Lord Wright, 49 Harvard Law Rev., 1252.

[88] Mitteis/Lieberich, Deutsches Privatrecht S. 137 f.; Larenz, Allg. Teil § 21 I, S. 396 f.; Kaser, Römisches Privatrecht (14. Aufl.) § 6 I, S. 39 f.; § 8 I 2., S. 50 f.; § 38 II 1., S. 178 f.

[88a] Corbin on contracts Vol. I § 110, S. 495; Sharp, 41 Columbia Law Rev., 785; Peter, Actio und writ S. 36. Die dafür vorgesehene action of covenant bildet die früheste Klage auf Durchsetzung eines Versprechens, vgl. Dawson/Harvey/Henderson, Contracts S. 146 ff.; Cohen, 46 Harvard Law Rev., 582.

[88b] Holmes, The common law S. 198 ff., 209 f.; Salmond, 3 Law Quart. Rev., 178; Chloros, 17 Int'l and Comp. L.Q., 139; Dawson/Harvey/Henderson, Contracts S. 146, 154.

[89] Fuller, 41 Columbia Law Rev., 815.

[90] Dawson/Harvey/Henderson, Contracts S. 101 ff., 154; Lorenzen, 28 Yale L.J., 623 FN 15.

[91] Holdsworth, Vol. III S. 415 f., 418, 420 ff.; Holmes, The common law S. 204, 209. Die Schuld konnte auf verschiedenen Gründen wie Versprechen (promise), Gesetz (statute) oder auch sittlicher Pflicht (custom) beruhen, vgl. Dawson/Harvey/Henderson, a.a.O., S. 101, 103.

[92] Corbin on contracts, Vol. I A § 195, S. 198; Farnsworth, Contracts S. 14 f.

[93] Holmes, The common law S. 204; Corbin on contracts, Vol. I § 117, S. 506; Farnsworth, Contracts S. 14 f.; Dawson/Harvey/Henderson, Contracts S. 103, 154; Rheinstein, S. 51 ff.

Vertragsklage abgelöst wurde[94]. Diese war eine ursprünglich deliktische Klage, die den Fall einer Schadenszufügung durch Schlechtausführung ("misfeasance") einer übernommenen („assumpsit") Pflicht erfaßte und die allmählich auf den Fall der gänzlichen Nichtausführung ("nonfeasance") ausgedehnt wurde[95]. Dies erlaubte eine weitere Anwendung dieser Klageform auf die ähnliche Situation der Durchsetzung eines gegebenen Versprechens. Im Zuge dieser Erweiterung der action of assumpsit griffen die englischen Gerichte für die Ausgrenzung derjenigen Verpflichtungsgeschäfte, welche auf diesem Wege einklagbar sein sollten, wieder auf den aus der action of debt überkommenen Gedanken der Leistung eines Äquivalents zurück[96], mit der bedeutenden Maßgabe allerdings, daß neben der Realleistung ("benefit") auch ein Gegen- oder Rückleistungsversprechen des Gläubigers ("detriment") als "consideration" anerkannt wurde[97]. Die consideration war damit vom „quid pro quo" im Sinne einer "halfcompleted exchange" auf das beiderseitige Versprechensgeschäft, den "executory contract" erweitert worden[98].

Damit hatte der zweiseitig verpflichtende Vertrag Eingang ins englische Recht gefunden. Gleichwohl war es durch das Anknüpfen an das Erfordernis des „quid pro quo" bedingt, daß nicht die Willensübereinstimmung, der Konsens über die Verpflichtung als das eigentlich konstitutive Element für die Schuldbegründung angesehen wurde, sondern die wechselseitige Hingabe eines Äquivalents, wenn dies auch jeweils in einem Versprechen liegen konnte[99]. Erst im 18. Jahrhundert öffnete sich der Blick für die Verpflichtungserklärung selbst als maßgebliches Merkmal für die Entstehung einer Verbindlichkeit, jedoch ohne daß der Grundsatz der Notwendigkeit einer wechselseitigen consideration aufgegeben worden wäre[100]. Bis heute bedient sich daher das englische und anglo-amerikanische Recht zur Scheidung rein gesellschaftlicher Vorgänge und Gefälligkeiten von verbindlichen Verpflichtungsgeschäften des Merkmales einer Äquivalenzbeziehung[101], wobei dies allerdings nicht in dem engen Sinne eines Entgelts (Synal-

---

[94] Lord Wright, 49 Harvard Law Rev., 1239; Holdsworth, Vol. III S. 422; Dawson/Harvey/Henderson, Contracts S. 101 f.; Rheinstein, S. 56 f., 117 f. Diese Fortentwicklung der action of assumpsit zur Vertragsklage war mit Slade's case, 4 Coke 926, Moore K.B. 433, 667 (1602) vollendet.

[95] Dawson/Harvey/Henderson, Contracts S. 101 f., 155; Holmes, The common law S. 203, 210 f.

[96] Pollock, Principles of contract S. 168; Lord Wright, 49 Harvard Law Rev., 1239; Holmes, The common law S. 204, 209.

[97] Holmes, The common law S. 216 ff., 225 f.; Holdsworth, Vol. III S. 439 ff.; Dawson/Harvey/Henderson S. 155; Salmond, 3 Law Quart. Rev., 179; Farnsworth, Contracts S. 15.

[98] Thorp v. Thorp, 12 Mod. 455, 459 f.; 88 Eng. Rep. 1448, 1450 f. (K.B. 1702); Lorenzen, 28 Yale L.J., 636; Fuller, 41 Columbia Law Rev., 816 f.; Ballantine, 28 Harvard Law Rev. 125; Farnsworth, Contracts S. 41 f., 576; Rheinstein, S. 57 ff.

[99] Holmes, The common law S. 204, 226; Farnsworth, Contracts S. 14 f.; Corbin on contracts, Vol. I A § 195, S. 198.

[100] Rheinstein, S. 54 f.

[101] Schmitthoff, JZ 1967, 4; Zweigert, JZ 1964, 349 f.; Holdsworth, Vol. III S. 413; Holmes, The common law S. 210 f.; Cohen, 46 Harvard Law Rev., 572 ff.

IV. Teil: Der Sicherungszweck als causa der Sicherungsgeschäfte   67

lagma) verstanden wird; vielmehr genügt auch eine Leistung zur Begründung einer Rückleistungsverpflichtung wie die Sachhingabe bei der unentgeltlichen Verwahrung oder Leihe[102]. Ebenso wird die Darlehenshingabe als Äquivalent in diesem weiten Sinne für die Begründung eines Sicherungsrechtes angesehen[103].

Mit der consideration doctrine ist somit in erster Linie ein Formalakt zur Bestimmung der Verbindlichkeit einer Verpflichtung beibehalten worden[104]. Eine deutliche Parallele findet diese Anlehnung an das ursprüngliche Erfordernis einer Realleistung in der historischen Entwicklung der causa, deren heutige Bedeutung auf die römisch-rechtlichen Realkontrakte zurückgeht[105].

d) Die Entstehung des Vertragsgedankens aus der ursprünglichen Realleistung bei der consideration und der causa

Wie oben[106] bereits dargelegt, liegt der Ursprung der causa in der Hingabe einer Sache (datio) im Hinblick auf eine Gegenleistung, wobei diese Leistung wie auch die erstrebte Gegenleistung ursprünglich als „res", von Justinian später als „causa" bezeichnet wurde („datio ob rem (causam)", „conditio re (causa) data re (causa) non secuta"). Unter Loslösung von den altrömischen Bargeschäften[107] wurde aus der Annahme einer Leistung die bindende Verpflichtung zur Gegen- oder Rückleistung abgeleitet[108]. So konnte die Rückzahlung eines empfangenen Darlehens im Wege der conditio verlangt werden, und ebenso waren die anderen Formen der Realkontrakte (depositum, pignus, commodatum) einklagbar[109]. Es war also die Sachhingabe und deren Annahme, was die Verpflichtung entstehen ließ, ohne daß bereits die Erklärungen der Parteien als das schuldbegründende Merkmal angesehen wurden[110].

---

[102] Rheinstein, S. 92 ff., 100 f.; Lord Wright, 49 Harvard Law Rev., 1252.

[103] Rheinstein, S. 98, 100. Der engere Begriff des Synallagma paßt dagegen nicht auf dieses Verhältnis von Sicherungsrecht und gesicherter Forderung, vgl. Esser, SchuldR I (4. Aufl.) S. 19; Jäckle, JZ 1982, 52 f.

[104] Zweigert, JZ 1964, 349 f.; Rheinstein, S. 96 FN 151 a.E.; siehe auch Kreß, Allg. Schuldrecht S. 90 f., der auf die Indizwirkung der Gegenseitigkeit eines Geschäftes für die Ernsthaftigkeit der Erklärungen hinweist.

[105] Diese Parallele zur ursprünglichen Bedeutung der causa als Sachleistung (res) betont auch Lorenzen, 28 Yale L.., 627.

[106] Siehe Teil III 3 c.

[107] Die mancipatio beispielsweise war in ihrer ursprünglichen Form ein Bargeschäft, bei welchem die Eigentumsübertragung von der tatsächlichen Erbringung der Gegenleistung abhing (Kaser, Römisches Privatrecht (2. Aufl.) Bd. I § 9 II 2, S. 44; § 33 I 1, S. 131 f.). Erst später setzte sich die Abstraktheit dieses Übertragungsgeschäftes vom Austauschzweck durch.

[108] Mitteis/Lieberich, Deutsches Privatrecht S. 137 f., 152.

[109] Kaser, Römisches Privatrecht (14. Aufl.) § 38 II 1 a, S. 178; Liebs, Römisches Recht S. 204 f.; siehe auch Teil III 3 c.

[110] Windscheid, Pandekten Bd. II § 321, S. 207 f., insbes. FN 9. Den altrömischen Formalgeschäften und den Realkontrakten wurde der Vertragsgedanke erst später unterlegt, vgl. Kaser, Römisches Privatrecht (2. Aufl.) Bd. I, § 56 II, S. 229; ders. (14. Aufl.) § 38 II 1 d, S. 179; Jahr, ZSSt 80, 163.

Der entscheidende Unterschied zu der Fortentwicklung des englischen Rechts, welches die Realleistung des „quid pro quo" und später der consideration als das Grundprinzip des Vertragsrechts ansah, lag in der Typenbildung und damit der Beachtung des Inhalts der Parteivereinbarung. Der Schritt, der bloßen Einigung über eine Verpflichtung schuldbegründende Wirkung zuzuerkennen, wenn sie sich inhaltlich unter einen der anerkannten Geschäftstypen der Konsensualkontrakte einordnen ließ, war eine der historisch bedeutsamen Leistungen der römischen Juristen[111]. Es gelangte damit der Gedanke zum Durchbruch, daß sich die Klagbarkeit einer Verpflichtung nach dem vereinbarten Geschäftszweck (Kauf, Werkvertrag) bestimmte, ohne daß es eines zusätzlichen äußeren Formalkriteriums bedurfte[112]. Daran knüpfte die Unterscheidung klagbarer (contractus) und nicht klagbarer Vereinbarungen (pactum) an; wurde eine Leistung im Hinblick auf eine atypische Gegenleistungsabrede erbracht (Innominatrealkontrakt), so konnte das Gegenleistungsversprechen nicht durchgesetzt werden, so daß nur der Weg der Rückforderung (condictio causa data causa non secuta) blieb[113]. Der entscheidende Schritt zur Überwindung der Verpflichtungswirkung allein aus dem Formalcharakter eines Geschäftes war damit vollzogen, selbst wenn zunächst der Kreis der kraft Parteivereinbarung verbindlichen Versprechensgeschäfte begrenzt war.

Der numerus clausus klagbarer Vertragstypen war mit der Anerkennung der Vertragsfreiheit im 17. Jahrhundert[114] unter dem Einfluß des Naturrechts, zurückgehend wiederum auf kanonisches Gedankengut („pacta sunt servanda"), endgültig abgeschafft worden[115]. Der Konsens wurde damit zur Grundlage für die Vertragsklage. Dies warf aber gleichzeitig die Frage nach der Bedeutung der

---

[111] Kaser, Römisches Privatrecht (14. Aufl.) § 38 II 1 d, S. 179.

[112] Diese Berücksichtigung der Bedeutung einer Parteivereinbarung drückt sich auch in der vielfach angewandten „exceptio" aus, mit welcher beispielsweise eine formell wirksame Verpflichtung aus einer stipulatio zugunsten einer entgegenstehenden Abrede überwunden werden konnte, so daß auf diese Weise auch einem nicht klagbaren „pactum" eine gewisse Rechtswirksamkeit zugesprochen wurde, vgl. Wacke, Tijdschrift voor Rechtsgeschiedenis 40, 233, 235 f., 237 f.; Flume, Allg. Teil § 12 II 1, S. 162; § 12 II 2, S. 163 f.; Lorenzen, 28 Yale L.J., 628 f.

[113] Siehe oben Teil III 3 c bei FN 34. Darin liegt auch einer der Gründe für den oben bei FN 35 angedeuteten funktionellen Unterschied zwischen der causa und der consideration doctrine im Bereich der Rückabwicklung. Während das englische Recht ohne Rücksicht auf den Inhalt der Vereinbarung alle Geschäfte bei Vorliegen eines quid pro quo klagbar stellte, kam es im römischen Recht auf den Schuldgrund an, dessen Vereinbarung klagbar sein konnte oder nicht, so daß in letzterem Falle die condictio eingriff. Daher beherrscht die causa neben der Begründung auch die Rückabwicklung des Vertrages, während das englische und amerikanische Recht diese Problematik dem Schadensersatzrecht ("damages", "restitution") zuordnet, vgl. v. Caemmerer, FS Rabel, Ges. Schr. I S. 221.

[114] Das Freiburger Stadtrecht aus dem Jahre 1520, abgefaßt von Ulrich Zasius, spricht als erstes überliefertes Stadtrecht die Klagbarkeit jedes „nudum pactum" aus, vgl. Seuffert, Zur Geschichte der obligatorischen Verträge, S. 96 ff., 101.

[115] Mitteis/Lieberich, Deutsches Privatrecht S. 9 f., 11 f., 16 f., 30, 126, 138; Seuffert, a.a.O., S. 4, 130 f., 137; Flume, Allg. Teil S. 165 f.; Liebs, JZ 1978, 698; Sharp, 41 Columbia Law Rev., 783; Salmond, 3 Law Q.Rev., 177.

IV. Teil: Der Sicherungszweck als causa der Sicherungsgeschäfte

causa auf und zog eine inhaltliche Neubestimmung dieses überkommenen Begriffs nach sich[116].

Aufgrund der Verbindlichkeit der Vertragsabrede bedurfte es nicht mehr der tatsächlichen Erlangung der Gegenleistung (res, causa), um die eigene Verpflichtung zu rechtfertigen[117]. Bereits im Mittelalter unter den Glossatoren und Postglossatoren kam man daher von dem Bedeutungsinhalt der causa als Realleistung ab, und der Gedanke der „causa finalis" im Sinne einer inneren Relation von Leistung und Gegenleistung wurde für das Vertragsrecht fruchtbar gemacht[118]. Eine umfassende Lehre von der causa als Zweck einer Zuwendung brachte dann die gemeinrechtliche Wissenschaft[119], wobei insbesondere Windscheid der causa eine einheitliche Bedeutung für das Vertrags- und Bereicherungsrecht zu geben versuchte. Er setzte an den römischen Quellen des Konditionenrechts an und deutete den Begriff der causa als eine Willensbeschränkung („Voraussetzung", „unentwickelte Bedingung")[120], welche die durch die Willenserklärung begründete Zuwendung von dem Zutreffen bestimmter Umstände abhängig machte[121]. War die von ihm sog. „erste Absicht"[122] einer Zuwendung auf die Erfüllung einer Verbindlichkeit gerichtet, so stellte sich der Bestand der Schuld als Voraussetzung (causa) der Zuwendung dar; war sie auf eine Gegenleistung gerichtet, die einklagbar (gegenseitiger Vertrag) oder nicht einklagbar war (so bei der condictio causa data non secuta), so lag die Voraussetzung in der Erlangung dieser Gegenleistung[123]. Traf die Voraussetzung nicht zu, widersprach die Zuwendung dem „eigentlichen Willen" und war daher ungerechtfertigt erbracht, was zur Rückabwicklung führte[124].

Windscheid suchte damit den Grund für das Behaltendürfen bzw. die Rückabwicklung einer Zuwendung unmittelbar in der auf eine Verpflichtung oder Verfügung gerichteten Willenserklärung und sah die causa als ein die Rechtsge-

---

[116] Kreß, Allg. SchuldR S. 45 FN 28; Klinke, Causa und Synallagma S. 28 f. FN 69; Lorenzen, 28 Yale L.J., 631; Holdsworth, Vol. III S. 412.

[117] Seuffert, Zur Geschichte der obligatorischen Verträge, S. 100; Klinke, a.a.O.; Lorenzen, a.a.O.

[118] Söllner, AcP 163, 26 f.; ders., ZSSt 77, 195 ff., 212 ff.; Rheinstein S. 102.

[119] Westermann, Die causa S. 15 ff.; Rheinstein, S. 102 ff.

[120] Windscheid, Pandekten Bd. I § 97, S. 275; Bd. II § 423 FN 8; Simshäuser, AcP 172, 25 f.; die Bedingung war deshalb „unentwickelt", weil eine Vereinbarung über die Rechtsfolgen des Nichteintritts der Bedingung nicht getroffen ist, Simshäuser, a.a.O. S. 26; Kegel, Gutachten S. 143 f.

[121] Windscheid, a.a.O. S. 276 f.; Bd. II § 423, S. 541 f.; dazu Simshäuser, AcP 172, 21 f.

[122] Damit anerkannte Windscheid bereits die Zweckabhängigkeit einer Zuwendung, sah diesen Zweck jedoch nicht als die causa an, vgl. insbesondere Pandekten Bd. I § 98, S. 278 FN 1, Bd. II, § 423, S. 541 FN 8; Kegel, Gutachten S. 145.

[123] Windscheid, Pandekten Bd. I § 98, S. 278; Bd. II § 321, insbes. S. 207 FN 10 a; § 423, S. 541 FN 8, 542 FN 11, 12; § 426, S. 548 ff.

[124] Windscheid, Pandekten Bd. I § 97, S. 276 f. bei FN 5; Bd. II § 423, S. 541 FN 8; Simshäuser, AcP 172, 27 f.

schäftslehre wie auch das Bereicherungsrecht umfassendes Prinzip an[125]. Die aufgrund der Privatautonomie verbindlichen schuldrechtlichen Verpflichtungsgeschäfte und die abstrakten Leistungsgeschäfte sind danach gleichermaßen von bestimmten, den Rechtsgrund bildenden Umständen abhängig, auf die sich die „erste Absicht" des Erklärenden stützt und deren Vorliegen die mit der Erklärung vorgenommene Zuwendung rechtfertigen.

Daß diese Lehre auf Einwände stieß und letztlich keinen Eingang ins BGB fand, lag in der Schwierigkeit der Bestimmung von solchen vorausgesetzten Umständen begründet[126]. Das Gebot der Rechtssicherheit stand der rechtlichen Beachtlichkeit einer in der Willenserklärung enthaltenen, aber nicht eigens zum Ausdruck gelangten und der anderen Partei nur erkennbaren[127] Voraussetzung entgegen[128]. Stattdessen wurde der Vorschlag, als beachtliche causa den mit der Zuwendung verfolgen wirtschaftlichen Zweck anzusehen[129], vom Gesetzgeber übernommen und zumindest punktuell geregelt[130]. Die Verwirklichung des bei Eingehung einer (kausalen) Verpflichtung oder Vornahme einer (abstrakten) Verfügung vereinbarten Zweckes bildet danach die Rechtfertigung für die Zuwendung, die von den Parteien einverständlich vorgenommen wurde.

Aus dieser Entwicklung wird deutlich, daß auch mit Anerkennung der Verbindlichkeit und Durchsetzbarkeit jeder Vereinbarung sich diese Rechtswirkung nicht allein aus dem erklärten Verpflichtungswillen, dem Konsens über die Schuld heraus ergibt, sondern ein weiteres Merkmal die Zuwendung inhaltlich erklären und rechtfertigen muß. Ursprünglich wird dieses Element in einer Realleistung oder der Einhaltung einer Form gesehen[131]. Mit Herausbildung der verbindlichen Verpflichtungswirkung der bloßen Erklärung muß sich auch der Rechtsgrund aus dem Erklärungsinhalt ergeben; er liegt in dem bei Begründung der Zuwendung vereinbarten Zweck, der auf einen über den reinen Zuwendungserfolg (Verpflichtung oder Verfügung) hinausgehenden Erfolg gerichtet ist[132]. In der Willenserklärung selbst kommt die Zweckgerichtetheit zum Ausdruck, welche sie von den unverbindlichen Äußerungen abgrenzt und als

---

[125] Simshäuser, a.a.O. S. 21 f., 25 f.
[126] Protokolle, Bd. II S. 690; Kegel, Gutachten S. 146 ff.; Westermann, Die causa S. 45 ff.; Simshäuser, AcP 172, 31 ff.; siehe auch Windscheid/Kipp, Pandekten Bd. II § 423, S. 884.
[127] Windscheid, Pandekten Bd. I § 98, S. 278, 280; Simshäuser, AcP 172, 30; Kegel, Gutachten S. 144 f.
[128] Protokolle, a.a.O.; Lenel, AcP 74, 220 ff. Auf der Lehre von der Voraussetzung baute indessen die von Oertmann begründete Geschäftsgrundlagentheorie auf, vgl. Kegel, Gutachten S. 147, 148 f., 153 ff.
[129] Lenel, AcP 74, 228 ff., 233 f.
[130] Siehe oben unter 1.
[131] Jahr, ZSSt 80, 165 f.
[132] van den Daele, S. 37; Harder, S. 154 f. Bei den abstrakten Zuwendungen ist der Zweck aus den die Zuwendung konstituierenden Erklärungen ausgeklammert und auf eine separate Zweckabrede verlagert, siehe oben Teil III 3.

rechtlich beachtlich und verbindlich qualifiziert[133]. Die wirksame Vereinbarung des bezweckten Erfolges und seine Verwirklichung machen die auf eine Schuldbegründung gerichtete Willenserklärung rechtsbeständig und bindend. Die causa in diesem Sinne ist daher für die Zuwendungsgeschäfte zentral[134].

Während sich danach im deutschen Recht die schuldbegründende Wirkung des Konsenses aus dem Inhalt der Willenserklärungen ergibt, blieb das englische Recht mehr dem formalen, äußerlichen Merkmal der Wechselseitigkeit der Vermögenszuwendungen verhaftet und leitete die Bindung an ein Versprechen aus der tatsächlichen Erbringung einer Gegenleistung ab[135]. Die Übernahme dieser aus der frühen und starren Denkform des Prozeßrechts[136] herrührenden "extrinsic evidence" zur Unterscheidung nicht einklagbarer Geschäfte von verbindlichen Verpflichtungen setzte sich auch beim zweiseitigen Versprechensgeschäft (executory contract) durch, wo eine Gegenverpflichtung weiterhin als eine Form der consideration aufgefaßt wird, aus der sich erst die schuldbegründende Wirkung ergibt[137].

e) Die Bedeutung des Zweckmomentes als Merkmal der consideration infolge der bargain theory

Allerdings hat zum Ende des 19. Jahrhunderts in USA eine Entwicklung eingesetzt, die von der consideration als formalem Austausch und damit lediglichem Indiz[138] für den Bindungswillen der Parteien abrückte und mehr die subjektive Zielrichtung bei der Hingabe der consideration in den Vordergrund stellte[139]. War ursprünglich für die Klagbarkeit einer Verpflichtung allein der Empfang eines „quid pro quo" maßgeblich, so wurde nunmehr zunehmend das subjektive Moment als entscheidend angesehen, daß die consideration gerade um der Erlangung der Gegenverpflichtung willen hingegeben wird. Eine wirksame consideration setzt danach einen inneren Bezug auf die Gegenverpflichtung voraus, muß durch diese „motiviert", "induced" sein[140]. Die Zielrichtung

---

[133] Larenz, Allg. Teil S. 302 f., 317; Enneccerus/Nipperdey, S. 897 f.; Lange, Allg. Teil § 36 V 2 a, b; 3 b, S. 225 f.; Gernhuber, Bürgerliches Recht, § 1 II 2 b, c; siehe auch Kaser, Römisches Privatrecht (14. Aufl.) § 8 I 2 e, S. 52; § 38 I 1, S. 177; Walton, 41 Law Quart. Rev., 323.

[134] Kegel, FS Mann S. 61; Weitnauer, Symposium für König S. 51.

[135] Zweigert, JZ 1964, 349 f., 353; Lord Wright, 49 Harvard Law Rev., 1225.

[136] Peter, Actio und writ. S. 35 ff., 69, 76 f.; Rheinstein, S. 61.

[137] Corbin on contracts, Vol. I § 110, S. 490 ff.; Cohen, 46 Harvard Law Rev., 572 ff.; Lorenzen, 28 Yale L.J., 641; Holmes, The common law S. 210 f.; Holdsworth, Vol. III S. 413.

[138] So Rheinstein, Die Struktur des Schuldverhältnisses im anglo-amerikanischen Recht, S. 118 f.

[139] Maßgeblich beeinflußt wurde diese Entwicklung in der amerikanischen Rechtspraxis und Wissenschaft von Holmes, J. (U.S. Supreme Court), vgl. Gilmore, The death of contract S. 19 ff.; Farnsworth, Contracts S. 41 FN 2; Dawson/Harvey/Henderson S. 155 f., und sogleich im Text.

auf die Erlangung eines bestimmten Erfolges (Verpflichtung zur Gegenleistung) wird als für die rechtliche Durchsetzbarkeit einer Verpflichtung wesentlich angesehen: "The root of the whole matter is the relation of reciprocal conventional inducement, each for the other, between consideration and promise"[141]. Noch deutlicher wird die Austauschzweckrichtung von "promise" und "consideration", d.h. von Leistungs- und Gegenleistungsversprechen im gegenseitigen Vertrag, die konstitutiv für den verbindlichen Charakter der Verpflichtung ist, in der von Mr. Justice Holmes[142] getroffenen Formulierung: "The promise and the consideration must purport to be the motive each for the other, in whole or at least in part. It is not enough that the promise induces the detriment or that the detriment induces the promise if the other half ist wanting"[143]. Die Umschreibung dieses Erfordernisses als "bargain", "exchange", "reciprocal inducement" oder "motive" steht für den zu der causa durchaus parallelen Gedanken, daß der auf die Herbeiführung eines rechtlichen Erfolges gerichtete Zweck ein unverzichtbares Merkmal rechtlicher Bindung an eine Verpflichtungserklärung (promise) ist[144], wobei es für das englische und anglo-amerikanische Recht charakteristisch ist, daß die rechtlich anerkannte Zweckrichtung auf den Austausch beschränkt blieb[145].

Diese Fortentwicklung der consideration doctrine fand Eingang auch in das Restatement: "To constitute consideration, a performance or a return promise must be bargained for"; "A performance or return promise is bargained for if it is sought by the promisor in exchange for his promise and is given by the promisee in exchange for that promise"[146]. Es stand im Einklang mit dieser gedanklichen Entwicklung, daß speziell im amerikanischen Recht zunehmend von dem wirtschaftlichen Wert der consideration, der Gleichwertigkeit (Äquivalenz) von Versprechen und Gegenversprechen bzw. Gegenleistung abgesehen wurde[147]. Die

---

[140] Farnsworth, Contracts S. 41 f., 66, 85; Sharp, 41 Columbia Law Rev., 791; Gilmore, The death of contract S. 21; Chloros, 17 Int'l and Comp. L.Q., 139; etwas zurückhaltender Corbin, Vol. I §§ 116 ff., S. 503 ff.; Vol. IA §§ 194, 195, S. 192 ff., der insbesondere Fälle der "reliance doctrine" aufzählt, wo Verpflichtungen auch ohne "bargain" als verbindlich anerkannt wurden.

[141] Holmes, The common law S. 227 f. Ähnlich die Definition von Lord Dunedin in Dunlop Pneumatic Tyre Co., Ltd. v. Selfridge & Co., Ltd. (1915) A.C. 847, 855: "An act or forbearance of the one party, or the promise thereof, is the price for which the promise of the other is bought, and the promise thus given for value is enforceable". Siehe auch Pollock, Principles of contract S. 164 und Lord Wright, 49 Harvard Law Rev., 1227.

[142] Wisconsin and Michigan Railway Co. v. Powers, 191 U.S. 379, 386 (U.S. Supreme Court, 1903).

[143] So übernommen von Cardozo, C.J. in Allegheny College v. National Chautauqua County Bank, 246 N.Y. 369, 373 (1924).

[144] So ausdrücklich Farnsworth, Contracts S. 60 ("promisor's purpose ... to induce some action in return – to induce an exchange"); auch Cheshire/Fifoot, Contracts S. 7 ("reason why promise was made").

[145] Kessler, FS Rabel Bd. I S. 268, 273; Rheinstein, S. 100 f., 118 ff.

[146] Restatement of contracts, second § 71 (1), (2).

IV. Teil: Der Sicherungszweck als causa der Sicherungsgeschäfte 73

sog. "peppercorn theory" ist überhaupt nur verständlich vor dem Hintergrund, daß nicht mehr der reale Austausch, sondern die dahinter liegende Intention der Parteien im Vordergrund stand[148]. In dem oben[149] angeführten Fall des Versprechens einer unentgeltlichen Zuwendung vom Vater an seine Tochter kam es nach der Auffassung des Gerichts nicht darauf an, daß ihm die Tochter tatsächlich einen Dollar aushändigte; zur Wirksamkeit des Versprechens hätte dies durchaus führen können. Vielmehr war es im konkreten Fall das Fehlen eines "bargain", der Mangel der subjektiven Austauschzweckrichtung bei der Hingabe der consideration, was der Durchsetzbarkeit des Versprechens entgegenstand[150].

Die Lehre von der consideration rückt damit in einer Hinsicht in die Nähe des Zweckgedankens der causa: Die rechtliche Verbindlichkeit eines Geschäftes wird bestimmt durch die mit Eingehung der Verpflichtung verfolgte Zielrichtung auf einen rechtlichen Erfolg. Der Unterschied liegt dabei darin, daß die causa inhaltlich weiter gefaßt ist als die consideration[151]; als causa kann jeder beliebige erlaubte, wirtschaftlich sinnvolle Zweck eine Verpflichtung rechtfertigen. Mit der consideration doctrine dagegen ist der Gedanke des quid pro quo, der wechselseitigen Hingabe zum beherrschenden Prinzip des Vertragsrechts geworden. Ein Vertrag, der diesem Erfordernis nicht entspricht, ist nicht verbindlich[152]. Dadurch wirkt sich die consideration in mancher Hinsicht hemmend auf die Fortentwicklung wirtschaftlich sinnvoller Geschäftsformen wie des Vertrages zugunsten Dritter[153], des Erlaßvertrages oder sonstiger nicht zweiseitiger Ver-

---

[147] Cohen, 46 Harvard Law Rev., 581; Farnsworth, Contracts S. 41 f., 66, 85; Kessler, FS Rabel Bd. I S. 273; Rheinstein, S. 60 f.

[148] Krell v. Codman, 154 Mass. 454, 456; 28 N.E. 578 (Supreme Judicial Court of Massachusetts, 1891); Farnsworth, Contracts S. 66 ff., 85 FN 1. In krassen Fällen der Inadaequanz liefert equity den Behelf der "unconscionability", um einer Bindung an den Vertrag abzuhelfen, vgl. Dawson/Harvey/Henderson, Contracts S. 175 f. Siehe auch sogleich FN 150.

[149] Siehe oben FN 78.

[150] Fisher v. Union Trust Co., 138 Mich. 612, 101 N.W. 852 (Supreme Court of Michigan, 1904); vgl. dazu Farnsworth, Contracts S. 68 f. bei FN 12. In einem anderen Fall (Schnell v. Nell, 17 Ind. 29 (1861)) wurde die Hingabe von 1 Cent gegen ein auf 600 Dollar lautendes Zahlungsversprechen (in Ausführung eines unwirksamen Legates) als unzureichende consideration abgelehnt, da die Ungleichwertigkeit der beiden Geldbeträge den Vertrag als "unconscionable" und auch nicht auf einen ernsthaft gewollten Austausch gerichtet erscheinen ließ.

[151] Chloros, 17 Int'l and Comp. L.Q., 146; Lorenzen, 28 Yale L.J., 639; Lord Wright, 49 Harvard Law Rev., 1227, 1252; siehe auch Zweigert, JZ 1964, 352.

[152] Ballantine, 28 Harvard Law Rev., 121, 126, 134; Kessler, FS Rabel Bd. I, S. 268, 273; Sharp, 41 Columbia Law Rev., 791.

[153] Diese Gestaltung wird im englischen Recht als nicht einklagbar angesehen, vgl. Cheshire/Fifoot, S. 404 ff.; Schmitthoff, JZ 1967, 4; Lord Wright, 49 Harvard Law Rev., 1246. Das anglo-amerikanische Recht dagegen hat sich seit der Entscheidung Lawrence v. Fox, 20 N.Y., 268 (Court of Appeals of New York, 1859) über die aus der consideration doctrine herrührenden Schwierigkeiten hinweggesetzt und gibt dem Drittbegünstigten einen durchsetzbaren Anspruch, vgl. Hay, Introduction S. 58 f.

träge aus[154]. In Entscheidungen englischer und amerikanischer Gerichte wird daher oftmals geradezu nach einem Anhaltspunkt für die Übereinstimmung mit diesem Erfordernis gesucht, um einen Vertrag aufrechterhalten zu können[155].

Das Festhalten an dem Gedanken des quid pro quo für das Vertragsrecht in der Form, daß allein aus dem Gegenüberstehen zweier Verpflichtungserklärungen deren Verbindlichkeit abgeleitet wird, läßt die consideration als ein rein formales Merkmal, ein bloßes Indiz für den Bindungswillen der Parteien erscheinen[156]. Zu der "substance", der Anerkennung der schuldbegründenden Wirkung der übereinstimmenden Willenserklärungen ist damit nicht vorgedrungen worden[157]. Zwar zeichnen sich in der Rechtswirklichkeit die meisten Geschäfte durch ein Gegenseitigkeitsverhältnis aus[158]; gleichwohl liegt in dem äußeren Anhaltspunkt einer Leistungshingabe nur ein "strong evidence" für den verbindlichen Charakter eines Geschäftes[159], ohne daß darin umgekehrt ein abschließendes Kriterium für einen Bindungswillen der Parteien gesehen werden kann. Schon früh wandten sich daher Stimmen gegen die ausschließliche Bestimmung klagbarer Verpflichtungen anhand der consideration und stellten auf den bei Eingehung einer Verpflichtung erklärten Parteiwillen ab[160]. Bereits Lord Mansfield gab in einer berühmten Entscheidung[161] einer Klage aus einem schriftlichen, aber ohne consideration gegebenen Zahlungsversprechen einer Bank mit der Begründung statt, die Hingabe einer consideration diene – gleich

---

[154] Lord Wright, 49 Harvard Law Review, 1229 ff., 1251 f.; Kessler, FS Rabel Bd. I, S. 260 ff.; Rheinstein, S. 61 ff., 83 ff.; Zweigert/Kötz, Bd. II S. 85 ff.

[155] Rheinstein, S. 119 ff.; Schmitthoff, JZ 1967,6. Darin ist wohl auch eine der Ursachen für die Tendenz zu suchen, daß bestimmte Bereiche typischer Vertragshaftung wie z.B. die Haftung für fahrlässig unrichtig erteilte unentgeltliche Auskunft ("negligent misrepresentation") weitgehend dem Deliktsrecht zugeordnet werden, vgl. die Entscheidung des House of Lords in Hedley Byrne & Co., Ltd. v. Heller & Partners, Ltd. (1964) A.C. 465, und Zweigert/Kötz, Bd. II S. 353.

[156] Dies insbesondere seitdem dem Wert der consideration keine Bedeutung mehr zugemessen wird, vgl. Holmes, J. in Krell v. Codman, 154 Mass. 454, 456; 28 N.E., 578 (Supreme Judicial Court of Massachusetts, 1891); Holdsworth, Vol. VIII S. 47 f.; Lord Wright, 49 Harvard Law Rev., 1252 f.; Kessler, FS Rabel Bd. I, 273 f.; Farnsworth, Contracts S. 85. Der Formalcharakter der consideration äußert sich auch darin, daß bei Vorliegen eines "seal", d.h. bei einem reinen Formalkontrakt, auf den Beweis einer consideration verzichtet wird ("seal imports consideration"), vgl. Farnsworth, Contracts S. 83, 85; Zweigert, JZ 1964, 350 FN 2; Corbin on Contracts, Vol. I § 110, S. 490 ff.

[157] Holdsworth, Vol. III S. 413; Sharp, 41 Col. Law Rev., 783.

[158] Lord Wright, 49 Harvard Law Review, 1252; Fuller, 41 Columbia Law Rev., 815 f.; siehe auch Zweigert/Kötz, Bd. I, S. 92; Mason, 41 Columbia Law Rev., 842 ff.

[159] Lorenzen, 28 Yale L.J., 636 f., 640 ff.; Chloros, 17 Int'l and Comp. L.Q., 146; Cohen, 46 Harvard Law Rev., 582; Mason, 41 Columbia Law Rev., 848; Rheinstein, S. 118 f.; Kessler, FS Rabel Bd. I, S. 259, 273 f.

[160] Für den englischen Rechtskreis vor allem Lord Wright, 49 Harvard Law Rev., 1229 ff., 1251 f.; Chloros, 17 Int'l and Comp. L.Q., 137 ff., 158 ff.; siehe außerdem Holdsworth, Vol. VIII S. 47 f.; für USA vgl. Lorenzen, 28 Yale L.J., 640 ff.; Mason, 41 Columbia Law Rev., 847 f.; Kessler, FS Rabel Bd. I, 255, 276; Rheinstein, S. 119 ff.

[161] Pillans & Rose v. Van Mierop & Hopkins, 3 Burr. 1663, 97 Eng. Rep., 1035 (K.B. 1765).

wie das seal – lediglich Beweiszwecken ("... for the sake of evidence only"), und der Beweis für das bindende Zahlungsversprechen könne auch der Urkunde entnommen werden[162]. Eine spätere gegenteilige Entscheidung des House of Lords[163] hielt jedoch an der wechselseitigen Hingabe als "substance" fest, so daß dies weiterhin die materielle Voraussetzung einer Schuldbegründung blieb.

f) Die Zweckrichtung auf einen rechtlich anerkannten Erfolg als gemeinsames konstitutives Element für eine Verpflichtungserklärung

Die Entwicklung im englischen und besonders im amerikanischen Recht, welches mit der bargain theory den hinter der Vorstellung der tatsächlichen Hingabe einer consideration stehenden Austauschzweck in den Vordergrund rückt und zudem die Beschränkung der Anerkennung einer Verpflichtungswirkung auf die zweiseitigen Vertragsformen abzustreifen versucht, weist deutliche Parallelen zu dem der causa zugrundeliegenden Gedanken auf. Das äußerliche Merkmal der Realleistung wird zunehmend verdrängt zugunsten einer Hervorhebung der subjektiven Zielrichtung einer Partei auf den (Gegenleistungs-) Erfolg, den sie mit Eingehung einer Verpflichtung verfolgt. Nur dieser vereinbarte Zweck macht die Erklärung verbindlich und unterscheidet sie von den nicht klagbaren Verpflichtungserklärungen.

Eine Gemeinsamkeit läßt sich daher in beiden Systemen insoweit erblicken, als der Erklärung über eine Schuld allein keine Verpflichtungswirkung und keine Bestandskraft beigemessen wird. Es bedarf dafür vielmehr eines zusätzlichen Elementes, welches ursprünglich in einer gegenständlichen Realleistung der anderen Partei im Sinne einer Gegen- oder Rückleistung gesucht wurde. Nach heutigem Verständnis der causa im deutschen Recht liegt dieses Element in der Vereinbarung eines wirtschaftlich sinnvollen, rechtlich anerkannten Zweckes, während die consideration doctrine in ihrer moderneren Ausgestaltung durch die bargain theory zwar nicht mehr allein der gegenständlichen Anschauung der Gegenleistung verhaftet blieb, aber auf den darin wurzelnden Austauschzweck beschränkt ist.

Innerhalb dieser Grenzen, die einen Vergleich der den beiden Rechtsordnungen zugrundeliegenden Strukturen erlauben, erfüllt auch bei den Sicherungsgeschäften die causa eine zur consideration parallele Funktion. Für die Entstehung eines Sicherungsrechtes wird in beiden Systemen maßgeblich auf den von den Parteien mit der Rechts- oder Schuldbegründung bezweckten Erfolg

---

[162] Zustimmend Lord Wright, 49 Harvard Law Rev., 1241, 1251 f.; Lorenzen, 28 Yale L.J., 637, 640 ff.; Holdsworth, Vol. VIII, 47; Farnsworth, Contracts S. 87. Für Verpflichtungen unter Kaufleuten bedarf es heute im Rahmen von sec. 2—205 UCC bei Schriftform keiner consideration mehr, womit sich der Gedanke Lord Mansfields für einen beschränkten Bereich durchgesetzt hat, vgl. Farnsworth, S. 87 FN 1.
[163] Rann v. Hughes, 7 T.R. 350 note, 101 Eng. Rep. 1014 note (1778).

abgehoben, der in einer bestimmten, wenn auch im Einzelnen unterschiedlich ausgeformten Beziehung zu der gesicherten Forderung steht und daher von deren Bestand abhängt. Das U.S.-amerikanische Recht sieht die Valutaauszahlung und damit die Entstehung der gesicherten Forderung als die consideration (im UCC als "value" bezeichnet) für das security interest an, womit das tragende Erfordernis des Gegenseitigkeitsverhältnisses – im beschriebenen weiten Sinne – gewahrt ist. Der angestrebte Erfolg liegt in der Bereitstellung der Valuta, so daß das Sicherungsrecht nur bei Eintritt dieses Erfolges Verbindlichkeit (Bestandskraft) erlangen kann. Anders dagegen anerkennt das weitergefaßte Prinzip der causa den vom Sicherungsgeber angestrebten nächsten wirtschaftlichen Erfolg, neben die Hauptforderung ein weiteres Recht treten zu lassen und so dem Gläubiger eine zusätzliche Zugriffsmöglichkeit zu eröffnen, als eigenständigen Geschäftszweck an[164], der nur bei Bestehen der Forderung erreicht werden kann und die Zuwendung rechtfertigt. Das konstitutive Element für die Wirksamkeit der Begründung eines Sicherungsrechtes liegt damit in beiden Fällen trotz unterschiedlicher äußerlicher Ausformungen in der Zweckrichtung auf die Herbeiführung eines Erfolges, der mit der Einigung über die Sicherheitenbestellung mitvereinbart wird und dessen Erreichung mit Hingabe der Valuta bzw. – so bei der causa – mit Bestand der Hauptforderung eintritt.

Die rechtsvergleichende Betrachtung liefert in diesem Rahmen eine Stütze für die Berechtigung der Lehre von der causa. Diese bezeichnet das entscheidende Merkmal für die rechtliche Verbindlichkeit (den Bestand) einer Zuwendung neben der bloßen Erklärung über die Schuld- oder Rechtsbegründung, welches bei den Sicherungsrechten in dem Sicherungszweck (causa) liegt. Dieser bildet den Rechtsgrund für die Zuwendung, und insofern beherrscht er gleichermaßen die gesetzlich geregelten Sicherungsrechte Bürgschaft, Hypothek und Pfandrecht wie auch die Sicherungsübereignung. Mit Abschluß des Sicherungsvertrages wird der Sicherungszweck zwischen den Parteien als der für das Geschäft maßgebliche Zweck vereinbart und bestimmt dessen Inhalt und Bestand. Unterschiedlich hingegen ist die Struktur der verschiedenen Sicherungsgeschäfte, was sich in der Ausgestaltung der Rechtsfolgen bei Erledigung oder Wegfall des Sicherungszwecks aufgrund Fehlens der Forderung zeigt. Eine zutreffende Bestimmung der für die Sicherungsübereignung passenden Rechtsfolgen einer solchen Erledigung oder Störung und damit verbunden die Frage der Übertragbarkeit der Akzessorietät setzt daher eine Untersuchung dieser Strukturunterschiede voraus.

---

[164] Huber, Sicherungsgrundschuld S. 93 f.; Jäckle, JZ 1982, 52 f.; Esser, SchuldR I (4. Aufl.) S. 19 bei FN 13. Zum Inhalt des Sicherungszwecks siehe sogleich im Text.

IV. Teil: Der Sicherungszweck als causa der Sicherungsgeschäfte 77

2. Die Zweckstruktur der Sicherungsgeschäfte

Die Einordnung des Sicherungszwecks innerhalb des mehrgliedrigen Gebildes insbesondere der dinglichen Sicherungsrechte und seine Funktion und Wirkungsweise bei den einzelnen Zuwendungen wird im Schrifttum zum Teil sehr kontrovers behandelt. Dies ist nicht zuletzt darauf zurückzuführen, daß die Diskussion um den Rechtsgrundbegriff zu weiten Teilen in das Bereicherungsrecht verschoben ist und unter dem Einfluß einer rein bereicherungsrechtlichen Dogmatik auch einem veränderten Verständnis unterliegt. Die bisher entwickelte Bedeutung des Sicherungszwecks als Rechtsgrund einer Zuwendung und seine inhaltliche Ausgestaltung muß deshalb noch von dem speziell am Bereicherungsrecht orientierten Rechtsgrundbegriff und den daraus für die Behandlung der Sicherungsgeschäfte gezogenen Folgerungen abgegrenzt werden.

a) Die Normierung des Sicherungszwecks innerhalb der gesetzlichen Regelung der akzessorischen Sicherungsrechte

Im Gesetz findet die Funktion des Sicherungszwecks als Rechtsgrund eines Sicherungsgeschäftes nur unvollkommen Ausdruck. Eine allgemeine, „vor die Klammer gezogene" Regelung des Sicherungszwecks enthält das BGB nicht[165]; seine inhaltliche Ausgestaltung läßt sich nur aus der Normierung der einzelnen Typen von Sicherungsrechten und ihrer Abhängigkeit von der gesicherten Forderung ableiten[166].

Das Gesetz umschreibt den mit einem Sicherungsgeschäft verfolgten Zweck als „Einstehen" für die „Erfüllung einer Verbindlichkeit" des Hauptschuldners (§ 765 Abs. 1) bzw. als die Möglichkeit, aus einem Recht „... Befriedigung ... wegen einer ..." dem Sicherungsnehmer zustehenden „... Forderung" zu suchen (§§ 1113 Abs. 1, 1204 Abs. 1). Mit der Sicherung soll somit dem Gläubiger neben der durch die gesicherte Forderung eröffneten Zugriffsmöglichkeit auf das Schuldnervermögen ein weiteres Recht zur Verfügung gestellt werden, welches der Herbeiführung eines Erfolges dient, der mit dem aus der Forderung geschuldeten identisch und deshalb geeignet ist, den Gläubiger zu befriedigen. Insoweit weist der Sicherungszweck eine gewisse Ähnlichkeit mit der causa solvendi auf, da beide als sog. „Abwicklungszwecke"[167] auf die Realisierung eines geschuldeten Erfolges[168] und damit auf die Befriedigung eines durch die schuldrechtliche

---

[165] Anders bis zu einem gewissen Grade z.B. der Austauschzweck in §§ 320 ff., siehe oben Teil III 3 b.
[166] Allgemein zu diesem methodischen Vorgehen Larenz, Methodenlehre S. 241 f.; Leenen, Typus und Rechtsfindung S. 179 f.; van den Daele, S. 16.
[167] Weitnauer, Symposium für König S. 32.
[168] Seckelmann, Sicherungsgrundschuld S. 115 ff.; v. Tuhr, S. 68, 174; Huber, Sicherungsgrundschuld S. 82 f., 92; Serick, Bd. III S. 506 f.; vgl. auch Windscheid/Kipp, Pandekten Bd. II, § 301, S. 236 FN 2: „Die akzessorische Stipulation hat zum Gegenstand die Erfüllung der ersten Obligation".

IV. Teil: Der Sicherungszweck als causa der Sicherungsgeschäfte

Verpflichtung begründeten Gläubigerinteresses[169] gerichtet sind; nur wird im Unterschied zur causa solvendi keine unmittelbare Befriedigungswirkung mit der Folge des Erlöschens der Forderung herbeigeführt, sondern beide Rechte bleiben dem Gläubiger nebeneinander erhalten[170]. Er braucht weder primär aus dem Sicherungsrecht Befriedigung zu suchen[171], noch ist er gehalten, zunächst gegen den Hauptschuldner vorzugehen, die Sicherung also nur hilfsweise in Anspruch zu nehmen[172]. Allerdings wird eine derartige subsidiäre Haftung bei den nichtakzessorischen Sicherungsrechten vielfach befürwortet[173], was sich aus dem treuhänderischen Charakter der überschießenden Rechtsposition des Sicherungsnehmers rechtfertigen läßt[174].

Mit dem solutorischen Charakter des Sicherungszwecks ist gleichzeitig seine inhaltliche Abhängigkeit vom Bestand der gesicherten Forderung erklärt. Die Zweckrichtung auf die Realisierung eines durch die zu sichernde Forderung

---

[169] Serick, Bd. III S. 506 f.; Seckelmann, Grundschuld S. 76 ff. Von „Befriedigungsgemeinschaft" bzw. „Erfüllungsgemeinschaft" sprechen Jahr/Kropf, JuS 1963, 358 FN 20; Wieacker, Bodenrecht S. 190, 215; Carl, S. 62 f.; Enneccerus/Wolff/Raiser, § 132 II. Die Ausrichtung auf Herbeiführung eines mit der Forderung identischen Zieles führte auch in der Formulierung, sicherndes Recht und gesichertes Recht verfolgten einen „identischen Zweck", nämlich Befriedigung des Gläubigerinteresses, vgl. z.B. Medicus, JuS 1971, 497, 498; Klein, Zweckerreichung S. 80, 102 ff., 105; Beuthien, Zweckerreichung S. 4. Diese Formulierung geht auf eine bestimmte Betrachtungsweise des Inhalts einer Obligation zurück, wie sie von Klein und Beuthien im Anschluß an Hartmann, Die Obligation S. 28, 44 f. vertreten wird; sie bildete gleichzeitig die Grundlage für die Lehre der Zweckgemeinschaft von gesichertem Recht und dinglichem Sicherungsrecht, vgl. Küchler, S. 28, 31 ff. im Anschluß an Heck, SachenR S. 316, 323 ff., 344 ff., 412. Dem Begriff des Zwecks wird hier ein anderer Inhalt als dem oben dargelegten im Sinne der causa einer Zuwendung gegeben, weshalb die Terminologie „identischer Zweck" oder „Zweckgleichheit der Rechte" im folgenden um der Klarheit willen nicht verwendet werden soll. Eingehend dazu unten Teil V A 2 a.

[170] Ehmann, Gesamtschuld S. 342. Die Erfüllungswirkung zeigt sich aber im Sicherungsfall, wenn der Gläubiger aus der Sicherheit befriedigt wird und aufgrund dessen die gesicherte Forderung erlischt (§ 1247 Satz 1), vgl. Jahr/Kropf, JuS 1963, 358; MK-Eickmann, § 1181 Rdnr. 13; Wieacker, Bodenrecht S. 215. Die in §§ 774 Abs. 1, 1143 Abs. 1, 1225 angeordnete Legalzession steht dem nicht entgegen, da sie allein der Besserstellung des Sicherungsgebers im Hinblick auf den Regreß dient, nicht aber die Erledigung der Forderung im Verhältnis zwischen Gläubiger und Schuldner in Frage stellt, vgl. Enneccerus/Lehmann, S. 785 FN 1; Gernhuber, Die Erfüllung S. 97.

[171] Dies ist nur bei der der sicherungsweisen Übertragung ähnlich gelagerten Leistung erfüllungshalber der Fall, vgl. Serick, Bd. III S. 507; Baur, SachenR § 45 III 1 b; Carl, S. 63 Fn. 1.

[172] Nur dem Bürgen steht nach § 771 die Einrede der Vorausklage zu. Bei deren Fehlen aufgrund Verzichts gem. § 773 Abs. 1 Nr. 1 oder aufgrund § 349 HGB ändert sich an dem Sicherungscharakter nichts, vgl. Mitteis/Lieberich, Deutsches Privatrecht § 42 III 2., S. 130. Bei Hypothek und Pfandrecht hat der Gläubiger ohnehin ein unmittelbares Zugriffsrecht auf die Sicherheit, vgl. MK-Pecher, § 771 Rdnr. 7; Ehmann, Gesamtschuld S. 342.

[173] Huber, Sicherungsgrundschuld S. 82 f.; Seckelmann, Grundschuld S. 64; Serick, Bd. III S. 506 f.; dagegen geht beispielsweise Köhler, WM 1977, 243 f. auch bei der Sicherungsübertragung von einer wahlweisen Inanspruchnahme aus.

[174] Esser, SchuldR I (4. Aufl.) S. 18 f. spricht deshalb von „Treuhand-causa"; ähnlich Jäckle, JZ 1982, 51 FN 20 a.E., S. 55 FN 104; Weitnauer, JZ 1972, 639; Seckelmann, Grundschuld S. 76 f.

IV. Teil: Der Sicherungszweck als causa der Sicherungsgeschäfte 79

vorbestimmten Leistungszieles läßt eine Zweckerreichung nur dann und insoweit eintreten, als ein solcher Erfolg tatsächlich geschuldet ist. Der Sicherungszweck ist von seinem Inhalt her auf die Forderung als „führendes" Recht bezogen, von deren Bestand seine Verwirklichung abhängt[175]. Aufgrund dieser Unselbständigkeit des Sicherungszwecks liegt ein wirksamer Rechtsgrund für eine sicherungshalber vorgenommene Zuwendung nur bei bestehender Hauptforderung vor, während das Sicherungsrecht bei gänzlichem oder teilweisem Fehlen bzw. sonstiger Hemmung in der Durchsetzbarkeit des zu sichernden Rechtes[176] ohne Rechtsgrund erbracht ist und daher der Rückabwicklung unterliegt[177]. Bei den akzessorischen Sicherungsrechten kommt diese Abhängigkeit des Sicherungszwecks darin zum Ausdruck, daß das Recht dem Gläubiger bei Fehlen der Forderung nicht (mehr) zusteht. Der Mangel des Rechtsgrundes (Sicherungszwecks) wirkt sich hier also unmittelbar auf den Bestand der Zuwendung aus.

b) Ausklammerung der speziell bereicherungsrechtlichen Entwicklung des „objektiven" Rechtsgrundbegriffs

Die Erklärung der akzessorischen Abhängigkeit eines Sicherungsrechtes vom Bestand der gesicherten Forderung als eine Ausprägung der Rechtsgrundabhängigkeit von Zuwendungsgeschäften wird von verschiedenen Seiten abgelehnt[178]. Entgegengehalten wird hauptsächlich ein im Rahmen des Bereicherungsrechts entwickelter Rechtsgrundbegriff, wonach den rechtlichen Grund einer „Leistung" im Sinne des § 812 nur ein Rechtsverhältnis bilden kann, aus welchem sich ein Behaltensgrund („causa retinendi") für die Leistung ergibt[179]. Den Rechtsgrund einer Sicherheitenbestellung bildet danach nicht der *Sicherungszweck,* sondern im Falle der Sicherungsübereignung der *Sicherungsvertrag*[180] und bei Hypothek oder Pfandrecht das sog. „pactum de hypothecando" bzw. „pactum de pignore dando"[181]. Diese Auffassung geht darauf zurück, daß das einfache Umsatzgeschäft rechtlich regelmäßig in kausale und abstrakte

---

[175] v. Tuhr, S. 68; Jahr/Kropf, JuS 1963, 359, 360 FN 26; Huber, Sicherungsgrundschuld S. 82 f., 92; Kreß, SchuldR S. 65 f.; Medicus, JuS 1971, 503; Carl, S. 57 ff.

[176] Zu den Einzelheiten vgl. unten Teil V C.

[177] Diese Anlehnung des Sicherungsgeschäftes an die gesicherte Forderung findet Ausdruck in der bisweilen anzutreffenden Bezeichnung „Hilfsgeschäft", siehe Huber, Sicherungsgrundschuld S. 92 FN 23; Jäckle, JZ 1982, 56 FN 116; Carl, S. 59 ff.; Rümelin, AcP 97, 211, 218 und passim, im Anschluß an Stampe, Das causa-Problem S. 30 ff., und Oertmann, Entgeltliche Geschäfte S. 98 f., die diesem Begriff allerdings einen weiteren Sinn gaben.

[178] Zeiss, AcP 164, 55 ff., 67 f.; Jauernig, NJW 1982, 268 f.

[179] Siehe allgemein dazu MK-Lieb, § 812 Rdnr. 137 ff.

[180] Vgl. das oben Teil II FN 36 angegebene Schrifttum.

[181] Westermann, SachenR, S. 464; Erman/Räfle, Vor. § 1113 Rdnr. 12; Huber, Sicherungsgrundschuld S. 28; Jauernig, NJW 1982, 268, 269; Küchler, Sicherungsgrundschuld S. 28 f.; Felgentraeger, FS v. Gierke, S. 146.

Zuwendungen (Verpflichtungs- und Leistungsgeschäfte) zerfällt[182] und die verschiedenen causae nach typischen Erscheinungsformen auf diese beiden Ebenen von Zuwendungsgeschäften verteilt und streng getrennt behandelt werden[183]. Typischerweise fallen danach die Schenkungs- und Austausch-causa unter die schuldrechtlichen Zweckabreden (sog. *vertragscharakteristische Geschäftszwecke*), denen die bereicherungsrechtlich bedeutsamen *Leistungszwecke* gegenübergestellt werden[184]. Als typischer Leistungszweck wird hauptsächlich die causa solvendi im Rahmen der Abwicklung schuldvertraglicher Verpflichtungsgeschäfte behandelt, so daß die Fallgestaltung der Erfüllung einer Leistung in den Mittelpunkt der Diskussion um den Rechtsgrundbegriff im Bereicherungsrecht rückt. Im Schrifttum zeichnete sich aufgrund dieses Modellcharakters der causa solvendi für das Kondiktionenrecht eine Entwicklung ab, die zunehmend den Rechtsgrund einer Leistung überhaupt nur noch im Bestand der ihr zugrundeliegenden schuldrechtlichen Verpflichtung im Sinne einer *causa retinendi* (sog. *objektiver Rechtsgrund*) sah[185]. Dagegen scheint der mit einer Leistung verfolgte Zweck und dessen Erreichung als lediglich „subjektive" Variante des gleichen Problems gesehen zu werden[186].

Dies führt in dem Regelfall der Leistung auf eine (vermeintliche) Schuld zwar zu keinem unterschiedlichen Ergebnis, denn das Nichtbestehen einer Verpflichtung (objektiver Rechtsgrund) führt gleichzeitig zur Verfehlung des Erfüllungszwecks; beide Momente fallen also zusammen[187]. Jedoch wird diese Lehre zu Recht weitgehend verworfen[188]. Sie vermag zum einen die dogmatisch unterschiedliche Behandlung der typischen Fälle der Leistungskondiktion und der condictio ob rem (§ 812 Abs. 1 Satz 2, 2. Alt) nicht zu erklären, da der Rechtsgrundmangel bei letzterer Kondiktionsform nach einhelliger Auffassung

---

[182] Siehe oben Teil III 3 a.
[183] Westermann, Die causa, S. 12 f., 17 f., 58; Blomeyer, SchuldR S. 80 ff., 83 f.; Esser, SchuldR (2. Aufl.) § 14, 3; ders., SchuldR I (4. Aufl.) § 4, I; Jahr ZSSt 80, 150 FN 33; v. Tuhr, S. 53 f.; Zeiss, AcP 164, 53 f.
[184] Esser, SchuldR (2. Aufl.) § 189, 2, 4; Zeiss, AcP 164, 55 f.; Weitnauer, FS v. Caemmerer S. 260 f. Die Sonderstellung der causa solvendi in Abgrenzung insbesondere zur condictio ob rem zeigt sich darin, daß sie nach h.M. als typischer Leistungszweck einer Vereinbarung nicht bedarf, sondern schon kraft einseitiger Zwecksetzung einen wirksamen Rechtsgrund abgeben kann, vgl. nur Beuthien, Zweckerreichung S. 282 ff.; Gernhuber, Die Erfüllung S. 108 ff.
[185] Vgl. dazu Schnauder, S. 41 bei FN 125. Diese Lehre geht zurück auf Wilburg (Die Lehre von der ungerechtfertigten Bereicherung, S. 11) und ist in der Literatur heute sehr verbreitet, siehe Larenz, SchuldR II, § 68 I; Krawielicki, S. 3 f., 79 f., 165 f.; Harder, S. 141, 145 f., 158; MK-Lieb, § 812 Rdnr. 139; Huber, Sicherungsgrundschuld S. 87; Carl, S. 31 f.; Buchholz, ZIP 1987, 895 ff.; Welker, S. 32 ff.; siehe auch v. Tuhr, S. 67 (FN 20), 97.
[186] Larenz, SchuldR II (9. Aufl.) § 62 I a; Huber, Sicherungsgrundschuld S. 89 f.; Esser, SchuldR II (4. Aufl.) § 101 II 3; Buchholz, aaO.
[187] Esser, SchuldR II (4. Aufl.) § 103 II 3., S. 341; Westermann, Die causa S. 17 f., 82; MK-Lieb, § 812 Rdnr. 138; Schnauder, S. 42; Kupisch, NJW 1985, 2371 f.
[188] Enneccerus/Lehmann, § 222 I; Klinke, Causa und Synallagma, S. 64 f.; Ehmann, Gesamtschuld S. 154 f., 165 f.; Jahr ZSSt 80, 146, 150 f.; Westermann, Die causa S. 82, 201 f.; Weitnauer, JZ 1972, 637, 638; ders., FS v. Caemmerer, S. 260 ff.; Schnauder, S. 41 ff.

IV. Teil: Der Sicherungszweck als causa der Sicherungsgeschäfte 81

auf einer Zweckverfehlung beruht[189]. Zum anderen läßt sie außer acht, daß es zwischen Verpflichtung und Leistung eines inneren Bezuges bedarf, um die Tilgungswirkung herbeizuführen. Ein solcher Zusammenhang kann nur durch den Zweck hergestellt werden[190]; dieser ist etwa im Falle des Erfüllungszwecks inhaltlich auf die Herbeiführung eines geschuldeten Erfolges ausgerichtet und damit auf ein bestehendes Schuldverhältnis bezogen[191]. Der Zweck erklärt daher die Abhängigkeit des Rechtsgrundes einer Leistung vom tatsächlichen Bestand einer Verpflichtung[192].

Schließlich aber liegt der Auffassung vom „objektiven" Rechtsgrund zu sehr der typische – weil häufigste – Fall einer Leistungserbringung in Durchführung eines Schuldvertrages zugrunde. Sie hilft dort nicht weiter, wo sich der Zusammenhang zwischen einer Verbindlichkeit und einer Leistung anders als in der Tilgung der Verbindlichkeit äußert, wie dies bei der Sicherung der Fall ist[193]. Die innere Abhängigkeit eines Sicherungsrechtes von der gesicherten Forderung läßt sich daher mit Hilfe des „objektiven" Rechtsgrundes nicht befriedigend erfassen.

c) Der Sicherungszweck als typischer „Leistungszweck"
oder „Vertragszweck"?

Selbst bei Anerkennung des Zweckes als das für den Rechtsgrund einer Zuwendung maßgebliche Moment ist die Rechtsgrundproblematik bei den Sicherungsrechten solange einer Lösung nicht näherzubringen, als an der von einem großen Teil des Schrifttums[194] befürworteten Aufteilung in *Vertragszwecke* und *Leistungszwecke* festgehalten wird. Dies zeigen die Schwierigkeiten,

---

[189] Jahr, ZSSt 80, 146, 155 bei FN 41; Flume, Allg. Teil § 12 I 1, S. 155; Weitnauer, FS v. Caemmerer, S. 263; Zeiss, AcP 164, 50, 53 f.; Jauernig/Schlechtriem, § 812 Anm. 4b m.w.N.

[190] Gernhuber, Bürgerliches Recht § 4 III 2. c, S. 28; Schmidt, Erfüllung S. 78; Beuthien, Zweckerreichung S. 289. Die Notwendigkeit einer solchen Verbindung durch den Zweck wird auch in gewisser Weise dadurch anerkannt, daß „objektiver" und „subjektiver" Rechtsgrund meist nebeneinander gestellt werden, vgl. v. Caemmerer, FS Rabel, Ges. Schr. I S. 220 f.; Huber, Sicherungsgrundschuld S. 89 f.; Larenz, SchuldR II (9. Aufl.) § 62 I a (vgl. auch die Formulierung ab der 10. Aufl. unter § 68 I); Reeb, S. 29 f.; Esser, SchuldR II (4. Aufl.) § 101 II. Bezüglich des damit im Zusammenhang stehenden Streites über die Rechtsnatur der Erfüllung vgl. die Nachweise oben Teil III FN 82.

[191] Köhler, WM 1977, 245 bei FN 24; eingehend dazu oben Teil III 3 a.

[192] Davon ging auch der Gesetzgeber aus, wie sich aus den Motiven (Bd. II, S. 631 f.) und Protokollen (Bd. II, S. 689 f., 692) ergibt.

[193] Daraus erklären sich die oben Teil II bei FN 54 bereits angeschnittenen Unsicherheiten und Divergenzen bei der Formulierung des Rechtsgrundes der Sicherungsübereignung, der von der Rechtsprechung (vgl. nur BGHZ 19, 205; NJW 1982, 277) in der gesicherten Forderung, in der Literatur dagegen meist im Sicherungsvertrag gesucht wird (so etwa Esser, SchuldR I (4. Aufl.) S. 19 bei FN 12; Tiedtke, DB 1982, 1709 bei FN 6). Siehe auch Westermann, SachenR § 42 III 3., § 114 II 1., der die gesicherte Forderung als „mittelbaren" Rechtsgrund, den Sicherungsvertrag dagegen als „unmittelbaren" Rechtsgrund bezeichnet.

[194] Siehe oben FN 183, 184.

denen diese Auffassung bei der Zuordnung des Sicherungszwecks zu einer dieser Kategorien typischer Zwecke auf der Vertrags- oder Leistungsebene im Rahmen der Behandlung der gesetzlich geregelten Sicherungsrechte begegnet[195].

Die Bürgschaft als gesetzlich geregeltes akzessorisches Sicherungsrecht ist in ihrem Bestand unmittelbar von der gesicherten Forderung abhängig (§ 767). Dies legt es zunächst nahe, den Sicherungszweck als *vertragscharakteristischen Geschäftszweck* und damit zugleich als Rechtsgrund der Bürgenverpflichtung einzuordnen[196]. Demgegenüber wird von einigen Stimmen im Schrifttum der Sicherungszweck nicht als hinreichender Rechtsgrund für eine Bürgschaft angesehen, sondern die Rechtfertigung für die Verpflichtung in einem anerkannten *Leistungszweck* gesucht[197]. Dieser könne im Verhältnis zum Hauptschuldner in der Erfüllung oder Begründung (z.B. bei Geschäftsführung ohne Auftrag) einer Verbindlichkeit liegen, und ebenso könne gegenüber dem Gläubiger ein „Leistungszweck" verfolgt werden, etwa wenn dieser mit der Eingehung der Bürgschaft zum Absehen von disziplinarrechtlichen Schritten gegen den Hauptschuldner bewegt werden soll („datio ob rem")[198].

Auf der anderen Seite sind Hypothek und Pfandrecht nach dieser typologischen Betrachtungsweise als Verfügungsgeschäfte der Ebene der „Leistungsgeschäfte" zuzuordnen. Auch sind sie insofern abstrakt ausgestaltet, als sie regelmäßig in Erfüllung einer Verpflichtung gegenüber dem Hauptschuldner oder Gläubiger (sog. „pactum de hypothecando" bzw. „pactum de pignore dando") bestellt werden, von der Erreichung dieses Zweckes in ihrem Bestand aber unabhängig sind[199]. Ein Teil des Schrifttums sieht daher den Rechtsgrund für die Bestellung dieser Sicherungsrechte allein in einem solchen Leistungszweck, klammert dagegen die unmittelbare Abhängigkeit vom Bestand der zu sichernden Forderung (Akzessorietät) gänzlich aus der Rechtsgrundproblematik aus[200]. Demgegenüber wird überwiegend angenommen, in der Akzessorietät komme gerade die Abhängigkeit dieser Verfügungsgeschäfte vom Sicherungszweck zum Ausdruck[201]. Dies wiederum zwingt dann bei Zugrundelegung der Unter-

---

[195] Siehe z.B. die Ausführungen bei Zeiss, AcP 164, 56 ff., 63 ff.

[196] Esser, SchuldR (2. Aufl.) § 14, 3; § 85, 1; Larenz, Allg. Teil § 18 II d, S. 317; Carl, S. 73; Schnauder, S. 44 f.

[197] Weber, JuS 1971, 553, 556; Zeiss, AcP 164, 61 ff., 65 ff., 68 FN 79; Kohler, SchuldR, S. 228; Westerkamp, Bürgschaft und Schuldbeitritt S. 198 ff.; vgl. auch Planck/Oegg, Vorbem. § 765 Anm. II 1 c; mißverständlich insofern Esser, SchuldR II (4. Aufl.) § 87 I 1 c, S. 214.

[198] So im Fall RGZ 118, 358, 360 f. Das Reichsgericht hatte hier im Verhältnis zum Gläubiger die Zweckverfehlungskondiktion (§ 812 Abs. 1 Satz 2, 2. Alt.) zugelassen, da der angestrebte Zweck nicht erreicht werden konnte. Dem folgen z.B. Ehmann, Gesamtschuld S. 174 FN 191; Zeiss, AcP 164, 50, 66 FN 69; dagegen aber Esser, SchuldR (2. Aufl.) § 85, 5; v. Tuhr, S. 73 FN 63, 178, und v. Caemmerer, FS Rabel, Ges. Schr. I S. 223, die Vertragsgrundsätze anwenden wollen.

[199] RG JW 1914, 188, 189; siehe im übrigen das oben FN 181 zitierte Schrifttum.

[200] Jauernig, NJW 1982, 269; ders., NJW 1953, 1207; Zeiss, AcP 164, 61, 67 f.; Westermann, SachenR § 93 II 4 b, S. 464.

IV. Teil: Der Sicherungszweck als causa der Sicherungsgeschäfte 83

scheidung zwischen (abstrakten) Leistungszwecken und (kausalen) Vertragszwecken, den Sicherungszweck bei Hypothek und Pfandrecht als *vertragscharakteristischen Geschäftszweck* einzuordnen, obgleich er mit einem „Leistungsgeschäft" verbunden ist[202].

Beim Sicherungseigentum schließlich läßt sich der Sicherungszweck nicht eindeutig einer dieser beiden Kategorien zuordnen. Er kann entweder als *Leistungszweck* den Rechtsgrund des Übereignungsgeschäftes bilden[203] oder aber als *vertragscharakteristischer Geschäftszweck* zum Inhalt des Sicherungsvertrages gehören[204]. Außerdem ist mit dieser Einteilung für die Frage der Rückabwicklungsbehelfe nichts gewonnen; die Stimmen nämlich, die den Sicherungszweck als typischen Vertragszweck des Sicherungsvertrages ansehen, gehen bei einem Mangel der gesicherten Forderung von einer „Gegenstandslosigkeit" und damit „Hinfälligkeit" des Sicherungsvertrages aus[205], so daß in jedem Fall nur die Kondiktion als Rückabwicklungsinstrument in Frage käme.

Die Scheidung der typischen „Leistungszwecke" von den schuldrechtlichen Zweckabreden bietet daher kein geeignetes Kriterium für die Einordnung des Sicherungszweckes. Die gesetzliche Regelung der akzessorischen Sicherungsrechte läßt sich damit nicht befriedigend erklären, und ebensowenig führt sie zu einer eindeutigen Aussage über die Funktion des Sicherungszwecks für das Übereignungsgeschäft bzw. den Sicherungsvertrag bei der Sicherungsübereignung. Der Grund dafür liegt darin, daß die Unterscheidung zwischen diesen beiden Kategorien von Zwecken wiederum an der im Bereicherungsrecht im Vordergrund stehenden typischen Situation der Leistung auf eine schuldrechtliche Verpflichtung orientiert ist. Sie ist auf den Regelfall eines typischen Leistungszweckes zur Bewältigung spezifisch bereicherungsrechtlicher Rückabwicklungsaufgaben fixiert, wobei auf das abstrakte Leistungsgeschäft das Hauptaugenmerk gerichtet ist. Die akzessorischen Sicherungsrechte weisen jedoch eine davon abweichende Struktur auf, die sich nicht unter die schematische Einteilung in (kausalen) Schuldvertrag und (abstrakte) Erfüllungsleistung unterordnen läßt.

Zudem geht das Gesetz selbst nicht von einer derartigen starren Zuordnung der causae zu bestimmten Zuwendungen aus. Vielmehr kann ein Zweck je nach

---

[201] Wieacker, Bodenrecht S. 190; v. Caemmerer, FS Lewald, Ges. Schr. I S. 293; Kegel, FS Mann S. 65, 72; Westermann, Die causa S. 122 f.; Jahr, ZSSt 80, 145 FN 20; Carl, S. 70 f.; 74 ff.; siehe auch Bähr, NJW 1983, 1474, der von einem „Durchschlagen der schuldrechtlichen Zweckvereinbarung unmittelbar auf den dinglichen Rechtsakt" spricht.
[202] Carl, S. 75; vgl. auch Zeiss, AcP 164, 63.
[203] So z.B. Gernhuber, Bürgerliches Recht § 4 III 2 c, S. 28; Blomeyer, SchuldR S. 84; Westermann, Die causa S. 123; Weitnauer, FS v. Caemmerer, S. 261; ders., JZ 1972, 638; Ehmann, Gesamtschuld S. 174 bei FN 192; ähnlich OLG Köln, OLGZ 1969, 423 f.
[204] So z.B. Serick, Bd. I S. 57 f.; Zeiss, AcP 164, 65, 68 f.; vgl. auch Huber, Sicherungsgrundschuld S. 90.
[205] Jäckle, JZ 1982, 55 f.; Huber, Sicherungsgrundschuld S. 91 f.; Zeiss, AcP 164, 69 f.

Vereinbarung mit allen möglichen Zuwendungen verbunden werden und gehört entsprechend der gesetzlichen Ausgestaltung zu deren Inhalt oder ist davon abstrakt[206]. Verdeutlicht werden kann dies anhand der unterschiedlichen Regelungen der causa solvendi im Gesetz, die dort sowohl abstrakten Leistungsgeschäften zugeordnet ist als auch zum Inhalt kausaler Zuwendungen gehören kann[207]. Letzteres ist beispielsweise bei der Abrede, daß eine andere als die ursprünglich geschuldete Leistung an Erfüllungs Statt oder erfüllungshalber angenommen werde, der Fall. Ähnlich der Abrede über die Sicherung einer Forderung[208] bedarf es hier neben der ursprünglichen Verpflichtung einer gesonderten Zweckvereinbarung[209], daß die nunmehr erbrachte Leistung als Erfüllung gelten soll[210]. Den Rechtsgrund dieser schuldrechtlichen Vereinbarung bildet die causa solvendi[211], die hier zum Inhalt der Zuwendung gehört und diese somit unmittelbar abhängig macht von der wirksamen Vereinbarung („innere" causa) und Erreichung („äußere" causa) des Zweckes. Kann der Erfüllungszweck aufgrund von Mängeln der ursprünglichen Verpflichtung nicht verwirklicht werden, unterliegt auch die Abrede über die an Erfüllungs Statt oder erfüllungshalber zu erbringende Leistung der Rückabwicklung: Ist das ursprüngliche Schuldverhältnis unwirksam, hat auch die Erfüllungszweckabrede keinen Bestand, und infolgedessen können bereits erbrachte Leistungen nach § 812 kondiziert werden[212]. Wird der Vertrag dagegen aufgrund Rücktritts oder Wandlung gem. §§ 346 ff. rückabgewickelt, unterliegt auch die Vereinbarung über die Hingabe eines Erfüllungsersatzes diesen speziellen vertraglichen Vorschriften[213].

---

[206] Harder, S. 166; Westermann, Die causa S. 58; Ehmann, Gesamtschuld S. 155 ff., 171 ff.; Klinke, Causa und Synalagma S. 83 f.; siehe auch Krawielicki, S. 10 f., 42 ff.

[207] Krawielicki, S. 166 f.

[208] Zu dieser Parallelität Palandt/Heinrichs, § 364 Anm. 4.

[209] Anders als bei der normalen Erfüllungsleistung ist hier immer eine vertragliche Zwecksetzung erforderlich, Harder, S. 132; Köhler, WM 1977, 244 FN 16.

[210] Köhler, WM 1977, 244; Esser, SchuldR I (4. Aufl.) § 26 VII 2; Erman/Westermann, § 364 Rdnr. 2; MK-Heinrichs, § 364 Rdnr. 1; Serick, Bd. III S. 506; v. Tuhr, S. 79 bei FN 114; Carl, S. 35 f. Über die Konstruktion im einzelnen besteht allerdings Streit, vgl. Larenz, SchuldR I, § 18 IV; v. Staudinger/Kaduk, § 364 Rdnr. 11, 15.

[211] Von Harder, S. 132 f., 166 als „causa in solutum dandi", von Enneccerus/Lehmann, § 65, 1, und v. Staudinger/Kaduk, § 364 Rdnr. 3 als „datio in solutum" bezeichnet.

[212] Köhler, WM 1977, 245; Kegel, FS Mann S. 62; Dubischar, JZ 1969, 175, 179. Aus diesem Grunde findet sich mitunter die Formulierung, „Rechtsgrund" der Leistung erfüllungshalber bzw. an Erfüllungs Statt sei das ursprüngliche Schuldverhältnis, vgl. MK-Heinrichs, § 364 Rdnr. 1; ähnlich Harder, S. 141, 166; Krawielicki, S. 172 ff. Diese Auffassung erinnert an die oben Teil II 3 a angemerkte Streitfrage, ob als Rechtsgrund der Sicherungsübereignung der Sicherungsvertrag oder die gesicherte Forderung anzusehen ist. Für ihren Standpunkt konsequent sehen v. Staudinger/Kaduk, § 364 Rdnr. 12 dagegen das neue Schuldverhältnis als „Rechtsgrund" (im objektiven Sinne) an, da die Vereinbarung über die Annahme an Erfüllungs Statt einen Schuldaufhebungsvertrag beinhalte, siehe a.a.O. Rdnr. 11, 15.

[213] So z.B. BGHZ 89, 126, 132 ff. bei Wandlung eines Kaufvertrages über einen Neuwagen unter Inzahlunggabe des Altwagens. Vgl. im übrigen Leser, Der Rücktritt S. 169 f.; MK-Janßen, § 364 Rdnr. 11; Erman/Westermann, § 346 Rdnr. 8; Dubischar, JZ 1969, 175, 179.

IV. Teil: Der Sicherungszweck als causa der Sicherungsgeschäfte 85

Hieran wird erkennbar, daß der Einteilung der einzelnen causae in typischerweise abstrakte „Leistungszwecke" und typischerweise zum Inhalt vertraglicher Verpflichtungen gehörende „vertragscharakteristische Geschäftszwecke" keine Ausschließlichkeit zukommen kann. Um die Frage der Einordnung des Sicherungszwecks einer Lösung näher zu bringen, muß man sich deshalb von dieser Anschauungsweise frei machen. Die Funktion des Sicherungszwecks und die Rechtsfolgen der Zweckstörung auf vertraglicher und dinglicher Ebene bestimmen sich daher alleine nach der Abhängigkeit oder Abstraktheit der einzelnen Zuwendungen innerhalb der Sicherungsgeschäfte von ihrem Rechtsgrund[214].

d) Die Ausgestaltung der Rechtsgrundabhängigkeit bei den akzessorischen und nichtakzessorischen Sicherungsrechten

Demnach läßt sich anhand der gesetzlichen Regelung zunächst für die Bürgschaft als Ergebnis festhalten, daß die Verpflichtung des Bürgen inhaltlich vom Sicherungszweck geprägt ist und dieser ihren Bestand bestimmt. Für die Haftung des Bürgen ist die wirksame Vereinbarung der Sicherung einer bestimmten Forderung[215] sowie die Erreichung dieses Zweckes Voraussetzung (§ 767)[216]. Der Sicherungszweck drückt hier den wirtschaftlichen Sinn der Verpflichtung aus und bildet somit einen zureichenden Rechtsgrund für die Zuwendung des Bürgen[217].

Dieser Einordnung des Sicherungszwecks als einen die Eingehung eines Bürgschaftsversprechens rechtfertigenden rechtlichen Grund stehen die oben[218] dargelegten Einwände, daß sich in Wirklichkeit der Rechtsgrund aus anderen „Leistungszwecken" ergebe[219], nicht entgegen. Es ist zwar durchaus möglich, daß ein Bürge auch gegenüber dem Hauptschuldner oder dem Gläubiger bestimmte

---

[214] Jahr, ZSSt 80, 145 f., 150 FN 33; Westermann, Die causa S. 95.

[215] Jauernig/Vollkommer, § 765 Anm. 3; Westermann, JZ 1962, 302, 303 (für die Hypothek); v. Tuhr, S. 176.

[216] v. Caemmerer, FS Lewald, Ges. Schr. I, S. 293 f.; Larenz, Allg. Teil § 18 II, S. 317; Ehmann, Gesamtschuld S. 334, 340; Bettermann, NJW 1953, 1817; Kegel, FS Mann S. 65; Huber, JuS 1972, 59; MK-Pecher, § 765 Rdnr. 2; Planck/Oegg, Vor § 765 Anm. II 1 c; Esser, SchuldR (2. Aufl.) § 14, 3; Enneccerus/Lehmann, § 191 I 2, S. 785 f.; Krawielicki, S. 32, 166 f., 171; Schnauder, S. 44 f.; vgl. auch Zeiss, AcP 164, 61.

[217] BGH WM 1975, 348, 349; v. Caemmerer, FS Rabel, Ges. Schr. I, S. 259; ders., FS Lewald, Ges. Schr. I S. 293 f.; Weitnauer, FS v. Caemmerer, S. 260 f.; MK-Pecher, § 765 Rdnr. 2; Ehmann, Gesamtschuld S. 333 ff., 340; Jäckle, JZ 1982, 50, 55; Huber, JuS 1972, 57, 59; Locher, Liegenschaftsrecht S. 76; ders., AcP 121, 78; Blomeyer, SchuldR S. 84; Westermann, Die causa S. 122 ff.; Serick, Bd. I S. 57; Rümelin, AcP 97, 224 ff.; Esser, SchuldR I (4. Aufl.) S. 18 f.; ders., SchuldR II (4. Aufl.) § 87 I 3, S. 215; Carl, S. 60 f., 91 f.

[218] Bei FN 197, 198.

[219] So insbesondere Zeiss, AcP 164, 61 ff.; Enneccerus/Wolff/Raiser, S. 535 bei FN 12; Leonhard, SchuldR S. 381; Westerkamp, Bürgschaft und Schuldbeitritt S. 198 ff.

IV. Teil: Der Sicherungszweck als causa der Sicherungsgeschäfte

Zwecke verfolgt. Diese können sich aus einem Auftrags-, Geschäftsbesorgungs- oder Schenkungsvertrag mit dem Hauptschuldner oder aus einer Zweckvereinbarung mit dem Gläubiger ergeben[220]. Daraus folgt jedoch nicht, daß der Rechtsgrund statt im Sicherungszweck ausschließlich in einer solchen Zweckvereinbarung zu suchen ist. Vielmehr sind dies zusätzliche Zwecke, die aufgrund Parteivereinbarung neben den für die Bürgenverpflichtung konstitutiven Sicherungszweck treten und ebenfalls als Rechtsgrund für den Bestand oder die Durchsetzbarkeit der Zuwendung maßgeblich sind.

Eine solche Kumulation von Zwecken bei Vornahme einer einzigen Zuwendung ist durchaus anerkannt[221], und als Folge davon muß jeder dieser Zwecke erreicht sein, damit insgesamt ein wirksamer Rechtsgrund für die Zuwendung vorliegt[222]. Die Rechtsprechung hat derartigen Fallgestaltungen dadurch Rechnung getragen, daß sie z.B. auf eine Bürgschaft, die um der Erlangung einer Gegenleistung willen eingegangen wurde, die §§ 320 ff. angewandt hat[223], oder dem mit einer Bürgschaft verfolgten Zweck, den Gläubiger zum Absehen von disziplinarrechtlichen Schritten gegen den Hauptschuldner zu bewegen, mit der Anwendung der Zweckverfehlungskondiktion (§ 812 Abs. 1 Satz 2, 2. Alt.) bei Nichterreichen dieses Erfolges zur Wirkung verholfen hat[224].

Demnach können der Sicherungszweck, dessen Erreichung oder Verfehlung unmittelbar auf die Bürgenverpflichtung einwirkt, und weitere vereinbarte Zwecke nebeneinanderstehen; deren Verfehlung führt dann zur Rückabwicklung im jeweiligen gestörten Verhältnis zum Gläubiger oder Hauptschuldner nach den dafür einschlägigen Vertrags- oder Bereicherungsregeln[225].

Auch bei der Hypothek und dem Pfandrecht drückt sich die unmittelbare Abhängigkeit vom Sicherungszweck darin aus, daß diese Sicherungsrechte ohne die zu sichernde Forderung keinen Bestand haben können (§§ 1163, 1252)[226]. Eine Verfehlung des Sicherungszwecks wegen Nichtbestehens der Forderung

---

[220] MK-Pecher, § 765 Rdnr. 2, 3; siehe auch schon oben Teil III bei FN 31.
[221] Liebs, JZ 1978, 700; Schnauder, S. 50 ff.; Rothoeft, AcP 163, 227; Westermann, Die causa S. 56 f., 122 ff.; Weitnauer, FS v. Caemmerer, S. 255, 261; Jahr, ZSSt 80, 159; Ehmann, Gesamtschuld S. 171 ff.; v. Tuhr, S. 79 f., 92; Siber, SchuldR S. 176; Krawielicki, S. 40 ff.; Locher, AcP 121, 45 ff.; a.A. Zeiss, AcP 164, 64 f.; Huber, Sicherungsgrundschuld S. 90.
[222] Schnauder, S. 51.
[223] RGZ 66, 425, 426. Im konkreten Fall war die Bürgschaft eingegangen worden, um eine vorzeitige Warenlieferung auf Kredit zu erhalten. Siehe auch Palandt/Thomas, Einf. v. § 765 Anm. 1 f; v. Tuhr, S. 178.
[224] RGZ 118, 358, 360 f. Zu der Frage der Anwendbarkeit der Zweckverfehlungskondiktion auf diese Fallgestaltung siehe unten Teil V A 1 a.
[225] RGZ 66, 425, 426; Planck/Oegg, Vor § 765 Anm. II 1 c; Enneccerus/Lehmann, § 191, 1, S. 786; Krawielicki, S. 35, 43 ff., 166 f.; Siber, SchuldR S. 164, 176; v. Tuhr, S. 79 f., 176 f., 180 ff.; Westermann, Die causa S. 122 ff.; Carl, S. 49, 73 f.; siehe auch Oertmann, Entgeltliche Geschäfte S. 98. Zu dem ähnlich gelagerten Fall RGZ 118, 358 (siehe oben bei FN 198) vgl. Ehmann, Gesamtschuld S. 171 ff., 174 bei FN 191; Weitnauer, FS v. Caemmerer S. 261.
[226] Zu den Ausnahmefällen einer Legalzession siehe oben FN 170.

IV. Teil: Der Sicherungszweck als causa der Sicherungsgeschäfte   87

wirkt sich direkt auf das Verfügungsgeschäft aus, und insoweit gehört der Sicherungszweck zum Inhalt dieser Zuwendungen und kontrolliert deren Wirksamkeit[227].

Neben diesem Zweck der Sicherung einer Forderung können jedoch noch weitere Zwecke verfolgt werden, die in der Erfüllung einer Verpflichtung gegenüber dem Hauptschuldner oder dem Gläubiger liegen können[228], wobei diese Verpflichtung wiederum im Rahmen eines gegenseitigen Vertrages eingegangen sein kann[229]. Die Verfehlung eines dieser Zwecke führt entsprechend zur Rückabwicklung entweder nach Vertragsgrundsätzen (§§ 320 ff. beim gegenseitigen Vertrag) oder nach Bereicherungsrecht, wenn die zugrundeliegende Verpflichtung zur Bestellung der Sicherheit unwirksam ist[230].

Der Begriff Akzessorietät umschreibt demnach die Zugehörigkeit des Sicherungszwecks zum Inhalt eines schuldrechtlichen oder dinglichen Sicherungsgeschäftes und stellt damit eine Durchbrechung der grundsätzlichen Abstraktheit der Verfügungsgeschäfte dar. Das Sicherungsrecht ist bei dieser Ausgestaltung in eine unmittelbare Abhängigkeit von der wirksamen Vereinbarung und Erreichung dieses Zweckes („innere" und „äußere" causa) gebracht[231]; der Sicherungszweck wirkt „dinglich". Da er von seinem typischen Inhalt her auf die Rückführung des Sicherungsrechtes gerichtet ist, fällt dieses bei Erledigung oder Nichteintritt des Sicherungserfolges mit unmittelbarer Wirkung auf den Sicherungsgeber zurück[232].

Das Akzessorietätsprinzip ist daher kein vom Sicherungszweck zu trennender „Automatismus", der den Bestand eines Sicherungsrechtes – vergleichbar einer Bedingung[233] – vom Bestand der gesicherten Forderung abhängig macht[234]. Eine

---

[227] v. Caemmerer, FS Lewald, Ges. Schr. I S. 293 f.; Blomeyer, SchuldR S. 84; Schnauder, S. 44; Westermann, Die causa S. 122 f.; Kegel, FS Mann S. 65, 72; Jahr, ZSSt 80, 145 FN 20; Ehmann, Gesamtschuld S. 162, 185; Weitnauer, JZ 1972, 638; v. Tuhr, S. 80, 176; Krawielicki, S. 32, 43, 166, insbes. S. 171 f.; Wieacker, Bodenrecht S. 190; Locher, Liegenschaftsrecht S. 76 f.; Rümelin, AcP 97, 211, 224 f.; Carl, S. 70 f., 74 ff. Vgl. dazu auch die Motive, Bd. III S. 603 über die Hypothek: „Sie dient zur Sicherung einer Forderung und kann folglich (!) ohne eine solche nicht zur Entstehung gelangen..."; ebenso Buchholz, AcP 187, 117.

[228] RG JW 1914, 188, 189.

[229] RG JW 1909, 309, 310 („Kauf" einer Hypothek als Kapitalanlagegeschäft); gegen die Anwendbarkeit der §§ 320 ff. in diesem Fall Jäckle, JZ 1982, 53.

[230] v. Caemmerer, FS Lewald, Ges. Schr. I S. 289; v. Tuhr, S. 80, 177 ff., 180 ff.; Westermann, Die Causa S. 122 f.; Huber, Sicherungsgrundschuld S. 28 f.; Wieacker, Bodenrecht S. 190; Weitnauer, JZ 1972, 637 f.; Rümelin AcP 97, 224 f.; Jahr, ZSSt 80, 145 FN 20, 159 FN 44; Seckelmann, Die Grundschuld S. 74, 75, 77; Krawielicki, S. 35, 43 ff., 166, 169; Carl, S. 74 ff.; Ehmann, Gesamtschuld S. 174 bei FN 192; Westermann, SachenR S. 464.

[231] Esser, SchuldR (2. Aufl.) § 14.3, § 85.1; Weitnauer, JZ 1972, 638; Gernhuber, FS Baur S. 35; Schnauder, S. 44; Ehmann, Gesamtschuld S. 162, 174, 334; Westermann, Die causa S. 122 ff. (unklar allerdings auf S. 121); Siber, SchuldR S. 164, 176; v. Tuhr, S. 80, 176; Kreß, SchuldR S. 65; Rümelin, AcP 97, 225 ff.; Reichel, Schuldmitübernahme S. 179; Carl, S. 71, 73 f.

[232] Jahr/Kropf, JuS 1963, 356, 359; Jahr, ZSSt 80, 167 FN 64.

[233] Siehe dazu unten Teil V C 2.

solche starre und schematische Auffassung wird der Akzessorietät als Instrument zur Verwirklichung des mit der Zuwendung verfolgten Sicherungszwecks nicht gerecht[235]. Vergleichbar dem flexiblen System der Einreden zur Verwirklichung und Sicherstellung des Austauschzwecks in §§ 320 ff.[236] sowie der Rechtsbehelfe bei endgültigem Ausbleiben des Gegenleistungserfolges beinhaltet die akzessorische Ausgestaltung eines Sicherungsrechtes ein umfassendes Instrument, um verschiedene Veränderungen im Bereich der gesicherten Forderung (beispielsweise Einreden oder Anfechtungsrechte, vgl. §§ 767, 768, 770, 1133, 1137, 1169, 1211, 1254) aufzufangen und auf den Bestand oder die Durchsetzbarkeit des Sicherungsrechtes zu transponieren[237]. Darin aber äußert sich die Zugehörigkeit des Rechtsgrundes „Sicherungszweck" zum Inhalt dieser Zuwendungsgeschäfte, so daß deren Wirksamkeit bei Erledigung, Verfehlung oder Wegfall des Sicherungszwecks unmittelbar tangiert ist.

e) Vergleichende Betrachtung der Funktion des Sicherungszwecks bei den gesetzlich geregelten Sicherungsgeschäften und bei der Sicherungsübereignung

Die Parallelen und die Unterschiede in der Struktur der akzessorischen und nichtakzessorischen Sicherungsrechte treten nunmehr klar hervor. Die Hypotheken- und Pfandrechtsbestellung sind gleich der Übereignung Verfügungsgeschäfte, mittels derer dem Sicherungsnehmer ein Recht eingeräumt wird. Hypothek und Pfandrecht sind jedoch nach ihrer gesetzlichen Ausformung von vornherein beschränkte Rechte, die dem Sicherungsnehmer lediglich eine Verwertungsbefugnis einräumen und die ihm auch nur bei Zutreffen des Sicherungszwecks zustehen. Die Einwirkung des Sicherungszwecks auf dinglicher Ebene bringt diese Sicherungsrechte in unmittelbare Abhängigkeit vom Bestand der gesicherten Forderung. Gleichzeitig sind sie unabhängig (abstrakt) von dem weiteren Zweck der Erfüllung der auf die Sicherheitenbestellung gerichteten schuldrechtlichen Verpflichtung (pactum de hypothecando, pactum de pignore dando)[238], und somit setzt sich ihr Rechtsgrund letztlich aus zwei Zwecken zusammen.

---

[234] So aber Jauernig NJW 1953, 1207; ders. NJW 1982, 268, 269; Medicus, JuS 1971, 500, 501; Lange, AcP 146, 43; Felgentraeger, FS v. Gierke S. 148 f.

[235] Dagegen aber Leonhard, SchuldR S. 381; Enneccerus/Wolff/Raiser, § 132 II, S. 535; Zeiss, AcP 164, 61; Küchler, Sicherungsgrundschuld S. 24 ff.; auch Westermann, Die causa S. 121 (anders aber S. 122 ff., wo die Akzessorietät zutreffend als Abhängigkeit von der causa bezeichnet wird).

[236] Siehe Schnauder, S. 46.

[237] Im einzelnen dazu unten Teil V C 3.

[238] Siehe oben FN 199. Fällt die Bestellung der Sicherheit mit der Eingehung der schuldvertraglichen Verpflichtung zeitlich zusammen, so erschöpft sich deren Funktion in einem bloßen Behaltensgrund (sog. „Erwerbstitel" oder „causa retinendi"), vgl. v. Caemmerer, FS Rabel, Ges. Schr. I, S. 220 FN 39; ders., FS Lewald, Ges. Schr. I, S. 293 f.

IV. Teil: Der Sicherungszweck als causa der Sicherungsgeschäfte 89

Mit dem Übereignungsgeschäft bei der Sicherungsübereignung werden keine materiell anders gearteten Zwecke als mit den akzessorischen Realsicherungsrechten verfolgt; lediglich das Abhängigkeitsverhältnis ist unterschiedlich ausgestaltet. Die Eigentumsübertragung steht sowohl in einer inneren Beziehung zu der Forderung, deren Sicherung sie dienen soll, als auch zu dem Sicherungsvertrag, der die schuldrechtliche Verpflichtung des Sicherungsgebers zur Übertragung des Eigentums auf den Sicherungsnehmer enthält[239]. Aufgrund der Abstraktheit der Übereignung aber kommt dieser doppelte Rechtsgrund nicht unmittelbar zum Ausdruck[240]; die Eigentumsübertragung ist in ihrem Bestand unabhängig sowohl von der Erreichung des Sicherungszwecks als auch des Erfüllungszwecks. Beide Zwecke zusammengenommen stellen jedoch erst den inneren Abhängigkeitszusammenhang zwischen Übereignung, Sicherungsvertrag und gesicherter Forderung her und geben so den rechtlichen Grund für die Zuwendung an[241].

Die Notwendigkeit eines solchen zusammengesetzten Rechtsgrundes bei den Sicherungsgeschäften ergibt sich aus der im deutschen Recht streng durchgeführten Aufspaltung einer wirtschaftlich einheitlichen Vermögensverschiebung in verschiedene Einzelzuwendungen[242], so daß sich ein Sicherungsgeschäft als ein aus Schuldvertrag und Verfügungsgeschäft zusammengesetztes und zusätzlich mit der gesicherten Forderung verbundenes mehrstufiges Gebäude darstellt. Dies ist wiederum auf die Vorstellung zurückzuführen, daß der schuldrechtliche Vertrag die Grundlage für die Ausgestaltung des komplexen Rechtsverhältnisses zwischen den Parteien bildet. Die einzelnen Rechte und Pflichten, die die Durchführung und Abwicklung des vereinbarten wirtschaftlichen Erfolges begleiten, finden ihre Entstehung allein in einem schuldrechtlichen Verpflichtungsgeschäft[243]. Bei der Hypothek und dem Pfandrecht wird diese Funktion von dem Bestellungsvertrag (pactum de hypothecando, pactum de pignore dando) übernommen[244], und bei der Sicherungsübereignung beruht das Rechte-

---

[239] Weitnauer, JZ 1972, 638 f.; Westermann, Die causa S. 123; Klinke, Causa und Synallagma S. 53 f.; Rümelin, AcP 97, 224 f.; Ehmann, Gesamtschuld S. 174. Diese Funktion des Sicherungszwecks als Rechtsgrund neben der Erfüllung spiegelt sich in der stellenweise anzutreffenden Formulierung wieder, der Sicherungszweck sei ein „über die bloße Erfüllung hinausgehender" Zweck, vgl. Weber, AcP 169, 243 f.; Jäckle, JZ 1982, 55.

[240] Anders aber, wenn man die Möglichkeit einer akzessorischen Abhängigkeit des Sicherungseigentums in Erwägung zieht, weil dann der Sicherungszweck unmittelbare Wirkung auf das Verfügungsgeschäft ausüben würde, siehe unten Teil V C.

[241] Weitnauer, JZ 1972, 638 f.; Ehmann, Gesamtschuld S. 174 bei FN 192; Klinke, Causa und Synallagma, S. 53 f.; Blomeyer, SchuldR S. 84; Westermann, Die causa S. 123; Rümelin, AcP 97, 224. Dagegen aber Serick, Bd. I S. 57 f.; Zeiss, AcP 164, 68 f.; Weber, AcP 169, 240; Welker, S. 96 ff.; Küchler, Sicherungsgrundschuld S. 25 ff.; Felgentraeger, S. 147, die den Erfüllungszweck als alleinigen Rechtsgrund des Übereignungsgeschäftes ansehen.

[242] Allgemein dazu oben Teil III 3 a.

[243] Larenz, SchuldR I § 2 V; van den Daele, S. 17; Carl, S. 23 ff., 58.

[244] Einen gesetzlichen Fall einer solchen Verpflichtung beinhaltet § 648. Bei den akzessorischen Realsicherungsrechten gehen dagegen Jahr, ZSSt 80, 167 bei FN 64, und Westermann,

und Pflichtengefüge zwischen Sicherungsgeber und Sicherungsnehmer auf dem Sicherungsvertrag. Das daraus sich ergebende Erfordernis einer inneren Verknüpfung dieser getrennten Rechtsgeschäfte untereinander wird von dem Zweck (Rechtsgrund) der einzelnen Zuwendungen erfüllt. Der Rechtsgrund des Übereignungsgeschäftes muß daher eine Zweckbeziehung sowohl zu dem Sicherungsvertrag als auch zu der gesicherten Forderung aufweisen, um die rechtlich notwendige Abhängigkeit vom Bestand der gesicherten Forderung und des Schuldvertrages herbeizuführen[245].

Die Funktion des schuldrechtlichen Vertrages, den Zweck des Gesamtgeschäfts festzulegen und die Rechte- und Pflichtenstruktur zu bestimmen, tritt bei den akzessorischen dinglichen Sicherungsrechten allerdings nicht so deutlich hervor, da der Sicherungszweck bereits dingliche Wirkungen äußert und das Schuldverhältnis zwischen Eigentümer und Sicherungsinhaber weitgehend gesetzlich geregelt ist. Die Struktur ist jedoch die gleiche wie beim Sicherungsvertrag: Hier wie dort enthält die schuldrechtliche Vereinbarung eine Pflicht zur Übertragung eines Rechtes, und den rechtlichen Grund für diese Verpflichtung bildet jeweils der Sicherungszweck[246]. Er ist die causa des Vertrages und nur bei Erreichung dieses Zweckes kann die schuldrechtliche Verpflichtung Bestand haben, während das Fehlen oder der spätere Wegfall der gesicherten Forderung als Zweckverfehlung zum Entfallen des Übereignungsanspruches führt und damit die Verpflichtung zur Sicherheitenbestellung endigt[247].

Dagegen ist diese unmittelbare Abhängigkeit des Sicherungsvertrages vom Sicherungszweck bei der Sicherungsübereignung aufgrund der Abstraktheit des Übereignungsgeschäftes von zentraler Bedeutung. Der Sicherungszweck bestimmt hier als Rechtsgrund (als „vertragscharakteristischer Geschäftszweck") den Inhalt des Sicherungsvertrages und regelt somit auch die Einwirkungen der Erledigung oder Nichterreichung auf die Verpflichtung des Sicherungsgebers[248]. Ist danach die gesicherte Forderung getilgt worden und damit der bestimmungsgemäße Geschäftsablauf eingetreten, so verlangt der beschränkte Zweck der Sicherung einer Forderung die Rückabwicklung der vorgenommenen Verfügung. Ebenso steht dieser Zweck einem Fortbestand der Verpflichtung des Sicherungsgebers zur Übertragung bzw. Belassung des Eigen-

---

SachenR § 129 I 2 a, b von deren Realkontraktsnatur gekoppelt mit einem gesetzlich ausgestalteten Schuldverhältnis ohne zusätzlichen Schuldvertrag aus.

[245] Vgl. auch die Parallele bei den Ausführungen Gernhubers (FS Baur, S. 34) über den mehrfachen Bezug einzelner Rechtsgeschäfte untereinander im Falle der Sicherungsübereignung eines Anwartschaftsrechtes.

[246] Seckelmann, Die Grundschuld S. 74, 75; Huber, JuS 1972, 59.

[247] Bei den akzessorischen Sicherungsrechten wird dieser Beendigungstatbestand für die Verpflichtung zur Begründung eines Pfandrechts bzw. einer Hypothek bei Nichtbestehen oder Erlöschen der Forderung z.T. aus §§ 275, 306 hergeleitet, vgl. Huber, JuS 1972, 59; Carl, S. 93.

[248] Serick, Bd. I S. 57 f.; Huber, Sicherungsgrundschuld. S. 91 ff.; ders., JuS 1972, 59; Jäckle, JZ 1982, 50, 55; Klinke, Causa und Synallagma S. 53; Carl, S. 91 f.; Jahr/Kropf, JuS 1963, 359; Welker S. 96 ff.; anders dagegen MK-Quack, Anh. §§ 929—936 Rdnr. 34.

IV. Teil: Der Sicherungszweck als causa der Sicherungsgeschäfte 91

tums beim Sicherungsnehmer entgegen, wenn die gesicherte Forderung nicht zur Entstehung gelangt oder weggefallen ist[249].

In einer gewissen Weise steht daher der Sicherungsvertrag – wie auch das pactum de hypothecando oder das pactum de pignore dando – in einer Parallele zum Bürgschaftsvertrag[250]. Auch hier steht die Verpflichtung des Bürgen in unmittelbarer Abhängigkeit von der Erreichung des Sicherungszwecks; freilich ist die Bürgschaft dabei als eigenständiges akzessorisches Sicherungsrecht ausgestaltet, bei welchem ein dingliches Recht nicht zugewendet wird, sondern die persönliche Haftung des Bürgen für die Erfüllung der gesicherten Forderung eröffnet wird. In der Rechtsgrundabhängigkeit aber liegen die Bürgschaft und die den dinglichen Sicherungsrechten zugrundeliegenden Verpflichtungsgeschäfte parallel; sie sind sämtlich um des Sicherungszwecks[251] willen eingegangen, und dieser beherrscht als Rechtsgrund ihre inhaltliche Gestalt und ihren Bestand.

Die Gegenüberstellung der gesetzlich geregelten Sicherungsgeschäfte und der Sicherungsübereignung erlaubt demnach die Aussage, daß deren Struktur hinsichtlich des Rechtsgrundes der einzelnen Zuwendungen vergleichbar ist. Unterschiedlich ist nur die Wirkungsweise dieses Rechtsgrundes. Bei der Sicherungsübereignung bildet der Sicherungszweck den Rechtsgrund des Sicherungsvertrages und setzt auf dieser Ebene die Reaktionen auf ein Fehlen oder Erlöschen der gesicherten Forderung um. Anders aber als bei der Hypothek oder dem Pfandrecht gehört er aufgrund der Abstraktheit der Übereignung nicht zum Inhalt des Verfügungsgeschäftes und wirkt daher nicht unmittelbar auf dessen Bestand ein. Die grundsätzliche Unabhängigkeit der Eigentumsübertragung von der Erreichung oder Verfehlung des Sicherungszwecks steht daher einer akzessorischen Ausgestaltung entgegen, so daß zunächst die Rückabwicklung bei Fehlen oder Erlöschen der gesicherten Forderung als Aufgabe allein dem Sicherungsvertrag zugewiesen ist.

Diese Feststellung führt nunmehr zu der anschließenden Frage, welche Rechtsfolgen dadurch im vertraglichen Bereich im einzelnen ausgelöst werden. Deren Bestimmung erfolgt wiederum in Anlehnung an die oben[252] in allgemeiner Form bereits angesprochenen Rechtsfolgen, die das Gesetz für Rechtsgrundstörungen innerhalb bestimmter Typen von Zuwendungen im Schuldvertragsrecht vorgegeben hat.

---

[249] Huber, Sicherungsgrundschuld S. 78 ff.; siehe auch oben bei FN 177.
[250] Diese Parallele klingt auch an bei Weitnauer, JZ 1972, 637, 638; Serick, Bd. I S. 57 bei FN 25; Küchler, Sicherungsgrundschuld S. 27.
[251] Dies schließt, wie oben bei FN 221—224 dargelegt, nicht aus, daß daneben noch weitere Zwecke verfolgt werden und als Rechtsgrund beachtlich sind.
[252] Teil III 3.

V. Teil
Die Auswirkungen der Erledigung oder Störung des Sicherungszwecks auf den Sicherungsvertrag und auf das Übereignungsgeschäft

Da das Gesetz eine einheitliche und allgemeine Regelung der Rückabwicklung bei Vertragsstörungen nicht enthält, müssen für die Sicherungsübereignung die gesetzlichen Wertungen innerhalb der Regelung anderer Zuwendungstypen im Schuldrecht sowie deren Fortentwicklung durch die Rechtsprechung und Wissenschaft herangezogen werden. Die Bestimmung der passenden Rückabwicklungsform bei Verfehlung des Sicherungszwecks kann sich dabei insbesondere an die eingehendere Behandlung der Nichterreichung des Austauschzwecks beim gegenseitigen Vertrag (genetisches und konditionelles Synallagma) anlehnen. Eine Schwierigkeit liegt allerdings darin, daß auch dort eine eindeutige Zuordnung der Behelfe zur Korrektur von Vermögensverschiebungen nicht erfolgt ist, sondern diese Aufgabe zum Teil dem Vertrag, zum Teil dem Bereicherungsrecht zugewiesen ist.

Dementsprechend stehen auch der hier angestrebten Lösung, die Rückabwicklung der Sicherungsübereignung insgesamt in den Vertrag einzubeziehen und damit den Regelungsbereich des Vertrages auch auf die Rückübertragungsansprüche bei Mängeln der causa zu erstrecken, verschiedentlich Stimmen gegenüber, die zumindest für die Fälle der Verfehlung oder des Wegfalles des Sicherungszwecks auf bereicherungsrechtliche Ansprüche zurückgreifen[1]. Anhand der Überprüfung der Vereinbarkeit dieser Auffassungen mit den bisher gewonnenen Ergebnissen soll daher der eigene Ansatz begründet werden.

---

[1] Siehe schon oben Teil II bei FN 51 ff.

A. Das Bereicherungsrecht als Grundlage für einen schuldrechtlichen Rückübertragungsanspruch

1. Die Begründung über die Zweckverfehlungskondiktion (§ 812 Abs. 1 Satz 2, 2. Alt.)

Der Anspruch auf Rückübertragung eines Sicherungsrechtes ergibt sich nach einer im Schrifttum mehrfach vertretenen Auffassung[2] aus § 812 Abs. 1 Satz 2, 2. Alt., da bei Fehlen oder Wegfall der gesicherten Forderung der *„mit einer Leistung nach dem Inhalte des Rechtsgeschäfts bezweckte Erfolg"* nicht eingetreten sei. Die Anwendung der Zweckverfehlungskondiktion auf diesen Fall beruht dabei auf der Vorstellung, daß der Übertragung eines Sicherungsrechtes ein wirksamer Sicherungsvertrag zugrundeliegt und deshalb auch bei Mängeln im Bereich der gesicherten Forderung eine Leistungskondiktion (§ 812 Abs. 1 Satz 1, 1. Alt. bzw. Satz 2, 1. Alt.) ausscheidet; mit der Leistung aber sei nicht allein die Erfüllung des Sicherungsvertrages, sondern darüber hinaus die Sicherung einer Forderung bezweckt, was bei Nichterreichung dieses Erfolges die Kondizierbarkeit wegen Zweckverfehlung (§ 812 Abs. 1 Satz 2, 2. Alt.) nach sich ziehe[3].

Es stellt sich daher die Frage, ob damit zum einen der Anwendungsbereich dieser Kondiktionsform nicht überdehnt wird, und ob zum anderen der Funktion und Wirkungsweise des Sicherungszwecks auf der Ebene des Sicherungsvertrages hinreichend Rechnung getragen ist.

a) Der Anwendungsbereich der Zweckverfehlungskondiktion

Der Rahmen der von § 812 Abs. 1 Satz 2, 2. Alt. erfaßten Zwecke wird in Rechtsprechung und Literatur unterschiedlich gezogen. Einigkeit besteht nur insoweit, als die Zweckverfehlungskondiktion einen besonderen Fall einer *Leistung* betrifft[4], bei welcher sich die Parteien über einen bestimmten *Zweck,* den der Zuwendende verfolgt[5] und der rechtlich nicht erzwingbar sein darf[6], geeinigt haben[7]. Dagegen wird die Frage kontrovers behandelt, welchen derartigen

---

[2] Weber, AcP 169, 242 ff.; Jauernig, § 930 Anm. 5 E; Erman/Räfle, § 1191 Rdnr. 9; Welker, S. 95 ff.; vgl. auch Enneccerus/Wolff/Raiser, S. 642 FN 12.

[3] Weber, AcP 169, 238 ff., 243 f.; siehe auch die Formulierung bei Jäckle JZ 1982, 53.

[4] Soellner, AcP 163, 29; Simshäuser, AcP 172, 37; Medicus, Bürgerliches Recht Rdnr. 693; MK-Lieb, § 812 Rdnr. 161. Die Rechtsprechung hat diese Frage allerdings offengelassen, vgl. BGH NJW 1970, 136 f.; die Anwendung von § 812 Abs. 1 Satz 2, 2. Alt. in BGHZ 44, 321 spricht möglicherweise sogar gegen diese Beschränkung.

[5] Dazu siehe Köhler, Unmöglichkeit und Geschäftsgrundlage S. 13 f., 81, 187 ff.; Huber, JuS 1972, 63 f.

[6] Esser, SchuldR II (4. Aufl.) § 103 II 1.; Battes, AcP 178, 372 ff.; MK-Lieb, § 812 Rdnr. 165, 167; siehe auch BGHZ 44, 321, 324; RGZ 116, 339 f.

Zweckabreden für § 812 Abs. 1 Satz 2, 2. Alt. Bedeutung zukommen kann, insbesondere ob dieser eigenständige bereicherungsrechtliche Behelf auch bei Nichteintritt eines Erfolges eingreift, der zum Inhalt eines ansonsten durchsetzbaren schuldrechtlichen Vertrages gehört.

aa) Die von der Rechtsprechung unter § 812 Abs. 1 Satz 2, 2. Alt. gefaßten Fallgruppen von Zweckvereinbarungen

Die Fallgestaltungen, in denen die Rechtsprechung auf die Zweckverfehlungskondiktion zurückgreift, um die Rückgewähr von Leistungen zu begründen, die im Hinblick auf einen nicht eingetretenen Erfolg erbracht worden sind, lassen sich im Wesentlichen in drei Fallgruppen zusammenfassen.

Eine erste Gruppe bilden diejenigen Fälle, in denen eine Leistung ohne eine entsprechende Verpflichtung, aber im Einverständnis mit der anderen Partei erbracht wurde, um diese dadurch zu einem bestimmten Verhalten – meist im Sinne einer Gegenleistung – zu veranlassen. So gestand das Reichsgericht einem Hauseigentümer, der der Gemeinde Zahlungen erbracht hatte zu dem übereinstimmend festgesetzten Zweck, die Gemeinde zur Unterlassung der Beschlagnahme seines Wohnraumes zu bewegen, die Zweckverfehlungskondiktion zu, als dieser Zweck nicht verwirklicht wurde[8]. Zu dem als „Gegenleistung" zu der Geldzuwendung angestrebten Verhalten konnte sich die Gemeinde nicht rechtswirksam verpflichten, sondern hätte im Falle aktueller Wohnungsnot wieder auf diesen Wohnraum zurückgreifen müssen[9].

Ebenso sind Erbeinsetzungsversprechen (§ 2302)[10] oder Heiratsversprechen[11] einer rechtsgeschäftlichen Verpflichtung unzugänglich, so daß Leistungen, die in Erwartung eines derartigen Verhaltens erbracht werden, wegen Zweckverfehlung kondiziert werden können (gegebenenfalls im Wege des Wertersatzes gem. § 818 Abs. 2).

Eine zweite Gruppe bilden die Fälle, in denen eine Partei zwar auf eine eigene Verpflichtung hin, aber im Hinblick auf eine vereinbarte Gegenleistung vorgeleistet hat, deren Erbringung nicht erzwingbar ist. Dies kann der Fall sein, wenn in einem notariell beurkundeten Vertrag zwar die Pflicht auf Übertragung eines Rechts an einem Grundstück, nicht aber die vereinbarte Gegenleistung enthalten ist[12].

---
[7] BGHZ 44, 321, 323; Larenz, SchuldR II § 69 II; Erman/Westermann, § 812 Rdnr. 51.
[8] RGZ 116, 336.
[9] RGZ 116, 339 f.
[10] BGHZ 44, 321; in BGH NJW 1977, 950 wurde allerdings bei ähnlicher Fallgestaltung die Lehre vom Wegfall der Geschäftsgrundlage herangezogen.
[11] OLG Stuttgart, NJW 1977, 1779.
[12] BGH NJW 1976, 237, 238; ähnlich RGZ 129, 307, 308; dagegen stellt BGH WM 1971, 276, 277 auf die Geschäftsgrundlage ab.

A. Der bereicherungsrechtliche Rückübertragungsanspruch 95

Die Formnichtigkeit der Gegenleistungsverpflichtung macht diese unklagbar, so daß bei Leistungsverweigerung seitens der anderen Partei die Zweckverfehlungskondiktion hinsichtlich des bereits übertragenen Grundeigentums offensteht.

Nach der äußeren Fallgestaltung eher zu der ersten Gruppe, in Wirklichkeit aber ebenfalls hierher gehörig ist der vom Reichsgericht[13] entschiedene Fall, in welchem eine Bürgschaft zugunsten eines untreuen Kassenbeamten eingegangen wurde mit der Übereinkunft, daß daraufhin von disziplinarrechtlichen Schritten abgesehen werde. Dem Bürgen wurde bei Nichteintritt dieses erstrebten Erfolges die Aufhebung seiner Verbindlichkeit im Wege der Kondiktion zugebilligt[14].

Darüber hinaus läßt die Rechtsprechung in einer dritten Fallgruppe die Zweckverfehlungskondiktion auch im Rahmen gegenseitiger Verträge durchgreifen, wenn die Leistung einer Partei von bestimmten, über die bloße Erlangung der Gegenleistung hinausgehenden Zwecken oder Vorstellungen geleitet wird. So hat das Reichsgericht[15] einen Rückübertragungsanspruch bezüglich eines an den Reichsmilitärfiskus veräußerten Grundstücks mit § 812 Abs. 1 Satz 2, 2. Alt. begründet, da der Eigentümer das Grundstück zu dem weiteren Zweck verkauft hatte, der wegen eines Festungsbauvorhabens notwendigen Enteignung zu entgehen. Da das Bauwerk nicht errichtet wurde, blieb eine Enteignung nicht weiter zu befürchten und der vom Veräußerer verfolgte Zweck entfiel[16].

Die jüngste Entwicklung der Rechtsprechung läßt allerdings für diese dritte Fallgestaltung eine Tendenz erkennen, anstelle der Kondiktion der erbrachten Leistung eine Korrektur der Zweckverfehlung auf der Ebene des Schuldvertrages vorzunehmen. Dabei werden insbesondere die Grundsätze über den Wegfall der Geschäftsgrundlage herangezogen[17].

bb) Die Einschränkung des Anwendungsbereiches im Schrifttum

In der Literatur wird demgegenüber vielfach eine Beschränkung des Kreises der unter § 812 Abs. 1 Satz 2, 2. Alt. fallenden Rechtsgeschäfte befürwortet[18].

---

[13] RGZ 118, 358; der ersten Gruppe wird dieser Fall z.B. von Zeiss, AcP 164, 66 FN 69 zugeordnet.
[14] RGZ 118, 360.
[15] RGZ 132, 238.
[16] RGZ 132, 241 f.; vgl. auch BGH MDR 1952, 33 (sog. Schweinemästerei-Fall).
[17] So letztens BGHZ 84, 1, 8 ff., wo in einem dem soeben geschilderten Festungs-Fall gleich gelagerten Fall die Zweckverfehlungskondiktion abgelehnt und ein Wegfall der Geschäftsgrundlage angenommen wird; ebenso BGH NJW 1975, 776. Kritisch zu dieser Rechtsprechung Frank, FS Müller-Freienfels, S. 144 f.
[18] Söllner, AcP 163, 28 ff.; Esser, SchuldR II (4. Aufl.) § 103 II; Reuter/Martinek, § 5 III c, S. 161 ff.; siehe auch König, Gutachten S. 1535 f.

Kritik wird dabei insbesondere an der Anwendung der Zweckverfehlungskondiktion in der dritten Fallgruppe geübt[19]. Für diese Fälle eines im Rahmen eines ansonsten durchsetzbaren Vertrages vereinbarten weiteren Zweckes wird die Korrektur der Zweckverfehlung dem Vertrag selbst zugeordnet. Die flexibleren Behelfe des Schuldvertragsrechts gehen hier dem „lapidaren" Prinzip der Kondiktion vor[20]. Dabei kommt insbesondere eine Anwendung der Grundsätze des Wegfalles der Geschäftsgrundlage in Betracht, deren Rechtsfolgen ebenfalls zum Regelungsbereich des Vertrages gehören[21].

Trotz der dadurch auftretenden Abgrenzungsschwierigkeiten, die darin begründet liegen, daß unter die Geschäftsgrundlage nach neuerer Rechtsprechung auch solche Umstände fallen können, die in den Vertragsvereinbarungen zum Ausdruck gelangt sind[22], fügt sich die Zuordnung dieser Fälle zu den vertraglichen Rechtsbehelfen der Aufgabenverteilung zwischen Vertrags- und Bereicherungsrecht ein[23]. Zudem spricht die historische Entwicklung für eine derartige Einschränkung des Anwendungsbereiches der Zweckverfehlungskondiktion[24]. Mit der grundsätzlichen Klagbarkeit eines jeden vereinbarten Vertragszweckes ist die Durchführung der Vereinbarung sowie die Regelung der Rechte und Pflichten der Parteien und die Folgen der Störung des Vertragsprogrammes dem Schuldvertrag zugewiesen. Das Bereicherungsrecht ist hier, abgesehen von Rechtsfolgeverweisungen in den §§ 323 Abs. 3, 327 Satz 2 aus Gründen der Haftungsmilderung[25], als Rechtsbehelf verdrängt[26]. Die Zweckverfehlungskondiktion greift daher auch nicht ein, wenn eine Vertragsvereinbarung weitere, über den Normaltypus hinausgehende Zwecke aufweist[27].

Verdeutlichen läßt sich dies anhand des bereits zitierten Bürgschafts-Falles[28]: Grundsätzlich kann das einseitige Bürgschaftsversprechen von den Parteien von einer Gegenleistung abhängig gemacht und damit dem Austauschzweck

---

[19] v. Caemmerer, FS Rabel, Ges. Schr. I S. 220 ff.; Esser, SchuldR II (4. Aufl.) § 103 II 2; Frank, aaO. S. 145 f.
[20] v. Caemmerer, a.a.O. S. 222 f.; Reuter/Martinek, § 5 III c, S. 161 ff.
[21] Reuter/Martinek, § 5 III c, S. 161 ff., 166; Frank, a.a.O. S. 144 f.
[22] BGH WM 1971, 276, 277; BGH NJW 1975, 776; BGHZ 84, 8 f.; siehe dazu auch Larenz, SchuldR I, § 21 II; ders., Geschäftsgrundlage S. 105 f.; Köhler, Unmöglichkeit und Geschäftsgrundlage S. 192 f.
[23] v. Caemmerer, FS Rabel, Ges. Schr. I S. 222 f.
[24] Siehe oben Teil III 3 c.
[25] v. Caemmerer, a.a.O. S. 219, 221; Kegel, FS Mann S. 67; dazu eingehender unten B 2.
[26] So schon Lenel, AcP 74, 234.
[27] Esser, SchuldR II (4. Aufl.) § 103 II; v. Caemmerer, FS Rabel, Ges. Schr. I S. 223 f.; Soellner, AcP 163, 28 ff.; dagegen Liebs, JZ 1978, 701 f. Einige Stimmen (Ehmann, Gesamtschuld S. 189; Klinke, Causa und Synallagma S. 130; Welker, S. 73 f., 78, 83 ff.) wollen bei Verfehlung eines solchen Zweckes die vertragliche Verpflichtung im Wege dieser Kondiktion beseitigen. Dies erscheint jedoch systemwidrig, da dies gerade den typischen Anwendungsbereich der vertraglichen Regelung in §§ 320 ff. betrifft (siehe v. Caemmerer, a.a.O.).
[28] RGZ 118, 358; siehe oben bei FN 13.

A. Der bereicherungsrechtliche Rückübertragungsanspruch

unterstellt werden[29]. Die Bürgschaftsverpflichtung und die Gegenleistungspflicht (Absehen von disziplinarrechtlichen Schritten) unterliegen dann den §§ 320 ff.[30]. Ist die Gegenleistung ausnahmsweise nicht einklagbar, so sollte gleichwohl nicht die Kondiktion zur Korrektur gestörter Vertragsverpflichtungen herangezogen werden; vielmehr fällt diese Aufgabe von der Funktion her dem Vertrag selbst zu[31].

Auch der BGH hat in einer neueren Entscheidung[32] diesen Weg beschritten. Ein Gaststätteninhaber veräußerte das neben seiner Gaststätte liegende Grundstück zu einem niedrigen Preis unter der Abmachung, daß der Erwerber darauf eine Minigolf-Anlage errichten werde, weil er sich davon eine Umsatzsteigerung versprach. Die erforderliche Baugenehmigung wurde jedoch versagt. Unter Abweichung von dem oben[33] zitierten Festungsbau-Fall stellt der BGH hier für die Frage, ob der Veräußerer die Rückübertragung des Grundstückseigentums verlangen kann, nicht auf § 812 Abs. 1 Satz 2, 2. Alt. ab, sondern ordnet die Vereinbarung der Geschäftsgrundlage zu[34]. Die Rechtsfolgen bei Wegfall der Geschäftsgrundlage seien vertraglicher Natur und gingen daher dem Kondiktionsrecht vor[35]. Der BGH betont in dieser Entscheidung, derartige Störungen seien allein auf der Grundlage des Vertrages abzuwickeln; er lehnt allerdings im konkreten Fall eine so tiefgreifende Störung des Vertragsgleichgewichts, daß daraus eine Rückübertragungsverpflichtung folgen müßte, ab[36].

Die Zweckverfehlungskondiktion ist daher in ihrem Anwendungsbereich eng begrenzt. Der den Inhalt eines wirtschaftlichen Gesamttatbestandes bestimmende Geschäftszweck ist regelmäßig im Schuldvertrag verbindlich geregelt, und auch die Reaktion auf eine Zweckverfehlung ist grundsätzlich diesem Bereich zugewiesen. Eine bereicherungsrechtliche Rückabwicklung wegen Störungen von „Leistungszwecken" kommt daneben nicht zum Zuge. Nur in den wenigen Fällen, in denen eine verbindliche vertragliche Regelung des Geschäftszwecks (wie z.B. des Austauschzwecks in §§ 320 ff.) nicht anerkannt ist, wirkt die Zweckverfehlung unmittelbar auf der Ebene des Leistungsgeschäftes und hat die Kondizierbarkeit zur Folge[37]. Die Abrede, daß eine Leistung im Hinblick auf

---

[29] RGZ 66, 425, 426.
[30] Palandt/Thomas, Vor § 765 Anm. 1 f; v. Caemmerer, FS Lewald, Ges. Schr. I S. 293; Esser, SchuldR II (4. Aufl.) § 87 I 2 a); Westerkamp, Bürgschaft und Schuldbeitritt S. 226.
[31] v. Caemmerer, FS Rabel, Ges. Schr. I S. 222 f.; Jauernig/Schlechtriem, § 812 Anm. I 4b (a.E.); Huber, JuS 1972, 64; siehe auch Protokolle, Bd. II S. 692; dagegen Liebs, JZ 1978, 700, 701 f. Das RG nahm in diesem Fall allerdings die Zweckverfehlungskondiktion an, RGZ 118, 360; ähnlich RGZ 106, 93, 98 f. Dem folgt z.B. Zeiss, AcP 164, 66 FN 69.
[32] BGH NJW 1975, 776.
[33] Siehe FN 15.
[34] BGH NJW 1975, 776.
[35] BGH, a.a.O.
[36] Kritisch dazu Liebs, JZ 1978, 702 f.
[37] So die h.M., vgl. Reuter/Martinek, § 5 III c, S. 161 ff.; Larenz, SchuldR II, § 69 II; Medicus, Bürgerliches Recht Rdnr. 691 f.; Esser, SchuldR II (4. Aufl.) § 103 II; Soellner, AcP

eine andere Leistung erbracht werde, zu welcher sich der andere Teil rechtlich nicht wirksam verpflichten kann, enthält dann den das Gesamtgeschäft charakterisierenden Zweck[38], ohne daß dieser Gegenstand eines Schuldvertrages sein könnte. Wird der Zweck erreicht, bildet er eine hinreichende causa für die erbrachte Leistung; bleibt der bezweckte Erfolg dagegen aus, so greift hier ausnahmsweise die Kondiktion zur Korrektur des verfehlten Geschäftszwecks ein[39].

b) Ausscheiden der Zweckverfehlungskondiktion für die Erfassung der Störung des Sicherungszwecks

Schon diese Beschränkung des Anwendungsbereiches der Zweckverfehlungskondiktion steht der Annahme entgegen, dieser Kondiktionstyp könne die Grundlage für den Rückübertragungsanspruch bei Verfehlung oder Wegfall des Sicherungszwecks bilden. Die Vereinbarung des Sicherungszwecks im Rahmen des Sicherungsvertrages ist keine vom Recht nicht als verbindlich anerkannte Abrede. Zwar ist der Eintritt des Sicherungserfolges nicht allein auf der Grundlage des Sicherungsvertrages einklagbar; dies läßt sich vielmehr nur im Rahmen des außerhalb liegenden Kreditverhältnisses durchsetzen[40]. Der Sicherungszweck gehört jedoch als ein den Geschäftstypus prägender charakteristischer Geschäftszweck zum Inhalt des Sicherungsvertrages, und insofern bildet er den Rechtsgrund für eine verbindliche schuldrechtliche Regelung des Sicherungsgeschäftes.

Aber auch unter Zugrundelegung der Auffassung, die die Fälle der Verfehlung von „weiteren" Zwecken im Rahmen ansonsten durchsetzbarer Vertragsverhältnisse in § 812 Abs. 1 Satz 2, 2. Alt. einbezieht[41], läßt sich der Rückübertragungsanspruch nicht aus dieser Kondiktionsart herleiten. Der Sicherungszweck stellt keinen mit der Eigentumsübertragung verfolgten zusätzlichen Zweck, sondern den wirtschaftlich „ersten", die Eigentumsverschaffungspflicht überhaupt inhaltlich erklärenden Geschäftszweck dar. Als solcher bildet er die causa des Sicherungsvertrages und ist damit der Korrektur im Wege der Kondiktion bei einer Verfehlung grundsätzlich entzogen[42]. Primär steht daher ent-

---

163, 28 ff.; Simshäuser, AcP 172, 35 ff.; Battes, AcP 178, 372 f.; Wieling, JuS 1978, 802; Batsch, NJW 1973, 1640; Köhler, Unmöglichkeit und Geschäftsgrundlage, S. 188 ff.; siehe auch König, Gutachten S. 1535 f.

[38] Reuter/Martinek, § 5 III b, S. 150.

[39] Esser, SchuldR (2. Aufl.) § 189, 4., § 192, 3.; siehe auch Wolf, Symposium für König, S. 92 f.; Windscheid, Pandekten Bd. I, § 99, S. 281 FN 1. a.E.; Bd. II, § 428, S. 560 FN 7.

[40] Reuter/Martinek, § 5 III d, S. 166 f. Bezüglich der Klagbarkeit ist Welker (S. 98 FN 56) anderer Auffassung; dagegen aber zutreffend Jäckle, JZ 1982, 54 FN 78.

[41] So die oben FN 15, 16 zitierte Rechtsprechung und Liebs, JZ 1978, 699 f.; Westermann, Die causa S. 216 f.

[42] Insofern ist die oben bei FN 3 angeführte Prämisse der Befürworter der Lösung über § 812 Abs. 1 Satz 2, 2. Alt. unzutreffend, ein Mangel im Bereich der gesicherten Forderung lasse den Sicherungsvertrag unberührt. Siehe aber MK-Quack, Anh. §§ 929—936 Rdnr. 34.

sprechend der oben[43] bereits dargestellten Funktionszuweisung auch für den Störungsfall der Vertrag aufgrund der größeren Sachnähe und der sachgerechten Risiko- und Haftungsregelung zur Verfügung.

2. Der Weg über die Leistungskondiktion

Allerdings wird in der Literatur für den Rückübertragungsanspruch insofern noch auf das Bereicherungsrecht zurückgegriffen, als bei Verfehlung oder Wegfall des Sicherungszwecks die Leistungskondiktion (§ 812 Abs. 1 Satz 1, 1. Alt. bzw. Satz 2, 1. Alt.) herangezogen wird. Mit verschiedenen Begründungen wird dabei im Falle einer derartigen Störung der Sicherungsvertrag als (anfänglich oder nachträglich) unwirksam angesehen[44].

a) Wegfall der Eigentumsübertragungspflicht aufgrund der §§ 275, 306

Einige Stimmen führen die Unwirksamkeit der Verpflichtung des Sicherungsgebers zur Übertragung des Sicherungsrechtes auf eine anfängliche Unmöglichkeit (§ 306)[45] bzw. deren späteres Erlöschen auf eine nachträgliche Unmöglichkeit (§ 275)[46] zurück, wenn die zu sichernde Forderung nicht besteht oder nachträglich erlischt. Dem liegt ein weitergefaßter Unmöglichkeitsbegriff zugrunde, der nicht nur die gegenständliche Unerbringlichkeit der geschuldeten Leistung, sondern auch die *Nichterreichung bestimmter Zwecke* umfaßt, denen die Leistung nach dem Inhalt des Vertrages dienen soll[47]. Als ein solcher Zweck wird auch der Sicherungszweck aufgefaßt; geschuldet ist danach nicht allein die Übertragung des Eigentums, sondern dies gerade zu dem speziellen *Zweck der Sicherung* einer Forderung, so daß ein Ausbleiben dieses Zweckes zur Unmöglichkeit der Erbringung der vertraglichen Leistung führt[48].

---

[43] Siehe Teil III 3 b.
[44] Siehe dazu schon oben Teil II 3 c.
[45] Esser, SchuldR I (4. Aufl.) S. 19 f.; Küchler, Sicherungsgrundschuld S. 27; Welker, S. 99; Carl, S. 95 f.; vgl. auch Zeiss, AcP 164, 69.
[46] Esser, SchuldR I (4. Aufl.) S. 19 f.; ähnlich Küchler, Sicherungsgrundschuld, S. 27. Carl (a.a.O.) und Welker (a.a.O.) wenden im Fall nachträglichen Zweckfortfalls die Zweckverfehlungskondiktion (so Welker, S. 97 ff.) oder Vertragsansprüche (so Carl, S. 102) an.
[47] Blomeyer, SchuldR § 41 I; Esser, SchuldR (4. Aufl.) § 35 I; Flume, Allg. Teil § 26, 5.
[48] Esser, SchuldR I (4. Aufl.), S. 19 f.

aa) Die Lehre von der Zweckverfehlung und dem Zweckfortfall als Leistungsstörungskategorie

Hinter dieser Auffassung, die die Verfehlung oder den Fortfall bestimmter Zwecke in den Begriff der Unmöglichkeit einbezieht, steht die Bemühung, die gesetzlichen Normen der Gefahrtragung und der Verteilung des Gegenleistungsrisikos bei Leistungsstörungen auch für solche Fälle fruchtbar zu machen, in welchen die Erbringung einer vertraglich geschuldeten Leistung für den Gläubiger keinen Sinn mehr hat, weil ein von ihm verfolgter spezieller Zweck nicht erreicht werden kann[49].

Den Anknüpfungspunkt dafür bilden die sog. Tanzverbots-Fälle (Räumlichkeiten werden zum Betrieb eines Tanzlokales verpachtet, kurz darauf werden jedoch Tanzveranstaltungen kraft öffentlich-rechtlichen Verbotes untersagt)[50], der sog. Abschlepp-Fall (der Fahrer eines liegengebliebenen KFZ ruft ein Abschleppunternehmen an, um den Wagen zur Werkstatt bringen zu lassen; bevor das Abschleppfahrzeug ankommt, springt der Wagen wieder an)[51] und der sog. Suchanzeigen-Fall (bei der örtlichen Zeitung wird eine Suchanzeige über den entwichenen Zwergpudel „Bodo" aufgegeben; noch vor Erscheinen des Inserates – bzw. kurz danach – ist „Bodo" von alleine wieder zu Hause erschienen oder vom Auto überfahren worden)[52].

Charakteristisch für diese Fälle ist, daß die geschuldete Leistung als solche (Überlassung der Räume, Abschleppen des KFZ, Drucken des Inserates) durchaus erbringbar ist, jedoch den Zweck nicht mehr erfüllen kann, dem sie auf Gläubigerseite dienen sollte. Zieht man diese weiteren Zwecke des Gläubigers in die vertragliche Leistungspflicht herein, so wird diese dahingehend modifiziert, daß nicht nur ein Raum vermietet oder eine Abschleppfahrt durchgeführt werden soll, sondern diese Leistung zweckgebunden (die Überlassung des Saales zum Zwecke der Tanzveranstaltung, das Abschleppmanöver zum Zweck der Reparatur) zu erbringen ist; die Verpflichtung des Schuldners ist auf eine für den weiteren Gläubigerzweck taugliche Leistung konkretisiert[53]. Ist die Erreichung des Zweckes nicht möglich, liegt folglich eine Unmöglichkeit der Leistungserbringung wegen Zweckverfehlung bzw. Zweckfortfall vor[54]. Die Einordnung

---

[49] Esser, SchuldR I § 35 I 2; Huber, JuS 1972, 59, 61; Beuthien, Zweckerreichung S. 2, 156, 196 ff.; Köhler, Unmöglichkeit und Geschäftsgrundlage S. 100, 130.

[50] RGZ 87, 277; 88, 96; 89, 203; ähnlich RGZ 91, 54; siehe auch Larenz, Geschäftsgrundlage S. 146; Köhler, Unmöglichkeit und Geschäftsgrundlage S. 89; Esser, SchuldR I (4. Aufl.) S. 222.

[51] Beuthien, Zweckerreichung S. 146; Köhler, Unmöglichkeit und Geschäftsgrundlage S. 89; Esser, SchuldR I (4. Aufl.) S. 222.

[52] Esser, SchuldR I (2. Aufl.) § 85, Beispiel b); Wieacker, FS Nipperdey S. 806 FN 54; Köhler, a.a.O. S. 82; Beuthien, a.a.O. S. 146, 190.

[53] Beuthien, Zweckerreichung S. 35, 159 ff., 176 ff.; Esser, SchuldR I (4. Aufl.) § 35 II; Kegel, FS Mann S. 59, 68.

[54] Esser, a.a.O.; Flume, Allg. Teil § 26, 5.; Wieacker, FS Nipperdey, S. 810 ff.

A. Der bereicherungsrechtliche Rückübertragungsanspruch

unter die verschiedenen Leistungsstörungstatbestände[55] erlaubt dann weiterhin eine eng am Gesetz orientierte, flexible Aufgliederung des Gegenleistungsrisikos (§§ 323 Abs. 1, 324 Abs. 1, 645 Abs. 1)[56].

Die Anwendung der Unmöglichkeitsvorschriften auf die Fälle der Verfehlung oder des Fortfalles bestimmter (Verwendungs-)Zwecke des Gläubigers hat ihren Ausgangspunkt in der oben[57] angedeuteten Finalstruktur des Schuldverhältnisses. Die einzelne Zuwendung, die zum Zwecke der Erreichung eines Erfolges (Erlangung einer Gegenleistung, Erfüllung) vorgenommen wird, ist ihrerseits inhaltlich auf einen Erfolg gerichtet. Eine schuldrechtliche Verpflichtung zielt auf die Erbringung einer Leistung ab, und durch den Inhalt dieser Leistungspflicht ist das Gläubigerinteresse bestimmt, zu dessen Befriedigung der Schuldner kraft des Vertrages verpflichtet ist[58]. Eine Obligation kann daher insofern als zweckgerichtet angesehen werden, als sie auf die Befriedigung dieses Gläubigerinteresses gerichtet ist[59].

Damit ist ein von der causa einer Verpflichtung zu unterscheidender, reiner *Schuldzweck* angesprochen; er gibt nicht den *Grund* für die Eingehung der Verpflichtung an, sondern konkretisiert den *Leistungserfolg,* den der Schuldner nach dem Inhalt der vertraglichen Verpflichtung zu erbringen hat[60]. Anders als beispielsweise der Austauschzweck oder Sicherungszweck, der rechtlich die Eingehung einer Verpflichtung rechtfertigt, betrifft dieser Zweck den *gegenständlichen Inhalt der einzelnen Verpflichtung* und drückt deren Finalität im Hinblick auf den herbeizuführenden Leistungserfolg aus[61]. Kraft Vereinbarung kann dieser Schuldinhalt dahingehend erweitert werden, daß sich das vertraglich festgelegte Gläubigerinteresse nicht auf den bloßen Erhalt einer Leistung

---

[55] Im Miet- und Werkvertragsrecht ist die Tauglichkeit zu bestimmten Verwendungszwecken als Erfüllungspflicht vom Mängelgewährleistungsrecht erfaßt, vgl. Flume, Allg. Teil S. 512; Beuthien, Zweckerreichung S. 166 ff.; Huber, JuS 1972, 59; die allgemeinen Regeln über die Unmöglichkeit werden dann von den Sonderregeln des Gewährleistungsrechts verdrängt (Jauernig/Teichmann, § 537 Anm. 1; Erman/Seiler, § 633 Rdnr. 27, 61).

[56] Esser, SchuldR I (4. Aufl.) S. 222 f.; Beuthien, a.a.O. S. 119 ff., 210 ff. Die Gegenansicht von Larenz (Geschäftsgrundlage S. 104 ff.; SchuldR I § 21 II) und Köhler (Unmöglichkeit und Geschäftsgrundlage S. 119 ff., 179) zieht dafür die Grundsätze über Fehlen bzw. Wegfall der Geschäftsgrundlage heran.

[57] Teil III 1.

[58] van den Daele, S. 17 ff.

[59] Esser, SchuldR I (4. Aufl.), § 35; Larenz, SchuldR I, § 2 V, S. 28; Blomeyer, SchuldR S. 223; Köhler, Unmöglichkeit und Geschäftsgrundlage, S. 4; Beuthien, Zweckerreichung S. 27 ff., 34 f. Die Lehre vom Obligationszweck geht zurück auf Hartmann (Die Obligation, S. 10, 14 f., 18, 32). Sie diente insbesondere der Erfassung der sog. Zweckerreichung als Erlöschensgrund; kritisch zu dieser Terminologie Larenz, SchuldR I, § 21 I c.

[60] Esser, SchuldR (2. Aufl.) § 85, 8; ders., SchuldR II (4. Aufl.) § 103 II 2. a), wo zutreffend der Unterschied zwischen Gläubigerzweck und causa hervorgehoben wird. Aus diesem Grunde sprechen Klinke, Causa und Synallagma S. 117 und van den Daele, S. 17 von einer „doppelten Finalität" der schuldrechtlichen Verpflichtung. Anders dagegen Westermann, Die causa S. 62 f., der offenbar jegliche Vereinbarung eines solchen Gläubigerzweckes zum Inhalt der causa gehörig ansehen will.

[61] Esser, SchuldR I (4. Aufl.) S. 20 f.; Blomeyer, SchuldR S. 223, 250; van den Daele, S. 17 f.

beschränkt, sondern auch deren Geeignetheit zur Erreichung weiterer Zwecke umfaßt[62]. Die Leistungspflicht wird damit derart modifiziert, daß eine Erfüllung im Sinne der Verwirklichung des Obligationszwecks nur eintreten kann, wenn die Leistung zur Erreichung auch des weiteren Gläubigerzwecks geeignet ist. Dagegen führt die Untauglichkeit der Leistung zur Verwirklichung dieses Zweckes zur Leistungsstörung (Unmöglichkeit)[63], so daß das ursprünglich beim Gläubiger liegende Verwendungsrisiko auf den Schuldner übergewälzt wird[64]. Einige typische Fälle solcher Zwecke sind im Gesetz im Mängelgewährleistungsrecht speziell geregelt (§§ 459 ff., 633 ff.: Tauglichkeit zum üblichen oder nach dem Vertrag vorausgesetzten Gebrauch) und insofern besonders vereinbarten Zwecken gleichgestellt[65]. Die übrigen Fälle unterfallen den Unmöglichkeitsregeln[66].

bb) Ausklammerung der Nichterreichung des Sicherungszwecks aus dem Leistungsstörungsrecht

Aus dem Gesagten ergibt sich bereits, daß der Sicherungszweck nicht unter diesen den Leistungsgegenstand betreffenden Zweckbegriff gefaßt werden kann. Mit der Vereinbarung, Eigentum zum Zweck der Sicherung auf den Sicherungsnehmer zu übertragen, wird nicht etwa im Rahmen eines wirksamen, durch einen Rechtsgrund bereits individualisierten Geschäftstypus ein *weiterer* spezieller *Gläubigerzweck* vereinbart, zu dessen Erreichung das übertragene Eigentum „tauglich" sein muß[67]. Die Zweckvereinbarung tangiert überhaupt nicht die

---

[62] Beuthien, Zweckerreichung S. 159 ff., 180 f.; dazu Köhler, Unmöglichkeit und Geschäftsgrundlage S. 84 ff., 90. Soweit in diesem Zusammenhang stellenweise die Bezeichnung „Vertragszweck" zu finden ist (z.B. RGZ 89, 206 f. „Tanzverbot", RGZ 161, 334, 338 „Venusberg"; siehe auch Kegel, Gutachten S. 149), so ist dem nur die Bedeutung beizumessen, daß ein solcher Zweck Inhalt des Vertrages werden muß, um für den Schuldner verbindlich zu sein, vgl. Köhler, a.a.O. S. 137; siehe auch Larenz, Geschäftsgrundlage S. 104 f. Er bleibt dabei aber ein einseitiger Gläubigerzweck.

[63] Wieacker, FS Nipperdey S. 806 ff.; Beuthien, a.a.O. S. 160 f.; Köhler, Unmöglichkeit und Geschäftsgrundlage S. 85; Himmelschein, AcP 135, 282; Huber, JuS 1972, 61.

[64] Beuthien, Zweckerreichung S. 160 f., 180 f.; Himmelschein, AcP 135, 282 ff.; Klinke, Causa und Synallagma S. 55 f. Insoweit übereinstimmend auch Larenz, Geschäftsgrundlage S. 100 ff., 105; Köhler, a.a.O. S. 12.

[65] Kegel, Gutachten S. 149.

[66] Kritisch zu dieser Wirkung der Einbeziehung von Gläubigerzwecken in den Vertrag, daß die geschuldete Leistung inhaltlich modifiziert wird und folglich bei Zweckstörungen Unmöglichkeit vorliegen soll, Köhler, a.a.O., S. 89 ff., 94 f., 97, 176 ff. Allgemein spricht gegen die Anwendung der Unmöglichkeitsregeln auf diese Fälle die ohnehin zu weite Ausdehnung dieser Leistungsstörungskategorie, die im Anschluß an Mommsen als Hauptfall und Ausgangspunkt für das gesamte System gesehen wurde, vgl. die Ausführungen in RGZ 54, 98, 102, und bei Rabel, Unmöglichkeit der Leistung, Ges. Schr. I S. 2 ff.; ders., Nichterfüllung gegenseitiger Verträge, Ges. Schr. III S. 140 f., 143, 145. Darauf wird auch im Rahmen der modernen Reformbetrebungen hingewiesen, vgl. Huber, Gutachten S. 757 f., 762 f.

[67] So aber Esser, SchuldR I (4. Aufl.) S. 19 f.; ähnlich Jäckle, JZ 1982, 55, dessen verfremdete Verwendung dieses Zweckbegriffs von Buchholz, ZIP 1987, 894 f. aufgegriffen wird.

A. Der bereicherungsrechtliche Rückübertragungsanspruch 103

gegenständliche Leistungserbringung in dem Sinne, daß es ein zur Sicherung „taugliches" oder „untaugliches" Eigentum gäbe, so daß sich eine Verfehlung des Sicherungszwecks auch nicht als ein Hindernis auf der Leistungsebene darstellt. Der Nichteintritt oder der Wegfall des Sicherungserfolges aufgrund Tilgung oder Fehlens der gesicherten Forderung kann daher nicht unter die Kategorie der Leistungsstörungen wegen Verfehlung eines „weiteren" Verwendungszwecks des Gläubigers eingeordnet werden.

Vielmehr ist der Sicherungszweck der wirtschaftlich und rechtlich „erste", von den Parteien mit dem Geschäft gemeinsam verfolgte Geschäftszweck, der die Verpflichtung des Sicherungsgebers inhaltlich erklärt und den Vertrag als Typus prägt. Er gibt – gleich dem Austausch – oder Schenkungszweck – den Grund dafür an, warum sich der Sicherungsgeber zur Eigentumsübertragung verpflichtet. Der Sicherungszweck beinhaltet damit den rechtlichen Grund für die Eingehung der schuldrechtlichen Verpflichtung und betrifft nicht den Gegenstand der – aus einem sonstigen Grunde – bestehenden Leistungspflicht. Der Bereich einer die Verwendungstauglichkeit der Leistung regelnden, allein das einseitige Gläubigerinteresse an der Leistung konkretisierenden Zweckvereinbarung ist damit nicht angesprochen.

Demnach läßt sich auch ein Rückübertragungsanspruch bei Fehlen oder Erlöschen der gesicherten Forderung aus § 812 Abs. 1 Satz 1, 1. Alt. bzw. Satz 2, 1. Alt. nicht mit der Begründung aufrechterhalten, die Verpflichtung des Sicherungsgebers sei aufgrund Unmöglichkeit erloschen[68].

b) Die Annahme einer Unwirksamkeit des Sicherungsvertrages wegen Rechtsgrundstörung

Schließlich erfolgt die Rückabwicklung nach einigen Stimmen deshalb im Wege des Bereicherungsrechts, weil mit Verfehlung bzw. Wegfall des Sicherungszwecks der *Rechtsgrund des Sicherungsvertrages* gestört ist und dies zu einer *Gegenstandslosigkeit* und damit *Unwirksamkeit* des Vertrages führt[69]. Dahinter steht die Auffassung, eine zweckabhängige („kausale") Zuwendung sei bei Mängeln im Rechtsgrund stets unwirksam[70]. Dieser Satz ist in der Allgemeinheit jedoch zumindest nicht zwingend. Zwar ordnet beispielsweise § 306 für den gegenseitigen Vertrag eine solche Rechtsfolge an, wenn der Austauschzweck aufgrund einer anfänglichen Unmöglichkeit der Leistung nicht erreicht werden

---

[68] So im Ergebnis auch Weber, AcP 169, 243; Jäckle, JZ 1982, 56 FN 112.
[69] Bähr, NJW 1983, 1474 (unter II.); Tiedtke, DB 1982, 1710; Huber, Sicherungsgrundschuld S. 91 f.; ähnlich, aber mit abweichender Begründung Jäckle, JZ 1982, 55 f. Vgl. auch die Formulierung bei Westermann, SachenR § 114 II 1, b und Soergel/Mühl, § 930 Rdnr. 31 („Gegenstandslosigkeit" des Sicherungsvertrages).
[70] So v. Tuhr, S. 96 f.; Ehmann, Gesamtschuld S. 181; Klinke, Causa und Synallagma S. 81.

kann[71]. Wie oben[72] bereits aufgezeigt, enthält aber gerade die Regelung des gegenseitigen Vertrages bei Störungen des Synallagma in §§ 323 ff. auch Rechtsbehelfe, mit denen die Erledigung des Vertrages unter Aufrechterhaltung des vertraglichen Schuldverhältnisses erfolgt.

Aus dem Gesetz läßt sich somit keine eindeutige und allgemeine Aussage darüber ableiten, in welcher Form das Fehlen oder der spätere Wegfall des Rechtsgrundes auf eine vertragliche Verpflichtung einwirkt. Die historische Betrachtung der Funktion des Bereicherungsrechts und die neuere Entwicklung des Schuldvertragsrechts lassen jedoch die Tendenz erkennen, Störungen innerhalb des Schuldvertrages auch auf vertraglicher Ebene zu korrigieren. Deutlich wird dies bereits beim gegenseitigen Vertrag, wo die Nichtigkeitsanordnung des § 306 mit der Folge des Bereicherungsausgleiches für bereits erbrachte Leistungen als unpassend und zu unflexibel kritisiert wird und stattdessen bei Störungen des Austauschzwecks (Synallagma) aufgrund anfänglicher Leistungsunmöglichkeit eine vertragliche Lösung befürwortet wird[73]. Der tiefere Grund für diese Entwicklung liegt darin, daß im Falle einer Nichtigkeitsanordnung das von den Parteien in Geltung gesetzte Regelungsgefüge des Vertrages außer Funktion gesetzt wird und im Rahmen der bereicherungsrechtlichen Rückabwicklung keine hinreichende Berücksichtigung mehr finden kann. Dagegen wirkt bei einer Abwicklung auf der Grundlage des fortbestehenden Vertrages dessen Pflichtengefüge und Risikoverteilung weiter und bestimmt das Rechtsverhältnis der Parteien bis zur gänzlichen Erledigung des Vertrages.

Dies erlaubt es, auch beim Sicherungsvertrag nicht unbesehen eine Gesamthinfälligkeit des Vertrages anzunehmen, wenn der Sicherungszweck als Rechtsgrund der Übereignungsverpflichtung nicht erreicht wird. Eine auf dem Fortbestand des Sicherungsvertrages aufbauende Lösung erscheint jedenfalls aus den genannten Gründen vorzugswürdiger als ein Rückgriff auf den allgemeinen und weniger differenzierten Behelf des Bereicherungsrechts.

B. Die Einbeziehung der Rückabwicklungsfolgen der Erledigung und Störung des Sicherungszwecks in den Sicherungsvertrag

Vereinzelt wird eine einheitliche, auf der Grundlage des Sicherungsvertrages beruhende Rückabwicklung für sämtliche Fälle der Tilgung oder des sonstigen Fehlens der gesicherten Forderung befürwortet[74]. Dabei entspricht es zunächst

---

[71] van den Daele, S. 25 f.; siehe dazu oben Teil III 3 b. Zur Kritik an dieser Nichtigkeitsfolge des § 306 siehe dort und sogleich im Text.
[72] Teil III 3 b.
[73] Rabel, Unmöglichkeit der Leistung, Ges. Schr. I S. 11 f.; näher dazu unter B 2.
[74] Rimmelspacher, Kreditsicherungsrecht Rdnr. 390, 838 f.; Flume, Allg. Teil S. 155 f.; Baur, SachenR § 57 IV 1; Serick, Bd. III, S. 392; siehe auch Jauernig, § 1191 Anm. II 4.

B. Der sicherungsvertragliche Rückübertragungsanspruch

der überwiegenden Meinung in Rechtsprechung[75] und Schrifttum[76], daß die Erledigung des Sicherungszwecks im Falle der Tilgung der Forderung zu einem Vertragsanspruch auf Rückübertragung des Eigentums führt. Dies ergibt sich schon aus dem Inhalt der Sicherungsvereinbarung, die bei planmäßiger Durchführung des Kreditgeschäftes auf Rückabwicklung des Sicherungsgeschäftes gerichtet ist[77].

Der Sicherungsvertrag steht damit durchaus in Parallele zu anderen gesetzlich geregelten Gebrauchsüberlassungsverträgen und dem Darlehensvertrag, wo das Gesetz den Rückgabe- oder Rückübertragungsanspruch in den Vertrag einbezogen hat[78]. Dabei liegt eine Ähnlichkeit insbesondere zwischen dem Darlehen und der Sicherungsübereignung darin, daß nicht die unbeschränkte Eigentumsübertragung den Gegenstand der vertraglichen Verpflichtung bildet, sondern mit der Darlehensabrede die Eigentumsübertragung auf eine Gebrauchsüberlassung auf Zeit beschränkt wird[79]. Ein Rückübertragungsanspruch gehört deshalb zum begriffsnotwendigen Inhalt des Darlehensvertrages[80], wobei die historische Entwicklung zeigt, daß diese Aufgabe der Rückabwicklung ursprünglich von der römisch-rechtlichen condictio übernommen wurde, während sie nach heutigem Verständnis dem Schuldvertrag zugewiesen ist[81].

Ebenso ist der den Sicherungsvertrag als Rechtsgrund inhaltlich prägende Sicherungszweck notwendig auf die Rückgewähr des Eigentums bei planmäßigem Ablauf des Vertrages gerichtet, so daß der Rückübertragungsanspruch als typisches Strukturelement zum Inhalt des Sicherungsvertrages gehört.

Von den Stimmen, die darüber hinaus eine Rückabwicklung auf der Grundlage des Sicherungsvertrages auch bei Störung des Sicherungszwecks wegen anfänglichen Fehlens oder nachträglichen Wegfalles der Forderung befürworten, wird zum Teil die Auslegung des Vertrages als Begründung herangezogen[82]. Das auf den konkreten Einzelfall ausgerichtete Mittel der Auslegung erscheint jedoch zu eng und beschränkt, um eine allgemeingültige Rechtsfolgenbestimmung herbeiführen zu können. Die Entscheidung zwischen bereicherungsrechtlichen und vertraglichen Rechtsbehelfen zur Korrektur einer Störung des Sicherungszweckes steht vor der umfassenderen Problematik der im BGB ange-

---

[75] RG WarnRspr. 1908, 143 (Nr. 197); 1934, 166, 167 (Nr. 77); RG HRR 1930, Nr. 2145; BGH, NJW 1985, 801.
[76] Rimmelspacher, Kreditsicherungsrecht Rdnr. 390; Huber, Sicherungsgrundschuld, S. 79 f.; Jäckle JZ 1982, 51.
[77] Serick, Bd. III S. 392; Huber a.a.O.; Carl, S. 101 f.
[78] Vgl. z.B. §§ 556 Abs. 1, 604 Abs. 1, 607 Abs. 1, 695.
[79] RGZ 161, 52, 56; v. Lübtow, Die Entwicklung des Darlehensbegriffs, S. 16; Schönle, Bank- und BörsenR § 9 I.
[80] BGHZ 25, 174, 177; MK-Westermann, Vor § 607 Rdnr. 3.
[81] Siehe oben Teil IV 3 c.
[82] Rimmelspacher, Kreditsicherungsrecht Rdnr. 390; Jauernig, § 1191 Anm. II 4; Buchholz, ZIP 1987, 897 ff.; dagegen Weber, AcP 169, 243.

legten Zweispurigkeit des Rückabwicklungsrechts und der Aufgliederung der Funktion dieser einzelnen Behelfe für die Abwicklung eines gestörten Vertrages.

1. Der Vorrang vertraglicher Abwicklungsbehelfe bei Rechtsgrundstörungen im Schuldvertrag

Grundsätzlich erfüllen Bereicherungsrecht und vertragliche Rückabwicklungsbehelfe parallelliegende Funktionen im Hinblick auf die Korrektur fehlgeschlagener Güterverschiebungen[83]. Die vertraglichen Rückgewähr- und Ausgleichsansprüche sind jedoch für den Vertragsbereich als speziellere Rechtsbehelfe ausgestaltet und übernehmen anstelle des Bereicherungsrechtes die Aufgabe der Regelung von Störungen im Vertrag. Die kraft des Parteiwillens in Geltung gesetzte Risiko- und Gefahrverteilung wirkt auf diese Weise in das Abwicklungsstadium fort und kann dort Berücksichtigung finden. Die einzelnen Behelfe dafür sind wiederum beim gegenseitigen Vertrag als der wirtschaftlich wichtigsten Form am ausgeprägtesten normiert. Mit der Regelung von Schadensersatz, Rücktritt, Wandelung und Minderung im Rahmen des allgemeinen Leistungsstörungs- und des Mängelgewährleistungsrechts sind punktuelle Lösungen für die Abwicklung bei Nichterreichung des Austauschzwecks im Gesetz vorgegeben und um zusätzliche Institute wie etwa den Wegfall der Geschäftsgrundlage erweitert worden[84]. Damit enthält der gegenseitige Vertrag eigene Abwicklungsinstrumente, die das allgemeine und weniger an den Bedürfnissen des einzelnen Vertrages orientierte Prinzip der Bereicherungsauskehr verdrängen. Das von den Parteien geschaffene Schuldverhältnis bleibt als sinnvolles Gefüge zur Bestimmung der Rechte und Pflichten der Parteien sowie der Verteilung der Risiken aufrechterhalten und wird mit dem modifizierten Ziel der Abwicklung fortgesetzt[85]. Der Vertrag bietet somit selbst die rechtliche Handhabe zur Korrektur von Störungen des Rechtsgrundes.

Allerdings stand dem Gesetzgeber diese umfassende Funktion des durch den Vertrag geschaffenen Schuldverhältnisses nicht als klar gefaßter Gedanken vor Augen, und deshalb ist auch die Aufgabentrennung zwischen Bereicherungsrecht und Schuldvertragsrecht nicht strikt durchgehalten. Die Betrachtung einzelner Schadensersatz- und Rückgewährfolgen als spezielle, aus dem Schuldverhältnis erwachsende und das Bereicherungsrecht verdrängende Instrumente zur Korrektur einer Vertragsstörung hat ihre Grundlage in der neueren Entwicklung, die dem Schuldverhältnis den Sinn eines komplexen Organismus von

---

[83] v. Caemmerer, FS Rabel, Ges. Schr. I S. 219 f.; Rengier, AcP 177, 448; Reuter/Martinek, S. 660.
[84] v. Caemmerer, FS Rabel, Ges. Schr. I S. 219 ff.; siehe auch Frank, FS Müller-Freienfels, S. 144 f.
[85] Stoll, AcP 131, 183 FN 88; Leser, Der Rücktritt S. 100 ff., 159 ff.; Mitteis/Lieberich, Deutsches Privatrecht S. 126 f., 145 f.

B. Der sicherungsvertragliche Rückübertragungsanspruch

Rechten und Pflichten zur Erreichung des Vertragszieles verlieh[86]. Dieses Verständnis erlaubte eine Einbeziehung auch der Folgen einer Vertragsstörung in das Regelungsgefüge des Schuldvertrages.

Besonders deutlich läßt sich dies anhand der Entwicklung des Rücktritts aufzeigen. Entstanden aus einer eine auflösende Bedingung enthaltenden Vertragsklausel (sog. lex commissoria), die noch unter dem gemeinen Recht aufgrund der Zweckabhängigkeit der Übereignung den Eigentumsübergang rückwirkend entfallen ließ, wurde die Wirkungsweise des Rücktritts vom Gesetzgeber unter dem maßgeblichen Einfluß von Windscheid[87] auf den obligatorischen Vertrag beschränkt[88]. In Fortführung der Bedingungskonstruktion wurde der Rücktritt daraufhin lange Zeit als ein Erlöschensgrund angesehen, der den Vertrag rückwirkend beseitigte[89]. Die im Gesetz in Anlehnung an die römisch-rechtliche actio redhibitoria niedergelegten Abwicklungsvorschriften der §§ 346 ff. wurden daher als lediglich modifizierte Bereicherungsansprüche verstanden[90]. Erst mit der Entwicklung des Begriffes des Schuldverhältnisses als eines Organismus, dessen inhaltliche Gestalt sich unter Wahrung seiner Identität ändern kann, setzte sich die Auffassung einer Umgestaltung des Vertrages in ein Rückgewährschuldverhältnis durch[91]. Trotz Störung des Rechtsgrundes der ursprünglichen Leistungspflichten bleibt das Schuldverhältnis in seiner Gesamtheit intakt und regelt weiterhin die Rechtsbeziehungen zwischen den Parteien, ist aber nunmehr auf die Rückführung erbrachter Leistungen und den Ausgleich von erlittenen Einbußen gerichtet.

In gleicher Weise stellt sich auch der Schadensersatz wegen Nichterfüllung nach §§ 325, 326 als eine inhaltliche Umgestaltung des fortbestehenden Schuldverhältnisses dar. Die Verfehlung des Vertragszwecks (Austauschzwecks) aufgrund einer Leistungsstörung führt auch hier nicht zum Wegfall des Vertrages[92], sondern die ursprünglichen Leistungspflichten wandeln sich in Ersatzpflichten um. Daß damit der gesamte Vertrag in die Abrechnung einbezogen wird und nicht lediglich die einzelne Leistungspflicht des vertragsuntreuen Teiles

---

[86] Siber, SchuldR § 1 I; Larenz, SchuldR I § 2 V, S. 26 f.; Gernhuber, Bürgerliches Recht S. 117, 298 f.; MK-Kramer, Einl. vor § 241 Rdnr. 12.
[87] Windscheid, Pandekten Bd. I S. 255 f.; Bd. II, S. 216 f.
[88] Leser, Der Rücktritt S. 16 ff., 23 f., 39 f.
[89] RGZ 141, 259, 261 f.; siehe dazu Motive, Bd. II S. 210 f., 280 f.
[90] Leser, a.a.O. S. 27 ff., 38 ff., 154 ff.; Stoll, AcP 131, 145, 163 f.; Larenz, SchuldR I § 26 a, S. 374. Die Motive (Bd. II, S. 281 f.) sprechen von einer „obligatio ad restituendum in integrum", die inhaltlich über die bloße Bereicherungsauskehr hinausgeht.
[91] Stoll, AcP 131, 183 f.; Leser, Der Rücktritt, S. 159 f.; Gernhuber, Bürgerliches Recht S. 298 f.
[92] Die in BGHZ 20, 338, 341 f. vertretene Auffassung, mit Vorliegen der Voraussetzungen des § 326 erlösche der Gegenanspruch des Schuldners auf Leistung automatisch, wird in Ansehung der dem Gläubiger nach wie vor zugesprochenen Befugnis, seine eigene Leistung zu erbringen, als zu schematisch und unflexibel kritisiert, vgl. Leser, Der Rücktritt S. 131 f. bei FN 90; ders., Lösung vom Vertrag, FS Wolf S. 377, 385 f., 388, 390, 393.

zur Schadensersatzpflicht umgestaltet wird, ist das Ergebnis der in Rechtsprechung und Wissenschaft entwickelten Differenztheorie[93]. Das ursprüngliche Gefüge des Vertrages mit seiner Risiko- und Gefahrverteilung wird aufrechterhalten und wirkt im Abwicklungsstadium fort, so daß auch hier ein im Vertrag selbst angelegter Behelf die Korrektur von Störungen des Austauschzwecks übernimmt[94].

Nach heutiger Auffassung sind damit die in §§ 323 ff. angeordneten Rechtsfolgen bestimmter Leistungsstörungstatbestände in weiten Bereichen im Schuldvertrag selbst enthalten. Die Nichterreichung des mit Eingehung der einzelnen Leistungsverpflichtung bezweckten Gegenleistungserfolges führt nicht zur Hinfälligkeit des Vertrages, sondern zu dessen Umgestaltung in ein Abwicklungsverhältnis. Dabei übt der Vertrag diese Funktion, Rechtsgrundstörungen zu korrigieren, auch bei einer bereits bei Vertragsabschluß vorliegenden Unerreichbarkeit des Austauschzwecks aus, wie dies beim anfänglichen Unvermögen der Fall ist[95]. Die Leistungsverpflichtung wird durch ein derartiges anfängliches Leistungshindernis nicht unwirksm, sondern ist nunmehr inhaltlich auf die Erledigung des Vertrages im Wege des Schadensersatzes gerichtet[96].

Gleiches gilt für die Fälle, in denen der vertragscharakteristische Geschäftszweck aufgrund einer Mangelhaftigkeit der Leistung gestört wird[97]. Die in den Mängelgewährleistungsvorschriften separat geregelten Schadensersatzfolgen oder über §§ 440 Abs. 1, 467, 634 Abs. 1, 4 entsprechend anwendbar erklärten Rücktritts- und Schadensersatznormen der §§ 325, 326 enthalten gleichfalls Behelfe, die ihre Grundlage im fortbestehenden Schuldverhältnis haben. Der Wirkungsbereich des Vertrages beschränkt sich insoweit nicht auf die Aufstellung von Rechten und Pflichten der Parteien zur Verwirklichung des mit Vertragsschluß vereinbarten Gesamtgeschäftszwecks (des Rechtsgrundes der Verpflichtungen), sondern bildet darüber hinaus die Grundlage für die Abwicklung des Vertragsverhältnisses bei Störungen des Rechtsgrundes.

---

[93] Siehe oben Teil III 3 b.
[94] Leser, Der Rücktritt S. 101 f., 122 ff.; van den Daele, S. 88 ff.; siehe auch Motive, Bd. II S. 210 f.
[95] Schon dies spricht gegen die Annahme Welkers (S. 99), aus der anfänglichen Verfehlung des Sicherungszwecks folge zwingend eine Unwirksamkeit des Sicherungsvertrages.
[96] RGZ 69, 355, 357; BGHZ 11, 16, 21 f.; 47, 266, 269 (die Rechtsprechung leitet diese vertragliche Haftung aus einer Gewährübernahme zur Leistungsfähigkeit bei Vertragsschluß ab). Dazu Rabel, Recht des Warenkaufs S. 124 f.; Palandt/Heinrichs, § 306 Anm. 4 a; Esser, SchuldR I (4. Aufl.) § 33 II, S. 206 f.; Larenz, SchuldR I S. 27.
[97] Lange, AcP 146, 46 f.; Kegel, Gutachten S. 149; ders., FS Mann S. 69; Locher, Bodenrecht S. 75; ders., AcP 121, 44 f.; Kohler, SchuldR S. 222; Klinke, Causa und Synallagma S. 128 f., 131 f.; Westermann, Die causa S. 61 ff., 92 f.

2. Die gesetzlichen Fälle einer Verlagerung der Vertragsabwicklung auf das Bereicherungsrecht

Die Einbettung der Reaktion auf derartige Vertragsstörungen in den Vertrag selbst liegt allerdings, wie oben bereits angedeutet[98], dem Gesetz nicht als streng durchgehaltenes Prinzip zugrunde. In einigen Fällen führt ein Mangel des Rechtsgrundes einer vertraglichen Verpflichtung nach der Vorstellung des Gesetzgebers zu deren Hinfälligkeit mit der Folge, daß die Rückabwicklung von bereits im Hinblick auf den Vertrag erbrachten Leistungen dem Bereicherungsrecht zugewiesen ist.

Am weitesten in diese Richtung geht die Rechtsfolgeanordnung in § 306, der die Nichtigkeit des gesamten Vertrages vorsieht, wenn der Zuwendungszweck aufgrund anfänglicher objektiver Leistungsunmöglichkeit nicht erreicht werden kann[99]. Gerade diese Norm wird von einigen Stimmen als gesetzliche Stütze für die Annahme herangezogen, der Rechtsgrundmangel im Vertrag führe regelmäßig zu dessen Nichtigkeit, so daß auch die Verfehlung des Sicherungszwecks die Unwirksamkeit des Sicherungsvertrages nach sich ziehen müsse[100].

Diese rigorose Nichtigkeitsanordnung ist jedoch keine notwendige oder logische Folge der Unmöglichkeit. Der bereits in den Motiven[101] zur Begründung zitierte Satz „impossibilium nulla est obligatio" zielt jedenfalls nur auf die Hinfälligkeit der Verpflichtung zur Leistung ab, führt aber nicht zwingend zur Unwirksamkeit des gesamten Vertrages[102]. Die Rechtsfolge des § 306 wird daher vielfach als unsachgemäß und verfehlt kritisiert[103]. Der Vertrag als Grundlage auch für die weitere Abwicklung braucht durch die Leistungsunmöglichkeit nicht gänzlich außer Funktion gesetzt zu werden[104]. Auch wenn die Vertragsdurchführung von Anfang an unmöglich ist, bildet der Vertrag mit seinen speziellen Verschuldens- und Haftungsregeln unter Einschluß der Möglichkeit des Schadensersatzes wegen Nichterfüllung einen geeigneteren Anknüpfungspunkt für die Interessenausgleichung. Dieses Ziel wird im Schrifttum[105] vielfach auf dem rechtstechnischen Weg herbeizuführen versucht,

---

[98] Siehe Teil III bei FN 62 und unter III 3 b.
[99] van den Daele, S. 25 f.; Beinert, S. 202. Im übrigen siehe schon Teil III FN 95.
[100] Welker, S. 99; Zeiss, AcP 164, 69; Küchler, Sicherungsgrundschuld S. 27.
[101] Motive, Bd. II S. 176.
[102] Rabel, Recht des Warenkaufs Bd. I, S. 121; Zweigert, SJZ 1949, 415; Staudinger/Löwisch, § 306 Rdnr. 2; Palandt/Heinrichs, § 306 Anm. 1.
[103] Mitteis/Lieberich, Deutsches Privatrecht S. 124; Rabel, Recht des Warenkaufs Bd. I S. 118, 121 ff.; ders. Unmöglichkeit der Leistung, Ges. Schr. I S. 2 ff.; Beinert, S. 200; MK-Emmerich, Vor. § 275 Rdnr. 5, 7; Palandt/Heinrichs, § 306 Anm. 1; Staudinger/Löwisch, § 306 Rdnr. 2 (mit Verweis auf die Lösung des EKG in Art. 74).
[104] Siehe Rabel, Nichterfüllung gegenseitiger Verträge, Ges. Schr. III S. 148: „... automatische Wirkungen der Unmöglichkeit der Leistung auf den Vertrag..." sind „... gar nicht zu rechtfertigen."
[105] Zweigert, SJZ 1949, 416; Rabel, Recht des Warenkaufs, Bd. I S. 121 ff.; ders., Unmöglich-

daß eine Garantie zur Erbringung der Leistung mit der Folge eines vollen Schadensersatzanspruches im Falle der Nichterfüllung oder die Übernahme eines Beschaffungsrisikos (vgl. § 279) unterstellt wird. Auch die Rechtsprechung hat verschiedentlich die im Einzelfall als interessewidrig empfundene Nichtigkeitsfolge des § 306 durch die Annahme einer – auch stillschweigend – übernommenen Garantie und damit eines vertraglichen Anspruches auf das volle Interesse umgangen; der Schuldner hatte demnach das Risiko beispielsweise für die Fertigstellung eines Werkes trotz Überschreitung des ursprünglich festgesetzten Fixpreises oder für die Beschaffung von zusätzlichen Waren über das ursprünglich auf eine bestimmte Schiffsladung beschränkte Kontingent hinaus zu tragen[106].

Eben diese Risikozuweisung ist im Gesetz selbst abweichend von § 306 für den Fall des Rechtskaufs vorgesehen, wo dem Schuldner mit § 437 eine unbedingte Einstandspflicht für den Bestand des Rechtes auferlegt wird; ihn trifft eine Haftung auf das positive Interesse unmittelbar aus dem Vertrag[107]. Allgemein wird daher der Wirkungsbereich des § 306 durch eine restriktive Auslegung möglichst eingeschränkt[108], so daß diese Norm keine Stütze für die Auffassung bietet, die Verfehlung der causa einer Verpflichtung führe notwendigerweise zur Hinfälligkeit des Schuldvertrages.

Speziell für den gegenseitigen Vertrag sieht § 323 Abs. 1 bei unverschuldetem Unmöglichwerden der Leistung in ähnlicher Weise die Hinfälligkeit der beiderseitigen Verpflichtungen vor. Die Materialien[109] lassen erkennen, daß der Gesetzgeber zunächst davon ausging, daß die Nichterreichung des Austauschzwecks aufgrund Unmöglichkeit den Wegfall des gesamten Vertrages nach sich ziehe. Der Verweis auf das Bereicherungsrecht in § 323 Abs. 3 drückte daher nur eine notwendige Konsequenz aus[110].

Dagegen läßt sich nach heutigem Verständnis aus der Regelung in § 323 Abs. 2 ersehen, daß das vertragliche Schuldverhältnis nicht gänzlich zum Erlöschen gekommen ist, sondern mit verändertem, auf die Herausgabe des Surrogats für die unmöglich gewordene Leistung gerichtetem Inhalt fortbestehen kann[111]. Die Wirkung des § 323 Abs. 1 wird daher im Untergang der einzelnen Gegenverpflichtung, nicht aber des Schuldverhältnisses im Ganzen gesehen; § 323 Abs. 3

---

keit der Leistung, Ges. Schr. I S. 2 ff., 11 ff., 54 f.; MK-Söllner, § 306 Rdnr. 3; Staudinger/Löwisch, § 306 Rdnr. 2; Huber, Gutachten S. 813 f.

[106] RG SeuffArch 75 Nr. 9; RGZ 137, 83, 84 f.; OLG Hamburg, SeuffArch 65 Nr. 160. Dazu Rabel, Recht des Warenkaufs Bd. I S. 122; Huber, Gutachten S. 813 f.; Staudinger/Löwisch, § 306 Rdnr. 2; Palandt/Heinrichs, § 306 Anm. 1 a.

[107] MK-Emmerich, Vor § 275 Rdnr. 7; MK-Westermann, § 437 Rdnr. 1.

[108] Zweigert, SJZ 1949, 416; MK-Söllner, § 306 Rdnr. 3, 5; Palandt/Heinrichs, § 306 Anm. 1a.

[109] Motive, Bd. II S. 207 f.

[110] Meincke, AcP 171, 38.

[111] Esser, SchuldR I (4. Aufl.) § 33 V, S. 212; Leser, Faktisches Synallagma S. 71; Palandt/Heinrichs, § 323 Anm. 3; van den Daele, S. 26 bei FN 45.

B. Der sicherungsvertragliche Rückübertragungsanspruch

stellt danach nur eine Rechtsfolgeverweisung dar, die aus Gründen der Haftungserleichterung die Bereicherungsregeln für anwendbar erklärt[112].

Aus dieser Übertragung der Aufgabe der Abwicklung des Vertrages auf das Bereicherungsrecht mit seiner Beschränkung auf die Auskehr einer noch vorhandenen Bereicherung (§ 818 Abs. 3) ergeben sich zusätzlich weitere Unstimmigkeiten mit den vertraglichen Haftungs- und Gefahrtragungsnormen. Der Grund dafür liegt darin, daß das System der Bereicherungsansprüche zu schematisch ist, um die Vielseitigkeit vertraglicher Gestaltungen und Risikozuweisungen in sich aufzunehmen; es stellt keinen geeigneten Behelf zur Korrektur von Vertragsstörungen dar.

Gerade die Möglichkeit der Berufung auf Entreicherung in § 818 Abs. 3 kann in Gegensatz treten zu der vertraglichen Gefahrverteilung und diese damit außer Kraft setzen[113]. Die Rechtsprechung hat daher schon früh den Weg beschritten, in solchen Fällen den Bereicherungsanspruch inhaltlich zu modifizieren und dem Schuldner die Haftungserleichterung des § 818 Abs. 3 zu versagen, wenn und soweit er nach dem Vertrag das Risiko für den geltend gemachten Umstand zu tragen hatte[114]. Derartige Fälle ergaben sich bei Fertigstellung von Waffenlieferungen durch den Hersteller auf bereits erfolgte Anzahlung des Bestellers, deren Auslieferung durch Kriegsereignisse oder behördliches Verbot verhindert wurde[115]; dem Rückzahlungsanspruch des Bestellers hielt der Werkunternehmer den Entreicherungseinwand entgegen, da er die Anzahlung vollständig für die Fertigung der Waffen aufgewendet habe. Diesem Argument ist der BGH nicht gefolgt; solange nach der vertraglichen Regelung die Gefahr beim Werkunternehmer lag, d.h. im konkreten Fall bis zur Auslieferung an den Besteller, kann diese Gefahrtragungsregel nicht über den Umweg der Entreicherung hinsichtlich der Anzahlung über §§ 323 Abs. 3, 818 Abs. 3 in ihr Gegenteil verkehrt werden. Der Werkunternehmer mußte die Anzahlung daher zurückerstatten[116].

Mit dieser Modifikation des Bereicherungsanspruchs wird letztlich nur wieder der vertraglichen Regelung Geltung verschafft, die aufgrund der Verweisung in § 323 Abs. 3 im Bereicherungsrecht keine hinreichende Berücksichtigung finden kann[117]. Darin kommt deutlich der Vorrang der vertraglichen Risiko- und

---

[112] Esser, a.a.O.; Larenz, SchuldR I S. 287 f.; RGRK-Ballhaus, § 323 Rdnr. 8 f.; Palandt/Heinrichs, § 323 Anm. 3; Meincke, AcP 171, 38.

[113] Meincke, a.a.O. S. 37 ff., 41.

[114] RGZ 63, 423; BGH LM Nr. 2 zu § 818 Abs. 3; BGH LM Nr. 6 zu § 818 Abs. 3. Dazu Leser, Faktisches Synallagma, S. 162 ff.; Huber, Gutachten S. 762 f.

[115] BGH LM Nr. 2 und Nr. 6 zu § 818 Abs. 3.

[116] BGH a.a.O.; zustimmend dazu Leser, Faktisches Synallagma S. 70 f., 165 ff.; Meincke, AcP 171, 37 ff., 41; MK-Emmerich, § 323 Rdnr. 37. Dagegen aber Larenz, SchuldR I S. 287 f. und Erler, NJW 1954, 12, die in §§ 323 Abs. 3, 818 Abs. 3 einen zutreffenden Ausdruck des Gedankens sehen, daß sich der Vorleistende einer Sicherheit begibt und daher auch das Ausfallrisiko auf sich nimmt.

[117] Kritisch zu dieser Vorschrift daher Huber, Gutachten, S. 762 f.

Gefahrverteilung sowie des vertraglichen Haftungssystems auch im Stadium der Rückabwicklung zum Ausdruck. Dieser Aufgabe werden vertragliche Abwicklungsbehelfe aufgrund ihrer Einbindung in das fortbestehende vertragliche Regelungsgefüge insgesamt eher gerecht als das Bereicherungsrecht. Dieses ist von seiner heutigen Funktion her auf die Korrektur fehlgeschlagener abstrakter Leistungsgeschäfte beschränkt, wenn ein vertragliches Schuldverhältnis als Abwicklungsgrundlage überhaupt nicht vorhanden oder vernichtet ist[118].

Daraus ergibt sich zunächst ein gewisses Primat der Abwicklung von Vertragsstörungen auf der Grundlage des fortbestehenden Vertrages. Übertragen auf die hier anstehende Problematik der Sicherungsübereignung läßt sich daraus ableiten, daß die Ansprüche auf Rückübertragung des Sicherungseigentums bei Störungen des Sicherungszwecks vorrangig im Sicherungsvertrag selbst zu suchen sind. Das vertragliche Rechte- und Pflichtengefüge mit seinen speziellen Regelungen über die Haftung der Parteien und die Verteilung von Lasten und Risiken bildet die interessengerechte Grundlage für die Abwicklung auch bei Nichterreichung des Vertragszwecks. Die Rechtsfolgen eines Fehlens oder Wegfalls der gesicherten Forderung sind damit gleich wie die Rückabwicklung bei planmäßigem Geschäftsablauf in den Sicherungsvertrag einbezogen. Dagegen würde die Annahme einer Unwirksamkeit des Sicherungsvertrages in diesen Fällen gerade die strengen Folgen eingreifen lassen, die bei § 306 kritisiert werden. Das vertragliche Haftungssystem wäre außer Kraft gesetzt, und das starre und unflexible Bereicherungsrecht müßte als „Hilfsmechanismus" zur Anwendung kommen, ohne aber den vielfältigen Bedürfnissen und Interessen im Zusammenhang mit der Abwicklung eines gestörten Vertragsverhältnisses gerecht werden zu können.

Die hier vertretene, dem Vertrag einen Vorrang einräumende Auffassung erfährt zusätzlich eine Stütze durch eine weitere Entwicklung der Rechtsprechung und Wissenschaft, in bestimmten Fällen der Nichtigkeit eines Vertrages einzelne vertragliche Regelungen im Rahmen der Bereicherungsabwicklung fortwirken zu lassen. Auch damit wird der Inhalt der Bereicherungsansprüche im Sinne der ursprünglichen Normen des Vertrages modifiziert oder sogar gänzlich verdrängt.

3. Die inhaltliche Beschränkung der Bereicherungsabwicklung durch die Anlehnung an das vertragliche Regelungsgefüge

Derartige Weiterwirkungen einer mit Vertragsabschluß geschaffenen Regelung über die Grenze der rechtlichen Wirksamkeit hinaus lassen sich zum einen

---

[118] v. Caemmerer, FS Rabel, Ges. Schr. I S. 218 ff.; siehe dazu schon oben Teil III 3 c bei FN 159.

in den von der Rechtsprechung entwickelten Ansätzen der Saldotheorie[119] erblicken. Der durch den gegenseitigen Vertrag begründeten Verknüpfung von Leistung und Gegenleistung wird danach auch bei Nichtigkeit des Vertrages Geltung für den Bereicherungsausgleich hinsichtlich der beiderseits bereits erbrachten Leistungen zuerkannt. Die jeweiligen Bereicherungsansprüche stehen sich nicht selbständig gegenüber, sondern werden in eine Gesamtabrechnung eingestellt, wonach eine Bereicherung nur insoweit geltend gemacht werden kann, als auch die eigene Leistung zurückerstattet wird. Der Bereicherungsausgleich stellt sich also letztlich als einseitiger Saldo aus dieser Abrechnung der beiderseitigen Leistungen dar.

Ausgehend von diesem Ansatz, der die Verbindung von Leistung und Gegenleistung noch hauptsächlich als ein Problem der Unbilligkeit einer einseitigen Berufung auf eine Entreicherung (§ 818 Abs. 3) zu Lasten des anderen Teiles gesehen hat, hat die Wissenschaft als den tieferen Grund dafür die Fortwirkung des durch den Vertrag geschaffenen Synallagma herausgestellt[120]. Die im Hinblick auf den Vertrag vorgenommenen Leistungen können auch im Abwicklungsstadium nicht isoliert betrachtet werden, sondern stehen in der gleichen synallagmatischen Verknüpfung wie bei Vertragsdurchführung. Die Vereinbarung des Austauschzwecks entfaltet damit selbst bei Unwirksamkeit des Vertrages Wirkungen auf den Bereicherungsausgleich, der damit inhaltlich modifiziert und der vertraglichen Regelung der §§ 320 ff. angepaßt wird[121].

Eine ähnliche Entwicklung, bestimmten Normen einer Vertragsvereinbarung trotz deren Nichtigkeit eine beschränkte Geltung im Rahmen der bereicherungsrechtlichen Rückabwicklung zuzuerkennen, zeichnet sich in der Rechtsprechung beispielsweise auch bei der Behandlung sittenwidriger Ratenkreditverträge ab. Schon früh wurde für die Bestimmung des „Erlangten" iSd. §§ 812, 818 die ursprüngliche Darlehensvereinbarung herangezogen, wonach nicht das Eigentum an der Valuta schlechthin, sondern nur die darin liegende Nutzungsmöglichkeit für die vereinbarte Zeit als die „Leistung" anzusehen ist[122]. Auch kann sich der Darlehensnehmer gegenüber dem Bereicherungsanspruch nicht auf Entreicherung (§ 818 Abs. 3) berufen, weil der Kreditbetrag nutzlos verbraucht sei, denn nach dem Inhalt des Vertrages war er von Anfang an zur Rückerstattung verpflichtet, und damit ist über § 819 Abs. 1 der Weg zu § 818 Abs. 3 versperrt[123].

---

[119] Vgl. nur RGZ 163, 348, 360; BGHZ 53, 144, 145 ff.; BGH NJW 1963, 1870 f.; MK-Lieb, § 818 Rdnr. 98.
[120] Leser, Von der Saldotheorie zum faktischen Synallagma S. 19 ff., 42 ff., 94 ff.; ders., Der Rücktritt S. 109 ff.; Larenz, SchuldR II § 70 III, S. 582; v. Caemmerer, FS Rabel, Ges. Schr. I S. 262 ff.; Pawlowski, Rechtsgeschäftliche Folgen nichtiger Willenserklärungen S. 37 f.; König, Gutachten S. 1530 f.; Canaris, WM 1981, 979 f.; Bremecker, S. 118 ff.; Klinke, S. 75 f., 118.
[121] Leser, Der Rücktritt S. 112 ff.; dazu Bremecker, S. 90 ff.
[122] RGZ 161, 52, 56 f.
[123] RGZ 151, 123, 126 f.; BGH WM 1969, 857, 858; OLG Hamm, ZIP 1981, 56.

In gleicher Weise wird auf die ursprüngliche vertragliche Vereinbarung zurückgegriffen, wenn es um den Fälligkeitstermin für den bereicherungsrechtlichen Rückzahlungsanspruch[124] oder um eine Verfallklausel geht[125].

Schließlich wird allgemein eine Geltung vertraglicher Gerichtsstandsklauseln auch für Bereicherungsansprüche bei Nichtigkeit des Vertrages erwogen[126].

Diese Tendenzen in der Rechtsprechung führen die Notwendigkeit klar vor Augen, das vertragliche Regelungsgefüge auch für die Abwicklung des Vertrages aufrechtzuerhalten; das Bereicherungsrecht kann die umfassende Aufgabe der Korrektur von Vertragsstörungen nicht bewältigen. Sein Anwendungsbereich wird aus diesem Grunde von der Rechtsprechung zusätzlich dadurch eingeschränkt, daß insbesondere im Arbeits- und Gesellschaftsrecht gesetzlich angeordnete Nichtigkeitsfolgen relativiert werden; anstelle einer Abwicklung des gesamten Vertragsverhältnisses nach Bereicherungsgrundsätzen wird das Vertragsverhältnis als für die Vergangenheit wirksam bestehend angesehen und der weiteren Abwicklung die spezifischen Haftungs- und Gefahrtragungsnormen des Vertrages zugrundegelegt[127]. Das lediglich auf Herausgabe bisher erbrachter Leistungen abzielende Anspruchssystem der §§ 812 ff. paßt nicht für die komplexen Probleme bei der Abwicklung derartiger Vertragsverhältnisse[128]. Der Vertrag bietet hier mit den ihm innewohnenden Behelfen die geeignetere Grundlage für interessengerechte und auf den Einzelfall zugeschnittene Lösungen[129].

4. Begründung eines einheitlichen Rückübertragungsanspruches auf der Grundlage des Sicherungsvertrages

Zusammenfassend läßt sich demnach im Hinblick auf die Frage des Rückübertragungsanspruches bei der Sicherungsübereignung festhalten, daß die Entwicklung des Gedankens, das Schuldverhältnis als einen umfassenden Organismus zu betrachten, den Weg frei gemacht hat für die Einbeziehung auch der Rechtsfolgen von Störungen des Vertrages in das fortbestehende Vertragsverhältnis. Damit einher geht eine zunehmende Verdrängung des Bereicherungsrechts von der Aufgabe der Abwicklung eines Vertrages, wenn der vereinbarte Geschäftszweck nicht verwirklicht wird. Die Korrektur von Vertragsstörungen

---

[124] BGH NJW 1983, 1420, 1422 f.; 1979, 2089, 2091; 1962, 1148.

[125] BGH NJW 1979, 2089, 2091; WM 1969, 857, 858; OLG Hamm, ZIP 1981, 56, 57; vgl. dazu Canaris, WM 1981, 987.

[126] Zöller/Vollkommer, ZPO § 29 Rdnr. 14; Zeiss, Zivilprozeßrecht § 13, 5 d; dagegen aber noch BGH NJW 1962, 739, und Palandt/Thomas, Einf. vor § 812 Anm. 8 f.

[127] BGHZ 3, 285, 287 f.; 17, 160, 165 ff.; dazu Palandt/Heinrichs, Einf. vor § 145, Anm. 5 c, cc.

[128] Pawlowski, Rechtsgeschäftliche Folgen nichtiger Willenserklärungen S. 24 ff., 39 ff. Auch die vertraglichen Nebenpflichten hängen von dieser Weiterwirkung des Vertrages ab, vgl. BGHZ 17, 167; Leser, Der Rücktritt S. 164; MK-Janßen, Vor. § 346 Rdnr. 32.

[129] Pawlowski, a.a.O. S. 32 ff., 161 ff.

B. Der sicherungsvertragliche Rückübertragungsanspruch

erfordert eine differenziertere Ausgestaltung der Behelfe zur Bewältigung der vielfältigen Probleme im Zusammenhang mit der Vertragsabwicklung als die Kondiktion zu leisten vermag[130]. Das von dem Vertragswillen der Parteien geschaffene Regelungsgefüge mit seinen Haftungs- und Gefahrtragungsnormen muß seine Wirkung auch für die Abwicklung behalten, um dort Berücksichtigung finden zu können.

Anknüpfend an diese Funktionsaufgliederung lassen sich auch die Rechtsfolgen bei Fehlen oder Wegfall der gesicherten Forderung in den Vertrag einordnen. Dabei kann zwar für die darin liegende Störung des Vertragszwecks (Sicherungszwecks) nicht unmittelbar auf die Behelfe zurückgegriffen werden, die für die Abwicklung der gesetzlich geregelten Fälle von Vertragsstörungen zur Verfügung stehen. Denn eine Störung der Erbringung der geschuldeten Leistung im Sinne einer Unmöglichkeit oder sonstigen Störung auf der Ebene der Vertragsdurchführung (Leistungsstörung) liegt nicht vor; die Herbeiführung der Sicherung gehört insoweit nicht zum Schuldinhalt[131]. Vielmehr stellt die Verfehlung oder der Wegfall des Sicherungszwecks einen eigenständigen Vertragsstörungstatbestand dar, der im Entfallen des Rechtsgrundes für die vertragliche Verpflichtung des Sicherungsgebers wegen Unerreichbarkeit des mit Eingehung der Zuwendung (Verpflichtung) bezweckten wirtschaftlichen Erfolgs liegt.

Die überwiegend angenommene Rechtsfolge einer solchen Rechtsgrundstörung, die in der Hinfälligkeit des Sicherungsvertrages gesehen wird[132], steht jedoch im Gegensatz zu der bisher dargelegten Entwicklung der Behelfe bei anderen Vertragsstörungen etwa im Rahmen des gegenseitigen Vertrages, die in gleicher Weise den Rechtsgrund der vertraglichen Verpflichtungen tangieren. Sie zeigt, daß sich die Einbeziehung der Abwicklungsfolgen in den fortbestehenden Vertrag als die sachgerechtere Lösung erweist, die die Unzulänglichkeiten des bereicherungsrechtlichen Anspruchssystems vermeidet[133]. Die rechtliche Einordnung eines vertraglichen Rückübertragungsanspruches orientiert sich dabei an der gesetzlichen Regelung strukturverwandter Geschäftstypen, da das BGB eine zusammenhängende, diese Frage regelnde Ordnung der Kredit- und Kredit-

---

[130] Zwar hat der BGH in BGHZ 57, 137, 151 f. (zustimmend Berg, NJW 1981, 2338) für die Bestimmung des Umfanges der Bereicherungshaftung im Rahmen der §§ 818 Abs. 3, 819 Abs. 1 auf § 254 zurückgegriffen. Trotz der dadurch erreichten Flexibilität wird dieser Schritt weitgehend als systematisch verfehlt kritisiert, siehe Larenz, SchuldR II § 70 III; v. Caemmerer, FS Larenz S. 634 ff.

[131] Siehe oben bei FN 67.

[132] Bähr NJW 1983, 1474; Tiedtke, DB 1982, 1710; Huber, Sicherungsgrundschuld S. 91 f.; grundlegend Esser, SchuldR (2. Aufl.) § 85.

[133] Dem steht nicht entgegen, daß § 767 für die Bürgschaft bei Tilgung oder Fehlen der gesicherten Forderung die Hinfälligkeit der Bürgenverpflichtung vorsieht. Denn bei der Bürgschaft steht in diesen Fällen typischerweise nur die Befreiung von der Verbindlichkeit im Vordergrund, während bei der Sicherungsübereignung komplexere Abwicklungsaufgaben zu bewältigen sind, was nur auf der Grundlage des fortbestehenden Sicherungsvertrages geschehen kann.

sicherungsgeschäfte nicht enthält, sondern lediglich den Darlehens- und Bürgschaftsvertrag als Grundformen näher ausgestaltet hat[134].

Hinsichtlich der Eigentumsrückübertragung steht der Sicherungsvertrag dem Darlehensvertrag strukturell am nächsten, der seinerseits – ähnlich den anderen Gebrauchsüberlassungsverträgen – auf eine zeitweise Überlassung zur Nutzung mit gleichzeitiger Vereinbarung einer Rückführungspflicht (wenn auch nicht hinsichtlich der identischen Sache) gerichtet ist[135]. Da aufgrund des vereinbarten Kreditzwecks begrifflich die Überlassung des Eigentums an den Darlehensnehmer an eine Rückerstattung gekoppelt ist, gehört dieser Anspruch als essentieller Bestandteil zum Inhalt des Vertrages (§ 607 Abs. 1)[136].

Die Parallele zur Struktur des Sicherungsvertrages wird damit deutlich: Mit Eingehung der Verpflichtung zur Eigentumsübertragung durch den Sicherungsgeber wird der Sicherungszweck als Rechtsgrund dieser Verpflichtung vereinbart und bestimmt den Inhalt und die Ausgestaltung der weiteren Rechte und Pflichten innerhalb des Vertrages. Er schränkt die Übereignungspflicht inhaltlich dahingehend ein, daß das Eigentum der Realisierung einer bestimmten Forderung dienen soll[137]; aus dieser inneren Abhängigkeit und Beschränktheit des Rechtsgrundes folgt unmittelbar die Rückübertragungspflicht des Sicherungsgebers, wenn die gesicherte Forderung erlischt. Dieser Anspruch gehört als Primäranspruch zum notwendigen, geschäftstypischen Inhalt des Vertrages, was jedenfalls für den Fall der Tilgung der gesicherten Forderung auch weitgehend anerkannt ist[138].

Darüber hinaus bedarf es jedoch auch im Fall des anfänglichen Fehlens oder nachträglichen Wegfalles der gesicherten Forderung keines Rückgriffs auf das Bereicherungsrecht. Ähnlich den anderen Fällen der Abwicklung von Vertragsstörungen[139] bildet auch der Sicherungsvertrag als Organismus die Grundlage nicht nur für die planmäßige Vertragsdurchführung, sondern auch für die Abwicklung im Falle der Nichterreichung des Vertragszwecks. Die innere Abhängigkeit des Sicherungszwecks von der gesicherten Forderung, auf deren Bestand die Eigentumsübertragungspflicht von vornherein beschränkt ist, bezieht auch die Fälle des nicht planmäßigen Wegfalles der Forderung in die vertragliche Regelung ein; der aus dem vereinbarten Sicherungscharakter des Geschäftes folgende Rückübertragungsanspruch knüpft an das Entfallen des wirtschaftlichen Erfolges der Sicherung und damit gleichermaßen an das Fehlen

---

[134] Esser, SchuldR II (4. Aufl.) § 86 I, S. 208.
[135] Siehe Esser, a.a.O. und oben bei FN 79 f.
[136] Andernfalls liegt kein Darlehen vor, BGHZ 25, 174, 177 f.; Erman/Schopp, § 607 Rdnr. 18.
[137] Siehe oben Teil IV 2 a.
[138] Huber, Sicherungsgrundschuld S. 79; im übrigen siehe oben FN 75, 76. Der BGH (NJW 1977, 247) betrachtet den Rückübertragungsanspruch als mit dem Abschluß des Sicherungsvertrages zur Entstehung gelangt und aufschiebend bedingt durch die Tilgung der Forderung.
[139] Siehe schon oben Teil III 3 b.

B. Der sicherungsvertragliche Rückübertragungsanspruch

oder den Wegfall der Forderung an; aus dem Fehlen oder Wegfall der gesicherten Forderung folgt in gleicher Weise wie im Falle der Tilgung, daß der vereinbarungsgemäß mit der Verpflichtung des Sicherungsgebers bezweckte Erfolg, dem Gläubiger neben der Forderung ein weiteres Recht zur Verwirklichung seines Anspruches zur Verfügung zu stellen, nicht (mehr) verwirklicht werden kann, so daß sich aus eben dieser vertraglichen Zweckvereinbarung unmittelbar eine Rückführungspflicht ergibt. Die Rückübertragung des Sicherungseigentums erfolgt daher einheitlich auf der Grundlage des fortbestehenden Vertrages; dieser regelt mit der Gesamtheit des vereinbarten Rechte- und Pflichtengefüges sowie der Haftungs- und Gefahrverteilung auch die Abwicklung bei Tilgung oder sonstigem Erlöschen der gesicherten Forderung. Bestehende Pflichten der Parteien oder Haftungsnormen, etwa die Haftung des Sicherungsnehmers für den ihm ausgehändigten KFZ-Brief, Gerichtsstandsklauseln o.ä.[140] wirken im Abwicklungsstadium fort und bestimmen das Rechtsverhältnis zwischen den Parteien.

Für diese Umgestaltung des Vertragsprogrammes bedarf es keiner zusätzlichen gestaltenden Einwirkungsformen wie Rücktritt oder Geltendmachung von Schadensersatzansprüchen, die das Gesetz in verschiedenen Fällen einer Leistungsstörung (§§ 325 f., 346 ff., 459 ff.) vorsieht[141]. Diese stehen bei Umsatzgeschäften, die erst auf die Entscheidung einer Partei hin in ein Abwicklungsverhältnis übergeleitet werden sollen, dem in seiner Leistungserwartung enttäuschten Gläubiger zu, dem damit einseitig die Einwirkungsmöglichkeit gegeben wird, weiter am Vertrag festzuhalten oder diesen zu liquidieren. Im Gegensatz dazu stellt der sicherungsvertragliche Rückübertragungsanspruch eine von den Parteien bereits mit Vertragsabschluß vereinbarte Reaktion auf den Wegfall des Sicherungsbedürfnisses des Gläubigers dar. Ähnlich dem automatischen Entstehen des Darlehensrückzahlungsanspruches nach der vereinbarten Laufzeit oder – so im Falle der sog. Verfallklausel im Ratenkreditgeschäft[142] – bei Verzugseintritt wird auch der Sicherungsvertrag mit Erledigung oder Wegfall des Sicherungszwecks ohne weiteres in ein Rückübertragungsschuldverhältnis umgestaltet. Diese einheitliche Rückabwicklungsform erfaßt damit sämtliche Fälle des Fehlens oder Erlöschens der gesicherten Forderung und bezieht sie in den fortwirkenden Sicherungsvertrag ein.

---

[140] Vgl. MK-Quack, Anh. §§ 929—936 Rdnr. 77.
[141] Siehe oben Teil III 3 b.
[142] Dazu siehe Palandt/Putzo, § 4 AbzG Anm. 3c.

C. Die Möglichkeit einer dinglichen Wirkung des Sicherungszwecks im Sinne einer Akzessorietät

Weitergehend als die bisher dargestellte Wirkungsweise des Sicherungszwecks auf schuldrechtlicher Ebene beinhaltet die Akzessorietät eine unmittelbar dinglich wirkende Abhängigkeit eines Sicherungsrechtes von der gesicherten Forderung. Diese im Gesetz für das Pfandrecht und die Hypothek vorgesehene Ausgestaltung eines Sicherungsrechtes wird vielfach als die interessengerechtere Lösung angesehen[143], da sie dem Gläubiger keine über den Sicherungszweck hinausgehende Rechtsposition beläßt. Inwieweit sich dies auf die abstrakte Sicherungsübereignung übertragen läßt, soll im folgenden untersucht werden.

1. Die Akzessorietät als Ausdruck der unmittelbaren Abhängigkeit vom Sicherungszweck

Der Begriff der Akzessorietät hat keinen fest umrissenen Inhalt; als gesicherter Bestandteil wird aber darunter die Abhängigkeit eines Rechtes vom Bestand eines anderen Rechtes verstanden[144].

Wie oben[145] bereits ausgeführt, ist eine solche innere Abhängigkeit eines Sicherungsrechtes von der zu sichernden Forderung Ausdruck der Zugehörigkeit des Sicherungszwecks zum Inhalt der Zuwendung. Diese ist kausal hinsichtlich ihres Rechtsgrundes ausgestaltet, und daher hat bei einem akzessorischen dinglichen Sicherungsrecht die Verfügung nur Bestand bei wirksamer Vereinbarung und Erreichung des Sicherungszwecks. Aufgrund der der causa solutionis ähnlichen Zielrichtung auf die Befriedigung des mit der Forderung begründeten Gläubigerinteresses[146] kann der Sicherungszweck nur bei Bestand dieser Forderung erreicht werden.

Das Fehlen oder der Wegfall der Forderung führt folglich zum Entfallen des Rechtsgrundes der zum Zwecke der Sicherung vorgenommenen Zuwendung. Ist diese zweckabhängig (kausal) ausgestaltet, wirkt die Rechtsgrundstörung unmittelbar auf ihren Bestand ein. Beim Sicherungsvertrag als kausal abhängigem Verpflichtungsgeschäft hat die Verfehlung oder der Wegfall des Sicherungszwecks die inhaltliche Umwandlung des Vertrages in ein Rückabwicklungsverhältnis zur Folge. Bei einer akzessorischen Ausgestaltung eines dinglichen Rechtes im Sinne der kausalen Verknüpfung mit dem Sicherungszweck wirkt ein solcher Rechtsgrundmangel unmittelbar auf den Bestand des Sicherungsrechtes ein; dieses steht dem Gläubiger nicht (mehr) zu. Die

---
[143] MK-Quack, Anh. §§ 929—936 Rdnr. 123; Bähr, NJW 1983, 1475.
[144] Gernhuber, FS Baur S. 35.
[145] Siehe Teil IV 2 d.
[146] Siehe dazu eingehender oben Teil IV 2 a.

C. Die dingliche Wirkung des Sicherungszwecks (Akzessorietät)

Akzessorietät stellt sich daher gegenüber der Korrektur einer Rechtsgrundstörung auf schuldrechtlicher Ebene als eine weitergehende Form der Verknüpfung eines Sicherungsrechtes mit dem Sicherungszweck dar.

Der Bundesgerichtshof hat nun in einer Entscheidung vom 23.9.1981[147] eine Gleichbehandlung der ursprünglich nicht an den Bestand der gesicherten Forderung gebundenen (nichtakzessorischen) Sicherungsabtretung mit dem im Gesetz akzessorisch ausgestalteten Pfandrecht befürwortet. Der dieser Entscheidung zugrundeliegende Sachverhalt sei hier zur Verdeutlichung (vereinfacht) dargestellt:

Eine Bank hatte der Firma I-Leasing im Jahr 1974 ein zum 31.1.1975 fälliges Darlehen in Höhe von 1,1 Mio. DM gewährt, von welchem bis zum 10.7.1975 aber nur insgesamt 500.000,- DM zurückgezahlt worden waren. Hinsichtlich des Restbetrages von 600.000,- DM wurde zwischen der Bank und dem Geschäftsführer der I-Leasing Gesellschaft, der gleichzeitig Mitinhaber und Geschäftsführer eines weiteren Leasing-Unternehmens (der Firma L-Leasing) war, ein zweiter Darlehensvertrag geschlossen, nach welchem die 600.000,- DM erst am 30.9.1975 zurückzuzahlen waren. Allerdings wurde dieser zweite Darlehensvertrag mit dem Geschäftsführer nicht mehr im Namen der I-Leasing, sondern der L-Leasing abgeschlossen, die das Geld für weitere Finanzierungen benötigte. Zur Sicherung dieses Darlehensvertrages wurden der Bank von der L-Leasing Forderungen gegen Kunden abgetreten. Da die I-Leasing-Gesellschaft praktisch zahlungsunfähig war, gelangte der fragliche Betrag von 600.000,- DM niemals in das Vermögen der L-Leasing.

Die Darlehensvaluta konnte damit nicht als an den Darlehensnehmer ausgezahlt angesehen werden. Auch die bloße Belassung der Valuta bei der I-Leasing (Leistung an einen Dritten, § 362 Abs. 2) für die Zeit bis zum 30.9.1975 reichte nach Ansicht des Gerichts nicht aus, um den Rückzahlungsanspruch gegen die L-Leasing zu begründen, da nach den äußeren wirtschaftlichen Umständen das Darlehen gerade dem Vermögen der L-Leasing zufließen sollte[148].

War somit die mit der Abtretung zu sichernde Rückzahlungspflicht in der Person des Darlehensnehmers (L-Leasing-Gesellschaft) nicht zur Entstehung gelangt, so stellte sich die Frage nach der rechtlichen Wirkung auf die Sicherungsabtretung. Der BGH sah sich hier nicht durch die vom Gesetz für die akzessorische Ausgestaltung eines Sicherungsrechtes vorgesehene Publizität (Anzeigeerfordernis nach § 1280, Einräumung des Sachbesitzes nach §§ 1250 f.) gehindert, auch die „stille" Sicherungszession als unwirksam zu erklären, da beiden Sicherungsformen letztlich die gleiche wirtschaftliche Interessenlage zugrundeliege[149].

---
[147] BGH NJW 1982, 275.
[148] BGH NJW 1982, 276 unter II b der Gründe.
[149] BGH, a.a.O., unter II c der Gründe.

Da in den Entscheidungsgründen zugleich auf die parallele Situation bei der Sicherungsübereignung hingewiesen wird[150], liegt eine Untersuchung der Möglichkeit einer akzessorischen Ausgestaltung dieses Sicherungsrechtes nahe. Im folgenden soll daher der Frage nachgegangen werden, inwieweit im Anschluß an diese Entscheidung eine unmittelbare Abhängigkeit des Sicherungseigentums von der gesicherten Forderung, d.h. eine hinsichtlich des Sicherungszwecks kausale Ausgestaltung der Übereignung möglich und zu befürworten ist.

2. Ersatz der Akzessorietät durch die Annahme einer Bedingung?

In der Literatur wird eine Tendenz zur Akzessorietät auch der Sicherungsübereignung und Sicherungsabtretung vielfach positiv aufgenommen[151], teilweise aber auch abgelehnt[152]. Allerdings wird die Diskussion nur unter dem Gesichtspunkt geführt, ob das Übereignungsgeschäft als unter der auflösenden Bedingung des Bestandes der Forderung stehend angesehen werden kann[153]. Die Annahme einer solchen Bedingung, die als im Zweifel auch stillschweigend vereinbart gelten soll, wurde dabei schon früh als interessengerechtere Lösung vorgeschlagen[154].

Die Fragestellung nach dieser Form der Abhängigmachung des Übereignungsgeschäftes von der zu sichernden Forderung ist jedoch schon von ihrem Ausgangspunkt her unzutreffend. Zwar ist die Bedingung durchaus ein Instrument zur Verknüpfung einer Zuwendung mit einem Zweck[155]; nur ist der Bestand der Zuwendung von dem Eintritt oder Ausbleiben eines einzelnen äußeren Umstandes – hier des Bestehens der Forderung – abhängig gemacht. Damit aber wird die Bedingungskonstruktion der wesentlich weitergefaßten Aufgabe der Akzessorietät nicht gerecht. Die Akzessorietät beinhaltet nicht allein die automatische Unwirksamkeit eines Sicherungsrechtes für den Fall, daß die zu sichernde Forderung nicht zur Entstehung gelangt oder später wieder wegfällt. Sie regelt vielmehr umfassend das Verhältnis zwischen Inhalt und Umfang der

---

[150] BGH, a.a.O., unter II c der Gründe.

[151] Bähr, NJW 1983, 1474 f.; Tiedtke, DB 1982, 1711 f.; Palandt/Bassenge, § 930 Anm. 4b cc; Thoma, NJW 1984, 1162 f.

[152] Baur, SachenR § 57 III 1 c; Jauernig, NJW 1982, 269 ff.; siehe auch Pulina, NJW 1984, 2873 f.

[153] Siehe z.B. Bähr, NJW 1983, 1475; Tiedtke, DB 1982, 1712; Thoma, NJW 1984, 1162 f.; MK-Roth, § 398 Rdnr. 18, 81.

[154] Enneccerus/Wolff/Raiser, § 180 I 2; Serick, Bd. III S. 389 ff.; Weber, Sicherungsgeschäfte S. 97. Weitergehend wollen Wolf, FS Baur S. 161 f., und MK-Quack, Anh. §§ 929-936 Rdnr. 122, 123 allgemeine Geschäftsbedingungen, die abweichend davon einen schuldrechtlichen Rückübertragungsanspruch vorsehen, wegen unangemessener Benachteiligung des Sicherungsgebers nach § 9 AGBG für unwirksam erklären; dagegen aber BGH NJW 1984, 1184, 1186.

[155] Esser, SchuldR I (4. Aufl.) S. 21 f.; Klinke, Causa und Synallagma S. 130; Kegel, FS Mann S. 72.

C. Die dingliche Wirkung des Sicherungszwecks (Akzessorietät)

Forderung einerseits und Erreichung des Sicherungszwecks andererseits. Die Akzessorietät umfaßt damit die Einwirkungen einer Vielfalt von Veränderungen und Störungen im Bereich der Forderung auf den Bestand und die Durchsetzbarkeit des Sicherungsrechtes. Die mechanische Wirkung der Bedingung, die nur auf den Fall des gänzlichen Untergangs der Forderung zugeschnitten ist, kann keine hinreichende Lösung für die Frage der Beziehung zwischen der Forderung in ihrem jeweiligen Bestand und dem Sicherungsrecht bieten.

3. Die weiterreichende Wirkungsweise der Akzessorietät

Mit der hier vertretenen Auffassung, die die Akzessorietät als eine kausale Abhängigkeit einer Zuwendung von ihrem Rechtsgrund „Sicherungszweck" begreift, lassen sich die verschiedenen gesetzlichen Regelungen der Abhängigkeit des Sicherungsrechtes vom gesicherten Recht dagegen befriedigend erfassen. Neben den Fällen der Zweckverfehlung aufgrund Fehlens oder Wegfalles der Forderung, die gem. §§ 1163 Abs. 1, 1177 Abs. 1, 1252 unmittelbar das dingliche Recht entfallen lassen, enthalten die §§ 1137, 1211 wie auch §§ 768, 770 weitere Formen der Einwirkung von Störungen der Forderung auf den Sicherungszweck.

So hemmt eine Einrede die Durchsetzbarkeit der Forderung und damit auch des Sicherungsrechtes; bei einer dauernden Einrede ist der Sicherungszweck ähnlich dem Erfüllungszweck[156] gänzlich unerreichbar, was gem. §§ 1169, 1254 unmittelbar gegen das dingliche Recht wirkt. Dagegen übt die Verjährung keine so tiefgreifende Wirkung auf die Forderung aus, daß sie einem Erlöschen gleichgesetzt werden könnte. Die Forderung wird nach der gesetzgeberischen Vorstellung als erfüllbar (§§ 222 Abs. 2, 813 Abs. 1 Satz 2) und der Sicherungszweck entsprechend als erreichbar angesehen (§ 223 Abs. 1)[157]. Dem Sicherungsnehmer steht das Sicherungsrecht daher weiterhin zu und kann ihm zur Befriedigung dienen[158].

Ebenso aus der kausalen Verknüpfung mit dem Sicherungszweck erklären läßt sich die Wirkung des Vermögensverfalles des Hauptschuldners auf den Bestand des akzessorischen Sicherungsrechtes. Diese Problematik war kürzlich wieder Gegenstand einer Entscheidung des Bundesgerichtshofes[159]. Etwas vereinfacht ging es um folgenden Sachverhalt:

---

[156] Vgl. die Regelung in § 813 Abs. 1 Satz 1; Dazu Esser, SchuldR II (4. Aufl.) S. 341; Weitnauer, NJW 1974, 1730 FN 9.

[157] BGHZ 34, 191; 70, 96; Peters/Zimmermann, Gutachten S. 136, 264; Weitnauer, a.a.O. Folgerichtig schließt § 223 Abs. 2 auch die Rückgewähr eines nichtakzessorischen Sicherungsrechtes aus, vgl. Blomeyer, JZ 1959, 16.

[158] Als eine den persönlich haftenden Bürgen besserstellende Sondervorschrift muß dagegen § 768 Abs. 1 aufgefaßt werden, die dem Bürgen auch die Berufung auf die Verjährung der Hauptforderung gestattet, vgl. MK-Pecher, § 768 Rdnr. 3.

[159] BGHZ 82, 323; ähnliche Fälle lagen den Entscheidungen KG NJW 1955, 1152 und BGH WM 1956, 1209 zugrunde.

122 V. Teil: Die Wirkungen der Erledigung oder Störung des Sicherungszwecks

Der Kläger vermietete an eine GmbH & Co. KG Ausstellungs- und Verkaufsräume. Für die während eines Zeitraumes von fünf Jahren aus der Vermietung entstehenden Mietzinsverbindlichkeiten der Gesellschaft hatte sich der Beklagte verbürgt. Bereits nach einem Jahr geriet die Gesellschaft in Vermögensverfall, wobei eine Konkurseröffnung mangels Masse unterblieb.

Fraglich war hier, ob die GmbH & Co. KG aufgrund des liquidationslosen Vermögensverfalles bereits untergegangen war, mit der Folge, daß damit möglicherweise auch die Forderungen des Klägers aus dem Mietverhältnis, für deren Erfüllung die Beklagte sich verbürgt hatte, erloschen waren. Der BGH nimmt im konkreten Fall nicht abschließend Stellung zu dieser Frage[160], geht in seiner Entscheidung aber vom Untergang der Gesellschaft aus[161]. Infolge dieses Umstandes nahm der BGH auch das Erlöschen der gesicherten Forderung an, die ohne Schuldner keinen weiteren Bestand haben könne[162], so daß das Problem auftrat, ob der Beklagte als Bürge nach § 767 von seiner Verbindlichkeit frei würde.

Dies lehnte der BGH jedoch als dem Sicherungszweck der Bürgschaft zuwiderlaufend ab[163]. Die Bürgschaft sei gerade für den Fall der Zahlungsunfähigkeit des Hauptschuldners eingegangen worden, so daß das Akzessorietätsprinzip, nach welchem der Bürge bei Erlöschen der Forderung eigentlich befreit würde, vom Sicherungszweck durchbrochen werden müsse.

Diese Begründung, die für die Annahme einer vollen Haftung des Bürgen zutreffend den Sicherungszweck heranzieht, steht in Übereinstimmung mit früheren Urteilen[164] und der herrschenden Meinung in der Literatur[165]. Insbesondere wird der angeführte Gesichtspunkt in den Vordergrund gestellt, die Akzessorietät trete hier hinter dem Sicherungszweck zurück[166].

Dieses an sich richtige Ergebnis läßt sich indessen überzeugender begründen, wenn der Sicherungszweck nicht in Gegensatz zu dem Akzessorietätsprinzip gestellt, sondern die Übereinstimmung der beiden Begriffe zugrunde gelegt

---

[160] Die Erlöschensgründe ergeben sich grundsätzlich aus § 131 HGB, wobei nach § 164 KO jedenfalls der Komplementär einer weiteren Haftung ausgesetzt ist. Problematisch ist dies nur bei einer GmbH als persönlich haftendem Gesellschafter, da diese nach Vollbeendigung erlischt, Scholz/Schmidt, GmbHG § 74 Rdnr. 15.

[161] Dies ist auch grundsätzlich möglich, vgl. RGRK-Weber, Vor. § 362 Rdnr. 15 ff.; MK-Heinrichs, Vor. § 362 Rdnr. 5. In dieser Hinsicht war der Fall BGH WM 1956, 1209 klarer, in welchem eine AG, die Schuldnerin einer bürgschaftlich gesicherten Forderung war, nach § 2 LöschG als vermögenslos gelöscht und damit als Rechtspersönlichkeit untergegangen war.

[162] So schon RGZ 148, 65, 67; 153, 338, 343; siehe auch RGRK-Mormann, § 767 Rdnr. 3.

[163] BGHZ 82, 326 f.

[164] KG NJW 1955, 1152; BGH WM 1956, 1209, 1211; vgl. auch die Ausführungen in BGH NJW 1952, 1049; BGHZ 31, 168, 170 ff.

[165] Enneccerus/Lehmann, § 195 I; MK-Heinrichs, Vor. § 362 Rdnr. 5; Jauernig/Vollkommer, § 767 Anm. 3 b; RGRK-Mormann, § 767 Rdnr. 8.

[166] Medicus, JuS 1971, 500; Reinicke, MDR 1952, 708 f.; Coing, NJW 1951, 385; Jauernig, NJW 1952, 1207, 1208 f.

C. Die dingliche Wirkung des Sicherungszwecks (Akzessorietät)

wird[167]. Die Akzessorietät ist eine Ausprägung des Sicherungszwecks[168], und folglich muß das Ergebnis auch aus der Akzessorietät abgeleitet werden. Einen konstruktiven Lösungsansatz dazu hat der BGH an anderer Stelle[169] auch entwickelt. In dem dort entschiedenen Fall war die Hauptschuldnerin (eine GmbH) nach § 2 Abs. 3 LöschG gelöscht worden und damit untergegangen. Der BGH ging gleichwohl von einem Fortbestand einer zur Sicherung von Forderungen gegen die GmbH bestellten Hypothek aus. Zur Begründung wurde keine Überwindung des Akzessorietätsprinzips bemüht, sondern die gesicherte Forderung wurde als ohne Haftungsobjekt weiterbestehend erklärt. Dies ergab sich nach Ansicht des BGH daraus, daß auch nach Untergang der GmbH als Haftungsobjekt weiterhin aus der Forderung gegen sie vorgegangen werden könne mit der Behauptung, es sei noch Vermögen vorhanden[170].

Demnach ist trotz Wegfalles des Schuldners aufgrund Vermögenslosigkeit eine Befriedigung des durch die Forderung nach wie vor rechtlich geschützten Gläubigerinteresses möglich und somit auch der Sicherungszweck erreichbar[171]. Die Akzessorietät, richtig verstanden als Normierung des Sicherungszwecks einer Zuwendung, steht daher dem Fortbestand des Sicherungsrechtes gerade nicht entgegen.

Zudem ist aus den Materialien[172] ersichtlich, daß bei Erlaß des BGB dieser Fall überhaupt nicht bedacht worden war. Den Fragen der Wirkung einer derartigen Schuldveränderung auf den Bestand eines akzessorischen Sicherungsrechtes schien mit den Regelungen der §§ 193 KO, 82 Abs. 2 VerglO sowie § 768 Abs. 1 Satz 2 Genüge getan. Der Sicherungszweck – und damit die Akzessorietät – verlangt in diesen Fällen einen Fortbestand des Sicherungsrechtes[173]; eine weitere Regelung des Einflusses einer Zahlungsunfähigkeit des Schuldners auf ein akzessorisches Sicherungsrecht erschien überflüssig[174]. Die Annahme der Weiterhaftung des Bürgen steht somit nicht in Widerspruch zur Akzessorietät, sondern ist eine konsequente Anwendung des den §§ 768 Abs. 1 Satz 2, 193 KO, 82 Abs. 2 VerglO zugrundeliegenden Gedankens, der Ausdruck des Sicherungszwecks ist und somit in Übereinstimmung mit der Akzessorietät steht.

---

[167] So auch Bettermann, NJW 1953, 1817.
[168] Für die Hypothek ausdrücklich Motive, Bd. III S. 603.
[169] BGHZ 48, 303, 306 f.
[170] BGHZ 48, 307; vgl. dazu MK-Reuter, § 41 Rdnr. 13 mit Verweis auf § 273 Abs. 4 AktG.
[171] Vgl. auch MK-Heinrichs, Vor. § 362 Rdnr. 5, der in diesem Fall den Fortbestand der Forderung fingieren will.
[172] Mugdan, Bd. II S. 1022.
[173] Heck, SchuldR § 127 4 b; die heute überwiegende Ansicht sieht in diesen Regelungen dagegen eine Durchbrechung der Akzessorietät, vgl. Larenz, SchuldR II § 64 I; Jauernig/Vollkommer § 767 Anm. 3 b.
[174] Mugdan, Bd. II S. 1022; Reinicke, MDR 1952, 708.

4. Übertragbarkeit des Akzessorietätsprinzips auf die Sicherungsübereignung?

Die gesetzliche Regelung der Akzessorietät stellt sich demnach als eine Normierung einzelner typischer Fälle der Einwirkung von Vorgängen im Bereich der gesicherten Forderung auf ein Sicherungsrecht dar. Da die Ausgestaltung eines akzessorischen Sicherungsrechtes vom Sicherungszweck geprägt ist und dieser zum Inhalt der Zuwendung gehört, d.h. deren innere causa bildet, schlägt auch die Nichterreichung des Zwecks (äußere causa) unmittelbar auf den Bestand des Sicherungsrechtes durch.

Liegt damit der Hypothek und dem Pfandrecht eine rechtliche Gestaltung zugrunde, die diese Rechte inhaltlich von vornherein auf den Sicherungszweck beschränkt, so stellt sich dies als die passendste Ausformung eines Sicherungsrechtes dar. Ob allerdings das an sich unbeschränkte und unbedingte Eigentumsrecht einer derartigen Zweckbindung zugänglich ist, erscheint fraglich. Den Bestand der Forderung als eine Bedingung anzusehen, was zu einer gewissen Aufhebung der Abstraktion führen würde[175], ist jedenfalls kein geeignetes Mittel, um den inneren Zusammenhang von Forderung und Sicherungsrecht herzustellen. Offen bliebe daher nur der Weg, durch eine Fortbildung des Rechts die grundsätzliche Abstraktheit der Übereignung zugunsten einer unmittelbaren Abhängigkeit vom Sicherungszweck zu durchbrechen.

a) Kausale Ausgestaltung des Sicherungseigentums im Wege der Rechtsfortbildung?

Rechtspolitische Bestrebungen, die Abstraktion der Verfügungsgeschäfte aufzuheben, sind unserem Zivilrecht nicht neu[176]. Sie sind aber überwiegend verworfen worden[177]. Allerdings hat gerade im Bereich der Sicherungsübereignung die Rechtsprechung gewisse dingliche Wirkungen des Sicherungszwecks auf das abstrakte Verfügungsgeschäft zugelassen, indem sie das Sicherungseigentum im Konkurs nicht wie ein ungebundenes Vollrecht, sondern einem Pfandrecht gleich behandelt hat[178]. Daß sich daraus systematische Ungereimtheiten ergeben, ist – trotz der wirtschaftlichen Notwendigkeit dieser Entwicklung – verschiedentlich als ein wesentlicher Mangel kritisiert worden[179]. Derartige Inkongruenzen müßten auch bei einer inhaltlich kausalen Ausgestaltung der Eigentumsübertragung im Sinne einer Akzessorietät überwunden werden.

---

[175] Kegel, FS Mann S. 72; MK-Quack, Einl. SachenR Rdnr. 38.
[176] Siehe z.B. Kegel, FS Mann S. 78 ff., 85 f.; Ehmann, JZ 1968, 550 f., insbes. FN 11; Flume, Allg. Teil S. 181 f.
[177] Westermann, Die causa S. 96; Beuthien, Zweckerreichung S. 286 f.; Harder, S. 153 f.
[178] RGZ 45, 80, 84 f.; 79, 121; BGHZ 11, 37, 41 f.; BGH NJW 1978, 632; 1981, 1835.
[179] Larenz, Kennzeichen geglückter richterlicher Fortbildungen, S. 6 f., 11 f.

C. Die dingliche Wirkung des Sicherungszwecks (Akzessorietät) 125

Die Befürworter einer direkten Verknüpfung des Sicherungseigentums mit der Forderung lassen diese konstruktiven Schwierigkeiten vor der Zielvorstellung, eine dem wirtschaftlichen Charakter als Sicherungsgeschäft entsprechende und daher dem Pfandrecht möglichst nahekommende Ausgestaltung herbeizuführen, und der Interessenlage in den Hintergrund treten[180].

Gegen eine kausale Ausgestaltung des Sicherungseigentums ergeben sich jedoch Bedenken daraus, daß das im Sachenrecht herrschende Abstraktionsprinzip dem Schutz des Rechtsverkehrs dient, während umgekehrt die kausale Ausgestaltung aufgrund der unmittelbaren Abhängigkeit der Zuwendung von der Wirksamkeit des Rechtsgrundes den Schutz des Zuwendenden im Auge hat[181]; die Rechtszuständigkeit des Eigentümers würde von der Wirksamkeit des Rechtsgrundes (Sicherungszwecks) abhängen, und damit wäre jeder Rechtserwerb durch einen Dritten in Frage gestellt[182]. In den gesetzlich angeordneten Fällen der Akzessorietät wird diese Unsicherheit hinsichtlich des Bestandes des dinglichen Rechts durch einen entsprechenden Gutglaubensschutz (§§ 892, 1137, 1138) ausgeglichen[183], was einen Publizitätstatbestand wie den Besitz oder einen Grundbucheintrag voraussetzt.

Eine akzessorische Ausgestaltung der Sicherungsübereignung würde somit eine Abkehr von dem der Abstraktion zugrundeliegenden Gedanken des Verkehrsschutzes bedeuten. Schon aus diesem Grunde kann kaum angenommen werden, daß die Rechtsprechung mit der eingangs zitierten Entscheidung[184] einen so weitgehenden Schritt in der Fortentwicklung des Rechts vollziehen wollte. Die Akzessorietät wäre zwingender Natur[185] und könnte auch durch eine abweichende Vereinbarung nicht beseitigt werden[186]. Daher spricht schon der Umstand, daß der BGH in einer späteren Entscheidung[187] eine AGB-Klausel, die ausdrücklich nur einen schuldrechtlichen Rückübertragungsanspruch nach Tilgung aller ausstehenden Forderungen vorsah, als mit § 9 AGBG vereinbar und daher wirksam erklärte, eher gegen die Annahme, daß die Rechtsprechung das Sicherungseigentum zukünftig generell als von der gesicherten Forderung unmittelbar abhängig ansehen will.

Schließlich aber spricht die mangelnde Publizität der Sicherungsübereignung gegen die Einschränkung der Abstraktheit durch eine akzessorische Ausge-

---

[180] Bähr, NJW 1983, 1474 f.; Tiedtke, DB 1982, 1711 f.; Thoma, NJW 1984, 1162 f.
[181] Motive, Bd. III S. 7; Mugdan, Bd. III S. 4; Flume, Allg. Teil S. 176; Lange, Das kausale Element S. 1 f.; Klinke, Causa und Synallagma S. 83 f.; siehe auch Rheinstein, S. 105.
[182] Wie dies bei der Abtretung einer (kausal zweckabhängigen) Forderung – vorbehaltlich § 405 – auch der Fall ist.
[183] Baur, SachenR § 38 IV 1; Erman/Räfle, § 1138 Rdnr. 1, 7; MK-Eickmann, § 1138 Rdnr. 1.
[184] BGH NJW 1985, 275; siehe oben bei FN 147.
[185] BGHZ 23, 293, 299 f.
[186] Jauernig, NJW 1982, 270.
[187] BGH NJW 1984, 1184. Siehe dazu das oben FN 154 angegebene Schrifttum.

staltung. Insbesondere mit der Grundbucheintragung ist für die Hypothek ein Publizitätstatbestand geschaffen worden, an den ein Schutz des gutgläubigen Rechtsverkehrs anknüpft[188] und der in bestimmten Fällen die Wirkungen der Akzessorietät überwindet. Bei Mängeln im Bereich der gesicherten Forderung führt die Akzessorietät der Hypothek dazu, daß diese dem Gläubiger nicht zusteht (§§ 1163 Abs. 1, 1177) oder in ihrer Durchsetzbarkeit gehemmt ist (§ 1157). Gleichwohl ist gemäß §§ 1137, 1138 unter Abweichung von der akzessorischen Abhängigkeit ein gutgläubiger Erwerb der („forderungsentkleideten") Hypothek möglich[189]. In dieser Hinsicht verdrängt daher die den Rechtsverkehr schützende Funktion des Grundbuchs die Wirkung der unmittelbaren Abhängigkeit des Sicherungsrechtes von der causa.

Einen derartigen Verlautbarungstatbestand, der das Sicherungsrecht an einer Sache nach außen hin aufdeckt und dessen Inhalt auch bei Abweichungen von der tatsächlichen Rechtslage als wahr gilt, kennt die Sicherungsübereignung nicht. Insbesondere in der Diskussion um eine Reform des deutschen Mobiliarsicherungsrechts wird dieser Umstand kritisiert, zumal die weitaus meisten Rechtsordnungen ein „stilles" Sicherungsrecht nicht anerkennen und eine Publizität vorschreiben[190]. Dabei steht die Regelung der Sicherungsrechte an beweglichen Sachen und Forderungen in Art. 9 des amerikanischen Uniform Commercial Code (UCC) als Modell im Vordergrund[191]. Die Einrichtung eines zentralen Registers zur Eintragung von Sicherungsrechten nach diesem Vorbild ist jedoch weitgehend aus Gründen der Unwirtschaftlichkeit abgelehnt worden[192], obgleich statistische Daten darauf hindeuten, daß die amerikanische Wirtschaftspraxis den Aufwand der Eintragung nicht scheut und auch von der Registerauskunft bei Kreditvergabe regelmäßig Gebrauch macht[193].

Daß im Falle der Aufgabe des Abstraktionsgrundsatzes für die Verfügungsgeschäfte durch die unmittelbare Verknüpfung eines Sicherungsrechtes mit der gesicherten Forderung ein Ausgleich aus Gründen der Verkehrssicherheit durch die Gutglaubenswirkungen einer solchen Publizität notwendig ist, läßt sich anhand des amerikanischen Rechts verdeutlichen.

---

[188] Motive, Bd. III S. 801.
[189] Palandt/Bassenge, § 1138 Anm. 1, 2b, 3.
[190] Drobnig, Gutachten 51. DJT, S. 56 f.; v. Kenne, S. 243; siehe auch Adams, Ökonomische Analyse S. 278 ff.; kritisch dagegen Hromadka, JuS 1980, 91 ff.
[191] Drobnig, a.a.O. S. 56 ff.; Milger, S. 123 ff., 129 f.; Dielmann, S. 252 ff.; v. Kenne, S. 239 ff., 243 ff.
[192] Drobnig, a.a.O. S. 59 f.; v. Kenne, S. 245 f., 250; Adams, a.a.O. S. 278 ff.; zweifelnd auch White/Summers, UCC, S. 919 FN 95.
[193] Dielmann, S. 253 ff., 265 f.

C. Die dingliche Wirkung des Sicherungszwecks (Akzessorietät) 127

b) Die Verbindung von Akzessorietät und Publizitätserfordernis unter rechtsvergleichender Sicht

aa) Die Abhängigkeit des "security interest" von der gesicherten Forderung nach Art. 9 UCC

Wie oben[194] bereits ausgeführt, ist in Art. 9 UCC eine dem Akzessorietätsprinzip vergleichbare unmittelbare Abhängigkeit des "security interest" vom Bestand der gesicherten Forderung vorgesehen[195]. Dabei wird dieser Zusammenhang gem. sec. 9-203 (1), 1-201 (44) über das Erfordernis eines "value" hergestellt, womit im wesentlichen auf die traditionelle consideration-doctrine zurückgegriffen wurde. Für die wirksame Sicherung einer Kaufpreisforderung oder eines Darlehensrückzahlungsanspruches[196] ist danach die Übergabe der gekauften Sache[197] oder der Darlehensvaluta erforderlich; ohne die so entstandene Forderung kann ein security interest an einer Sache oder einer Forderung nicht begründet werden[198].

Daß dabei der consideration ein der causa vergleichbarer Gedanke, beschränkt allerdings auf den Austauschzweck ("bargain"), zugrundeliegt, ist bereits gezeigt worden[199]. Die Erreichung des wirtschaftlichen Zweckes der Sicherung[200] als Voraussetzung für die wirksame Entstehung eines Sicherungsrechtes wird mit der Erlangung des "value" (Darlehensvaluta, Kaufsache beim "sale on credit") im Sinne eines Äquivalents als gewährleistet angesehen[201], mit der bedeutenden Maßgabe allerdings, daß der UCC auch eine bereits bestehende Forderung als "past consideration" genügen läßt[202].

Dagegen kommt der consideration keine Bedeutung für die Frage der Einwirkung des Erlöschens oder einer Störung der gesicherten Forderung auf das

---

[194] Teil IV 1 a, b.
[195] Milger, S. 52; v. Kenne, S. 234 f.
[196] Der Begriff des "security interest" erfaßt alle möglichen Formen der Sicherungsgeschäfte einheitlich, siehe oben Teil IV 1 b bei FN 57.
[197] Sog. "sale on credit", vgl. In re United Thrift Stores, Inc., 363 F.2nd, 11, 15 (U.S. Court of Appeals, 1966).
[198] Nickles, 34 Ark. Law Rev., 629 FN 585; siehe auch Bank of Lexington v. Jack Adams Aircraft Sales, Inc., 570 F.2nd, 1220, 1225 (U.S. Court of Appeals, 1978): "... a security interest has no validity absent its underlying obligation".
[199] Siehe Teil IV 1 f.
[200] Daß hier durchaus der Zweck des Geschäftes von Bedeutung ist, zeigt z.B. die Formulierung bei Braucher/Riegert, Commercial transactions S. 391 (für das frühere mortgage): "... transfer of property for security purposes", und S. 409 (für das frühere pledge): "A pledge is a bailment for the purpose of security".
[201] Nickles, 34 Ark. Law Rev., 634; siehe auch Rheinstein, S. 98, 100.
[202] Siehe oben S. 61 f. Bei Vereinbarung eines security interest auf eine bereits bestehende Forderung liegt kein "inducement" im oben (S. 72 f.) dargelegten Sinne mehr vor, vgl. Nickles a.a.O., 630 f. FN 594. Die Auszahlung der Valuta ist dann nur noch Motiv für die Sicherheitenbestellung, siehe Rheinstein, S. 76 f.; Hay, Introduction S. 55 FN 26.

bestehende Sicherungsrecht zu. Entsprechend der formalen Funktion der consideration, ein Merkmal für die wirksame Begründung einer Zuwendung zu bilden, sagt sie nichts über die Rückabwicklung bei Vertragsstörungen aus. Auch enthält Art. 9 UCC keine explizite Regelung der Rechtsfolgen eines Entfallens der gesicherten Forderung für das security interest[203].

Jedoch ergibt sich hier unmittelbar aus dem wirtschaftlichen Zweck der Zuwendung ("scheme and purpose"), daß das security interest bei Erlöschen der Forderung[204] keinen Fortbestand hat[205]. Ist daher die gesicherte Forderung durch Erfüllung ("discharge") untergegangen ("terminated")[206], so wird auch das security interest als automatisch hinfällig ("expired", "extinguished") angesehen[207]. Dies gilt gleichermaßen für ein Erlöschen aufgrund anderer Umstände[208]. Im Falle der Nichtigkeit der gesicherten Forderung hat die amerikanische Spruchpraxis ebenfalls durchweg eine Unwirksamkeit auch des security interest angenommen[209].

---

[203] Lediglich sec. 9—404 (1) sieht für diesen Fall einen Anspruch auf Löschung der Registereintragung ("termination statement") vor; dazu noch unten bei FN 227.

[204] Wann die Forderung als erloschen anzusehen ist, ergibt sich gem. sec. 1—103 UCC aus den allgemeinen Regeln des Vertragsrechts, vgl. Anderson, UCC, sec. 9—404 Anm. 4; 69 Am.Jur.2nd (secured transactions), § 529.

[205] Nickles, 34 Arkansas Law Rev., 634; Gilmore, Security interests in personal property, Vol. I § 10.3, § 11.5; Bank of Lexington v. Jack Adams Aircraft Sales, Inc., 570 F.2nd, 1220, 1225 (U.S. Court of Appeals, 1978).

[206] Dazu Corbin on contracts, Vol. V A, §§ 1228 f., S. 506 ff.; Farnsworth, Contracts S. 575 f.; Cheshire/Fifoot S. 476 ff.

[207] Bank of Lexington v. Jack Adams Aircraft Sales, Inc., 570 F.2nd, 1220 (U.S. Court of Appeals, 1978); Landmark Land Comp. v. Spraghue, 529 F.Supp., 971 (U.S. District Court S.D. New York, 1981); In re Apollo Travel, Inc., 567 F.2nd, 841 (U.S. Court of Appeals, 1977); Rozen v. North Carolina National Bank, 588 F.2nd, 83 (U.S. Court of Appeals, 1978); In re Mulcahy, 3 B.R. 454 (U.S. Bankruptcy Court S.D. Indiana, 1980); Major's Furniture Mart, Inc. v. Castle Credit Corp., Inc., 449 F.Supp. 538 (U.S. District Court, 1978; affirmed by the U.S. Court of Appeals, 602 F.2nd, 538, 1979); In re Cantrill Construction Company, Inc., 293 F.Supp., 129 (U.S. District Court E.D. Kentucky, 1968); McCarthy v. Bank, 283 Pa.Super. 328, 423 A.2nd, 1280 (Superior Court of Pennsylvania, 1980); Simmons Machinery Comp.,Inc. v. M & M Brokerage, Inc., 409 So.2nd, 743 (Supreme Court of Alabama, 1982); siehe auch 69 Am.Jur.2nd, (secured transactions), § 528 f., S. 413, 415. Eine automatische Beendigung lehnt allerdings der Supreme Court of Minnesota ab, State Bank of Young America v. Vidmar Iron Works, 292 N.W. 2nd, 244; 28 UCC Rep. Serv., 1133 (1980).

[208] Zum Beispiel Aufrechnung, Kropp v. Ziehbarth; 601 F.2nd, 1348, 1354 (U.S. Court of Appeals, 1979).

[209] Die Nichtigkeitsanordnung für den Darlehensvertrag ergibt sich dabei regelmäßig aus gesetzlichen Vorschriften der einzelnen Staaten, die die Unterbindung bestimmter Kreditpraktiken zum Ziel hatten, so in Household Finance Corporation of Atlanta v. Raven, 221 S.E. 2nd, 488; 136 Ga.App., 424 (Court of Appeals of Georgia, 1975) wegen unzulässiger Ausgestaltung einer "acceleration clause" (sofortige Fälligkeit des Gesamtbetrages bei Verzug), in U.S. Life Credit Corporation v. Johnson, 287 S.E. 2nd, 1; 248 Ga., 852 (Supreme Court of Georgia, 1982) wegen unzulässig hohem Zinssatz, und in U.S. Life Credit Corporation v. Johnson, 290 S.E.2nd, 280; 161 Ga.App., 864 (Court of Appeals of Georgia, 1982) wegen unzulässiger Verwendung des sog. "discount interest" (d.h. der zu zahlende Zins wird vom Darlehensbetrag von vornherein abgezogen, so daß der Darlehensnehmer nie den vollen Betrag erhält).

C. Die dingliche Wirkung des Sicherungszwecks (Akzessorietät)

Bei Verjährung der gesicherten Forderung dagegen geht das amerikanische Recht – parallel zur Rechtslage im deutschen Recht – von einem Fortbestand des Sicherungsrechtes aus. Nach allgemeinem common law ("statutes of limitation"), welches hier über sec. 1-103 in die Regelung des UCC einfließt[210], wird eine Forderung bei Verjährung lediglich uneinklagbar ("unenforceable")[211], ohne daß sie dabei erlischt[212]. Diese Durchsetzbarkeitshemmung berührt den Bestand eines security interest nicht[213].

bb) Die Regelung der Publizität in Art. 9 UCC

Ist damit einerseits der Bestand des security interest in dieser Form unmittelbar abhängig von der Verwirklichung des Sicherungszwecks, so wird andererseits die Wirkung des Fehlens oder Wegfalles der Forderung auf das Sicherungsrecht durch die Anordnung einer Publizität im Wege einer Registereintragung Dritten gegenüber eingeschränkt.

Die Offenlegung von Sicherungsrechten ist dabei einer bis ins englische Recht zurückreichenden Tradition verhaftet[214]. Auch in den USA waren schon vor Inkrafttreten des UCC Bestrebungen aufgekommen, die verschiedenen Sicherungsformen (conditional sale, chattel mortgage, factor's lien, trust receipt[215]) einem Publizitätserfordernis zu unterwerfen, was sich in einzelnen Staaten in den "Factor's lien Acts" oder "Conditional Sale Acts" niederschlug[216]. Eine Vereinheitlichung der Publizierung wurde durch die von mehreren Staaten übernommenen Federal Acts[217] eingeleitet. Sie wurde vom UCC mit dem Prinzip des einheitlichen, von jedem Staat zentral geführten

---

[210] 69 Am.Jur.2nd (secured transactions), § 546, S. 432.

[211] Anders z.T. die frühere Rechtsprechung, die von einem Untergang der Forderung ("discharge") und damit auch der Sicherheiten ausging, vgl. Faxon v. All Persons, 166 Cal., 707; 137 P., 919 (1913); Lilly-Bracket Co. v. Sonnemann, 157 Cal., 192; 106 P., 715 (1910).

[212] Campbell v. Haverhill, 155 U.S., 610; 39 L.Ed., 280 (U.S. Supreme Court, 1895); Kozan v. Comstock, 270 F.2nd, 839 (U.S. Court of Appeals, 1959); Cooper Stevedoring of Louisiana, Inc. v. Washington, 556 F.2nd, 268 (U.S. Court of Appeals, 1977); Conner v. Fettkether, 294 N.W. 2nd, 61 (Supr. Court of Iowa, 1980); Gallaher v. American-Amicable Life Ins. Co., 462 S.W. 2nd, 626 (Court of Civ.App. of Texas, 1971); Spas v. Wharton, 431 N.Y.S. 2nd, 638; 106 Misc. 2nd, 180 (1980).

[213] 69 Am.Jur.2nd (secured transactions), § 546 S. 432; 51 Am.Jur.2nd (limitation of actions), § 25 S. 609; vgl. auch Fox-Greenwald Sheet Metal Co., Inc. v. Markowitz Bros., Inc., 452 F.2nd, 1346 (U.S. Court of Appeals, D.C. 1971); Estate of Amend, 435 N.Y.S. 2nd, 235; 107 Misc. 2nd, 497 (1980); Gallaher v. American-Amicable Life Ins. Co., 462 S.W. 2nd, 626 (Court of Civil Appeals of Texas, 1971).

[214] Coogan, Public notice under the UCC, Rdnr. 6.01, 6.03; v. Kenne, S. 110 f., 240.

[215] Siehe dazu Braucher/Riegert, Commercial transactions S. 397 ff.; Henson, Secured transactions S. 17 ff.; Dielmann, S. 19 ff.

[216] McDonnell, A reevaluation of public notice, S. 15 ff., 22, 24.

[217] Z.B. der "Conditional Sales Act" von 1918 und der "Uniform Trust Receipt Act" von 1933; dazu Schnader, 22 U. of Miami L.R., 2.

130 V. Teil: Die Wirkungen der Erledigung oder Störung des Sicherungszwecks

Registers[218] und einer vereinfachten, standardisierten Eintragung[219] der nunmehr einheitlichen Sicherungsform des security interest für "personal property" weitgehend verwirklicht.

Erst mit Vornahme der Eintragung in dieses Register wird ein durch Vereinbarung zwischen den Parteien begründetes security interest (sog. "attachment")[220] Dritten gegenüber wirksam ("perfection")[221]. Der UCC knüpft an diesen Verlautbarungstatbestand verschiedene Rechtswirkungen, die der Publizitätswirkung des Grundbuchs für das deutsche Immobiliarsachenrecht sehr nahe kommen. So bildet die Eintragung den Anknüpfungspunkt für das im UCC eingehend geregelte[222] Rangverhältnis ("priority") zwischen mehreren Gläubigern, wenn an demselben Sicherungsgut mehrere security interests eingeräumt wurden. Für die Bestimmung des Vorranges, der sich abgesehen von differenzierteren Regelungen bei Sicherungsrechten an wechselndem Lagerbestand oder Ersatzbeschaffungen[223] nach der Ersteintragung (sec. 9-312 (5), "first-to-file-or-perfect-rule") richtet, kommt es daher nicht auf den Zeitpunkt der Vereinbarung, sondern der Eintragung an. Dies gilt sogar dann, wenn die Valutaauszahlung und damit die wirksame Entstehung des security interest zeitlich der Eintragung nachfolgt[224].

In ähnlicher Weise kann die Wirkung der Publizität auch die Abhängigkeit des Sicherungsrechtes von der Forderung bei deren Erlöschen überwinden, wie der folgende Fall[225] zeigen mag:

Der Gemeinschuldner hatte zur Sicherung eines Darlehens der Bank A ein security interest an seinem Möbellager eintragen lassen. Später erhielt er von Bank B ein weiteres Darlehen, welches ebenfalls durch ein security interest an diesen Gegenständen gesichert wurde. Bank B löste das Darlehen der Bank A ab, ohne daß jedoch deren Eintragung gelöscht wurde. Später zahlte A wiederum Darlehensbeträge an den Gemeinschuldner aus, und nach Konkurs streiten sich die beiden Kreditinstitute um den Vorrang ihrer Sicherungsrechte.

---

[218] Coogan, Public notice under the UCC, Rdnr. 6.01.

[219] Sog. "notice filing", bei welchem neben der Person des Schuldners und des Gläubigers eine Bezeichnung des Sicherungsgutes ("collateral") nach Typen oder Stücken ausreicht, siehe sec. 9—401, 402 (1) und White/Summers, UCC, S. 937 ff.; Henson, Secured transactions S. 71 f.; Milger, S. 56 f.

[220] Sec. 9—201, 203 (1), (2).

[221] Sec. 9—302 (1). Eine wichtige Ausnahme vom Eintragungserfordernis besteht für das "purchase money security interest", welches den Kauf von Waren des täglichen Bedarfs ("consumer goods", sec. 9-109 (1)) auf Kredit betrifft; hier bedarf es zur Wirksamkeit gegenüber Dritten keiner Eintragung, siehe sec. 9-302 (1) (d).

[222] Sec. 9—301 ff., 306, 312, 313.

[223] Dazu eingehend Coogan, Priorities among secured creditors and the "floating lien"; White/Summers, UCC, S. 1030 ff.; Henson, Secured transactions S. 117 ff.; Milger, S. 62 ff.

[224] Official comment 5 zu sec. 9—312.

[225] In re Hagler, 10 UCC Rep.Serv., 1285 (U.S. District Court of Tennessee, 1972).

C. Die dingliche Wirkung des Sicherungszwecks (Akzessorietät)

Das Gericht sprach im konkreten Fall dem zwischenzeitlichen Sicherungsrecht der B den Vorrang zu, da der Sicherungsvertrag zwischen dem Schuldner und A keine "future advance-clause" vorgesehen habe, wonach das security interest sich auch auf zukünftige Forderungen erstrecken soll[226]. A sei verpflichtet gewesen, nach Tilgung der Forderung gem. sec. 9-404 ein termination statement zur Löschung der Eintragung auszuhändigen, so daß der früheren Eintragung der A kein Vorrang mehr zukomme und mit Valutierung durch B dieser ein besserrangiges Recht entstanden sei[227].

Dieser Auffassung, die für das Rangverhältnis der Sicherungsrechte darauf abstellt, ob das security interest der Bank A zum Zeitpunkt der Einräumung des weiteren Sicherungsrechtes zugunsten der B-Bank *noch valutiert* war, hat sich die Rechtsprechung jedoch mehrheitlich nicht angeschlossen[228]. Für den Bestand des Sicherungsrechtes kommt es *Dritten gegenüber* nicht auf die Wirksamkeit der Vereinbarung zwischen den Parteien und Verwirklichung des Sicherungszwecks durch Auszahlung der Valuta an, sondern auf den durch die *Registereintragung* begründeten Verlautbarungstatbestand[229]. Dieser aber wies zum entscheidenden Zeitpunkt die A-Bank noch als bevorrechtigte Gläubigerin aus, so daß sich ein dritter Gläubiger vor Löschung der Eintragung nicht auf die Hinfälligkeit des security interest aufgrund Wegfalles der Forderung berufen konnte[230]. Ein vorrangiges Recht konnte die B-Bank daher nicht erwerben.

Damit wird der Publizitätsgrundlage eine stärkere Wirkung Dritten gegenüber zugesprochen als der materiellen Rechtslage. Sie überlagert die unmittelbare Abhängigkeit des security interest vom Bestand der gesicherten Forderung und bildet den Anknüpfungspunkt dafür, ob und mit welchem Inhalt das Recht gegenüber dem Rechtsverkehr als bestehend gilt. Diese Wertung entspricht der Wirkung, die dem Grundbuch für die Vermutung des Bestandes eingetragener Sicherungsrechte an Grundstücken zukommt. Die Durchbrechung der Abstraktion dinglicher Rechte durch die akzessorische Abhängigkeit der Hypothek oder des Pfandrechts vom Sicherungszweck bedarf einer „Kompensation", die durch den Schutz des guten Glaubens an die Eintragung geleistet wird.

---

[226] Siehe sec. 9—204 (3).
[227] In re Hagler, 10 UCC Rep.Serv., 1285, 1287 ff.; das Gericht nimmt dabei Bezug auf die gleichgelagerte Entscheidung in Coin-O-Matic Service Co. v. Rhode Island Hospital Trust Co., 3 UCC Rep.Serv., 1112 (Rhode Island Superior Court, 1966), wo ebenso entschieden wurde.
[228] In re Rivet, 299 F.supp., 374 (U.S. District Court E.D. Michigan, 1969); In re Merriman, 4 UCC Rep.Serv., 234 (U.S. District Court S.D. Ohio, 1967); Household Finance Corp. v. Bank Commissioner of Maryland, 4 UCC Rep. Serv., 809 (Ct. of App. of Maryland, 1967); siehe auch James Talcott, Inc. v. Franklin National Bank of Minneapolis, 10 UCC Rep. Serv., 11, 25 f. (Minnesota Supreme Court, 1972).
[229] Gilmore, Bd. II §§ 35.5 ff., S. 931 ff.; White/Summers, UCC, S. 1038 ff.; Ege, 35 U. of Chicago L.Rev., 150; Quinn's UCC (Suppl. 1984), sec. 9—204 Rdnr. 12.
[230] So die in den vorhergehenden FN 228 und 229 angeführte h.M.

Für die Sicherungsübereignung als abstraktem Geschäft erscheint ein zusätzlicher Verkehrsschutz durch eine Publizierung entbehrlich, da das Ziel der Unabhängigkeit der Eigentumsstellung von der Wirksamkeit des Rechtsgrundes bereits erreicht ist. Eine Fortentwicklung zur akzessorischen Ausgestaltung dieses Sicherungsrechts würde jedoch den im Abstraktionsprinzip liegenden Drittschutz aufgeben und müßte daher durch die aufgezeigten Wirkungen einer Publizität ausgeglichen werden.

c) Ergebnis

Die Akzessorietät stellt sich bei den dinglichen Sicherungsrechten als eine Durchbrechung der Abstraktheit einer Verfügung vom Rechtsgrund dar; der Sicherungszweck gehört zum Inhalt der Zuwendung und diese hängt daher in ihrem Bestand von der Zweckerreichung ab. Eine Übertragung dieser Ausgestaltung, die im Gesetz für die Hypothek und das Pfandrecht vorgesehen ist, auf die Sicherungsübereignung im Wege der Rechtsfortbildung ist nur in Verbindung mit einer dem Grundbuch oder dem Faustpfand vergleichbaren Publizität denkbar. Sie wird, wie die rechtsvergleichende Betrachtung gezeigt hat, im amerikanischen Recht für die Mobiliarsicherung von der Einrichtung des Registers übernommen. Für das „stille" Sicherungsrecht im Wege des Besitzkonstituts erscheint dagegen eine akzessorische Abhängigkeit ohne eine entsprechende Publizität nicht als tragfähige Lösung.

Die Korrektur der abstrakten Eigentumsübertragung bei Erledigung oder Nichterreichung des Sicherungszwecks muß daher auf schuldrechtlicher Ebene erfolgen. Das Bereicherungsrecht bietet dabei – wie aufgezeigt – nicht den geeigneten und passenden Behelf zur Rückabwicklung der Sicherungsübereignung bei derartigen Störungen im Bereich des Sicherungsvertrages, sondern dieser selbst bildet die Grundlage für die Ansprüche des Sicherungsgebers im Falle der Nichterreichung des Sicherungszwecks.

Darüber hinaus wäre eine weitergehende Bindung des Eigentumsrechts an den Sicherungszweck im Rahmen einer umfassenderen Reform des Mobiliarsicherungsrechts möglich, wie sie auch schon mehrfach in Anlehnung an die Regelung in Art. 9 UCC vorgeschlagen wurde[231].

---

[231] Dielmann, S. 252 ff. (m.w.N.); Milger, S. 124 ff.; v. Kenne, S. 239 ff.

Literaturverzeichnis

Adams, Michael: Ökonomische Analyse der Sicherungsrechte, Königstein/Th. 1980.

American Jurisprudence: Vol. 51, New York, San Francisco 1970; Cumulative Supplement 1983.

– Vol. 69, New York, San Francisco 1973; Cumulative Supplement 1983.

Anderson, Ronald: Uniform Commercial Code, Vol. IV, Art. 9–101 to 10–104, 2nd edition, Rochester, N.Y./San Francisco, Ca., 1971; Cumulative Supplement 1983.

Aubry / Rau: Cours de droit civil francais, Bd. IV (des droits personnels proprements dits), 6me ed., Paris 1935.

Bähr, Gerhard: Akzessorietätsersatz bei der Sicherungszession, NJW 1983, 1473.

Ballantine, Henry: Mutuality and consideration, 28 Harvard Law Review (1924), 121.

Batsch, Karlludwig: Zum Bereicherungsanspruch bei Zweckverfehlung, NJW 1973, 1639.

Battes, Robert: Der erbrechtliche Verpflichtungsvertrag im System des deutschen Zivilrechts, AcP 178 (1978), 337.

Baudrie-Lacantinerie / Barde: Traité théorique et pratique de droit civil, Bd. XII, Des Obligations, Part 1, 3me ed., Paris 1906.

Baur, Fritz: Lehrbuch des Sachenrechts, 14. Aufl., München 1987.

Beinert, Dieter: Wesentliche Vertragsverletzung und Rücktritt, Bielefeld 1979.

Berg, Hans: Rückgewähr des vollen Kaufpreises nach Irrtumsanfechtung, NJW 1981, 2337.

Bettermann, Karl August: Akzessorietät und Sicherungszweck der Bürgschaft, NJW 1953, 1817.

– Die Vollstreckung des Zivilurteils in den Grenzen seiner Rechtskraft, Hamburg 1948.

Beuthien, Volker: Zweckerreichung und Zweckstörung im Schuldverhältnis, Tübingen 1969.

Beuthien, Volker / *Weber,* Hansjörg: Ungerechtfertigte Bereicherung und Aufwendungsersatz, München 1976.

Blomeyer, Arwed: Allgemeines Schuldrecht, 3. Aufl., Berlin, Frankfurt 1964.

– Anspruchsverjährung und dingliche Sicherheiten, JZ 1959, 15.

Boehmer, Gustav: Der Erfüllungswille, München 1910.

Braucher, Robert / *Riegert,* Robert: Introduction to commercial transactions, Mineola, New York 1977.

Bremecker, Dieter: Die Bereicherungsbeschränkung des § 818 Abs. 3 BGB bei nichtigen gegenseitigen Verträgen, Berlin 1982.

Buchholz, Stephan: Abtretung der Grundschuld und Wirkungen der Sicherungsvereinbarung – Zur Anwendbarkeit des § 1157 BGB auf die Sicherungsgrundschuld, AcP 187 (1987), 107.

– Sicherungsvertraglicher Rückgewähranspruch bei Grundschulden, ZIP 1987, 891.

Bülow, Peter: Recht der Kreditsicherheiten, Heidelberg 1984.

v. Caemmerer, Ernst: Bereicherungsausgleich bei Verpfändung fremder Sachen, FS Hans Lewald (1953), Gesammelte Schriften Bd. I, S. 279 (Hrsg. Hans G. Leser), Tübingen 1968.

– Bereicherung und unerlaubte Handlung, FS Ernst Rabel (1954), Gesammelte Schriften Bd. I, S. 209 (Hrsg. Hans G. Leser), Tübingen 1968.

– „Mortuus redhibetur", FS Karl Larenz (1973), Gesammelte Schriften Bd. III, S. 167 (Hrsg. Hans G. Leser), Tübingen 1983.

Canaris, Claus-Wilhelm: Der Bereicherungsausgleich im Dreipersonenverhältnis, FS Karl Larenz S. 799, München 1973.

– Der Bereicherungsausgleich bei sittenwidrigen Teilzahlungskrediten, WM 1981, 978.

Carbonnier, Jean: Théorie des obligations, Bd. II, Paris 1963.

Carl, Jens Peter: Die causa der Sicherungsrechte, Diss. Tübingen 1969.

Cheshire and Fifoot: Law of contract, 10. edition, London 1981.

Chitty on contracts, 25. edition, London 1983.

Chloros, A. G.: The doctrine of consideration and the reform of the law of contract, 17 International and Comparative Law Quarterly (1968), 137.

Cohen, Morris: The basis of contract, 46 Harvard Law Review (1932), 553.

Coing, Helmut: Bürgenschuld und Leistungsverweigerungsrecht aus § 21 Abs. 4 UmstG, NJW 1951, 384.

Coogan, Peter: Article 9 – An agenda for the next decade, 87 Yale Law Journal (1978), 1012.

– A suggested analytical approach to Article 9, Coogan/Hogan/Vagts/McDonnel, Secured transactions under the UCC, Bender's Uniform Commercial Code Service, Vol. I, Chapter 4, p. 271, New York 1963; suppl. 1983.

– Priorities among secured creditors and the "floating lien", Coogan/Hogan/Vagts/McDonnel, Secured transactions under the UCC, Bender's Uniform Commercial Code Service, Vol. IA, Chapter 7A, New York 1963; suppl. 1984.

– Public notice under the Uniform Commercial Code and other recent chattel-security laws, including "notice filing", Coogan/Hogan/Vagts/McDonnel, Secured transactions under the UCC, Bender's Uniform Commercial Code Service, Vol. IA, Chapter 6A, New York 1963; suppl. 1984.

Corbin, Arthur Linton: on contracts; a comparative treatise on the working rules of contract law, Volume 1, sec. 1-151, St. Paul, Minn. 1963.

– Volume 1 A, sec. 151-274, St. Paul, Minn. 1963.

– Volume 5A, sec. 1122-1251, St. Paul, Minn. 1964.

van den Daele, Wolfgang: Probleme des gegenseitigen Vertrages, Hamburg 1968.

Dawson, John/*Harvey,* William Burnett/*Henderson,* Stanley: Cases and comment on contracts, 4th ed., New York 1982.

Dempewolf, Günter: Der Rückübertragungsanspruch bei Sicherungsgrundschulden, Berlin 1958.

Dielmann, Heinz: Recht der Kreditsicherheiten in den Vereinigten Staaten von Amerika, Teil I: Kreditsicherheiten an beweglichen Sachen nach Art. 9 UCC, Berlin 1983.

Drobnig, Ulrich: Empfehlen sich gesetzliche Maßnahmen zur Reform der Mobiliarsicherheiten? Gutachten für den 51. dt. Juristentag Bd. I, Gutachten F, München 1976.

– Sicherungsrechte im deutschen Konkursverfahren, RabelsZ 44 (1980), 784.

Dubischar, Roland: Alt gegen neu beim Kauf, JZ 1969, 175.

Ege, Stephen: Priority of future advances lending under the Uniform Commercial Code, 35 University of Chicago Law Review (1967/1968), 128.

Ehmann, Horst: Die Funktion der Zweckvereinbarung bei der Erfüllung, JZ 1968, 549.

– Die Gesamtschuld, Berlin 1972.

Enneccerus Ludwig/*Lehmann,* Heinrich: Recht der Schuldverhältnisse, 15. Aufl., Tübingen 1958.

Enneccerus, Ludwig/*Nipperdey,* Hans Carl: Allgemeiner Teil des bürgerlichen Rechts, 2. Halbband, 15. Aufl., Tübingen 1960.

Enneccerus, Ludwig/*Wolff,* Martin/*Raiser,* Ludwig: Lehrbuch des Sachenrechts, 10. Aufl., Tübingen 1957.

Erler, Georg: Vertragsauflösung, Bezahlung und Anzahlungsrückgewähr bei Vorkriegslieferungsverträgen nach dem Londoner Auslandsschuldenabkommen, NJW 1954, 9.

Erman, Walter /(Bearbeiter): Handkommentar zum bürgerlichen Gesetzbuch, in zwei Bänden, 7. Aufl., Münster 1981.

Esser, Josef: Lehrbuch das Schuldrechts, allgemeiner und besonderer Teil, 2. Aufl., Karlsruhe 1960 [Zit.: Esser, SchuldR (2. Aufl.)].

– Lehrbuch des Schuldrechts, Bd. I. allgemeiner Teil, 4. Aufl., Karlsruhe 1970 [Zit.: Esser, SchuldR I (4. Aufl.)].

– Bd. II, besonderer Teil, 4. Aufl., Karlsruhe 1971 [Zit.: Esser, SchuldR II (4. Aufl.)].

Farnsworth, Allan: Contracts, Boston, Toronto 1982.

Felgentraeger, Wilhelm: Hypothek und Grundschuld, FS Julius v. Gierke S. 140, Berlin 1950.

Flume, Werner: Allgemeiner Teil des bürgerlichen Rechts, Bd. II, Das Rechtsgeschäft, Berlin 1965.

Frank, Rainer: Vermögensrechtliche Ansprüche beim Scheitern nichtehelicher Lebensgemeinschaften, FS Müller-Freienfels S. 131, Baden-Baden 1986.

Fuller, Lon: Consideration and form, 41 Columbia Law Review (1941), 799.

Gernhuber, Joachim: Austausch und Kredit im rechtsgeschäftlichen Verbund – zur Lehre von den Vertragsverbindungen, FS Karl Larenz S. 455, München 1973.

– Bürgerliches Recht, 2. Aufl., München 1983.

– Die Erfüllung und ihre Surrogate, Tübingen 1983.

– Freiheit und Bindung des Vorbehaltskäufers nach Übertragung seines Anwartschaftsrechtes, FS Baur S. 31, Tübingen 1981.

Gilmore, Grant: Security interests in personal property, Vol 1 & 2, Boston, Toronto 1965.

Harder, Manfred: Die Leistung an Erfüllungs Statt, Berlin 1976.

Hartmann, Gustav: Die Obligation, Erlangen 1875.

Hay, Peter: An Introduction to United States Law, Amsterdam, New York, Oxford 1976.

Heck, Philipp: Grundriß des Schuldrechts, Tübingen 1929.

- Grundriß des Sachenrechts, Tübingen 1930.

Henson, Ray: Handbook on secured transactions under the Uniform Commercial Code, 2nd ed., St. Paul, Minn. 1979.

Himmelschein, Jury: Erfüllungszwang und Lehre von den positiven Vertragsverletzungen, AcP 135 (1932), 255.

Holdsworth, Sir William: A history of English Law, Vol. III, 4th ed., London 1935.

- Vol. VIII, 3rd ed., Boston 1926.

Holmes, Oliver Wendell: The Common Law, Cambridge, Mass. 1963.

Hromadka, Wolfgang: Sicherungsübereignung und Publizität, JuS 1980, 89.

Huber, Ulrich: Die Sicherungsgrundschuld, Heidelberg 1965.

- Leistungsstörungen, Gutachten und Vorschläge zur Überarbeitung des Schuldrechts, Bd. I, S. 647, Köln 1981.

- Verpflichtungszweck, Vertragsinhalt und Geschäftsgrundlage, JuS 1972, 57.

Jäckle, Wolfgang: Die Sicherungsgrundschuld bei Störungen im Kreditverhältnis, JZ 1982, 50.

Jahr, Günther: Romanistische Beiträge zur modernen Zivilrechtswissenschaft, AcP 168 (1968), 9.

- Zur iusta causa traditionis, ZSSt (romanistische Abt.) 80, 141 (1963).

Jahr, Günther / *Kropf,* Gerhard: Die „pfiffigen" Miterben, JuS 1963, 356.

Jauernig, Othmar: Vertragshilfe, Wegfall der Geschäftsgrundlage und Bürgschaft, NJW 1953, 1207.

- Zur Akzessorietät bei der Sicherungsübertragung, NJW 1982, 268.

Jauernig, Othmar /(Bearbeiter): Kommentar zum BGB, 3. Aufl., München 1984.

Jörs, Paul/ *Kunkel,* Wolfgang/ *Wenger,* Leopold: Römisches Privatrecht, 3. Aufl., Berlin 1949.

Kaser, Max: Das römische Privatrecht, 1. Abschnitt, 2. Aufl., München 1971.

- Das römische Privatrecht, 2. Abschnitt, 2. Aufl., München 1975.

- Römisches Privatrecht, Studienbuch, 14. Aufl., München 1986 [Zit.: Kaser, Römisches Privatrecht (14. Aufl.)].

Kegel, Gerhard: Empfiehlt es sich, den Einfluß grundlegender Veränderungen des Wirtschaftslebens auf Verträge gesetzlich zu regeln und in welchem Sinn?, Gutachten für den 40. deutschen Juristentag, S. 135, Tübingen 1953.

- Verpflichtung und Verfügung – Sollen Verfügungen abstrakt oder kausal sein?, FS für F. A. Mann S. 57, München 1977.

v. Kenne, Fritz: Das kanadische einheitliche Sicherungsrecht, Berlin 1980.

Kessler, Friedrich: Einige Betrachtungen zur Lehre von der consideration, FS Rabel, Bd. I S. 251, Tübingen 1954.

Klein, Peter: Untergang der Obligation durch Zweckerreichung, Berlin 1905.

Klinke, Ulrich: Causa und genetisches Synallagma, Berlin 1983.

Köhler, Helmut: Die Leistung erfüllungshalber, WM 1977, 242.

- Unmöglichkeit und Geschäftsgrundlage bei Zweckstörungen im Schuldverhältnis, München 1971.

Kohler, Joseph: Lehrbuch des bürgerlichen Rechts, Bd. II, 1. Teil, Schuldrecht, Berlin 1906.

König, Detlef: Ungerechtfertigte Bereicherung, Gutachten und Vorschläge zur Überarbeitung des Schuldrechts Bd. II, S. 1515, Köln 1981.

Krawielicki, Robert: Grundlagen des Bereicherungsanspruches, Breslau 1936 (Neudruck Aalen 1964).

Kreß, Hugo: Lehrbuch des allgemeinen Schuldrechts, München 1929.

Kriegsmann, Hermann: Der Rechtsgrund (causa) der Eigentumsübertragung, Berlin 1905.

Küchler, Kurt: Die Sicherungsgrundschuld, Berlin 1939.

Kühn, Wolfgang / *Rotthege*, Georg: Inanspruchnahme des deutschen Bürgen bei Devisensperre im Lande des Schuldners, NJW 1983, 1233.

Kupisch, Berthold: Leistungskondiktion bei Zweckverfehlung, JZ 1985, 101.

- Zum Rechtsgrund i.S. des § 812 BGB bei Erfüllung, NJW 1985, 2370.

Lange, Heinrich: Allgemeiner Teil des BGB, 15. Aufl., München 1974.

- Das kausale Element im Tatbestand der klassischen Eigentumstradition, Leipzig 1930.
- Rechtsgrundabhängigkeit der Verfügung im Boden- und Fahrnisrecht, AcP 146 (1941), 28.

Larenz, Karl: Allgemeiner Teil des deutschen bürgerlichen Rechts, 6. Aufl., München 1983.

- Geschäftsgrundlage und Vertragserfüllung, 3. Aufl., München 1963.
- Kennzeichen geglückter richterlicher Rechtsfortbildungen, Karlsruhe 1965.
- Methodenlehre der Rechtswissenschaft, 4. Aufl., Berlin 1979.
- Lehrbuch des Schuldrechts, Bd. I Allgemeiner Teil, 13. Aufl., München 1982.
- Lehrbuch des Schuldrechts, Bd. II Besonderer Teil,
  9. Aufl., München 1968 [Zit.: Larenz, SchuldR II (9. Aufl.)];
  12. Aufl., München 1981 [Zit.: Larenz, SchuldR II];
  13. Aufl. (Bd. II, 1. Halbband), München 1986.

Lawson, Frederick: A common lawyer looks at the civil law, U. of Michigan Law School, Ann Arbor 1953.

Leenen, Detlef: Typus und Rechtsfindung, Berlin 1971.

Lenel, Otto: Die Lehre von der Voraussetzung (im Hinblick auf den Entwurf eines bürgerlichen Gesetzbuches), AcP 74 (1889), 213.

- Quellenforschungen in den Edictcommentaren, ZSSt (romanische Abt.) 3, 104 (1882).

Leonhard, Franz: Schuldrecht des BGB, Bd. I, allgemeines Schuldrecht, München 1929.

Leser, Hans G.: Der Rücktritt vom Vertrag, Tübingen 1975.

- Die Vertragsaufhebung im einheitlichen Kaufgesetz, in: Das Haager Kaufgesetz und das deutsche Schuldrecht, Kolloquium zum 65. Geburtstag von Ernst v. Caemmerer S. 1, Karlsruhe 1973.
- Lösung vom Vertrag - Eine vergleichende Betrachtung, FS Ernst Wolf S. 373, Köln 1985.
- Von der Saldotheorie zum faktischen Synallagma, Diss. Freiburg 1956.
- Zu den Instrumenten des Rechtsgüterschutzes im Delikts- und Gefährungshaftungsrecht, AcP 183 (1983), 568.

Lieb, Manfred: Diskussionsbeitrag, Symposium der Juristischen Fakultät der Universität Heidelberg zum Gedenken an Detlef König, S. 94, Heidelberg 1984.

Liebs, Detlef: Bereicherungsanspruch wegen Mißerfolgs und Wegfall der Geschäftsgrundlage, JZ 1978, 697.
- Römisches Recht, 2. Aufl., Göttingen 1982.

Lindacher, Walter F.: Buchbesprechung von Adams, Ökonomische Analyse der Sicherungsrechte, AcP 181 (1981), 337.

Llewellyn, Karl: On the complexity of consideration: A foreword, 41 Columbia Law Review (1941), 777.

Locher, Eugen: Die Neugestaltung des Liegenschaftsrechts, Berlin 1942.
- Geschäftsgrundlage und Geschäftszweck, AcP 121 (1923), 1.

Lorenzen, Ernest: Causa and consideration in the law of contracts, 28 Yale Law Journal (1919), 621.

v. Lübtov, Ulrich: Die Entwicklung des Darlehensbegriffs im römischen und geltenden Recht, Berlin 1965.

Malcolm, Walter: The Uniform Commercial Code in the United States, 12 International and Comparative Law Quarterly (1963), 226.

Mason, Malcolm: The utility of consideration - A comparative view, 41 Columbia Law Review (1941), 842.

McDonnell, Julian: A reevaluation of public notice under Article 9 of the Uniform Commercial Code, Coogan/Hogan/Vagts/McDonnell, Secured transactions under the UCC, Bender's Uniform Commercial Code Service, Vol. IA, Chapter 6C, New York 1963; suppl. 1984.

Medicus, Dieter: Bürgerliches Recht, 13. Aufl., Köln 1987.
- Die Akzessorietät im Zivilrecht, JuS 1971, 497.

von Mehren, Arthur Taylor: The civil law System, Englewood Cliffs, N.J. 1957.

Meincke, Jens Peter: Rechtsfolgen nachträglicher Unmöglichkeit der Leistung beim gegenseitigen Vertrag, AcP 171 (1971), 19.

Milger, Karin: Mobiliarsicherheiten im deutschen und US-amerikanischen Recht - eine rechtsvergleichende Untersuchung, Göttingen 1982.

Mitteis, Heinrich/*Lieberich*, Heinz: Deutsches Privatrecht, 9. Aufl., München 1981.

Motive zu dem Entwurf eines bürgerlichen Gesetzbuches,
Band II, Recht der Schuldverhältnisse, Berlin 1888;
Band III, Sachenrecht, Berlin 1888.

Mugdan, B.: Die gesammelten Materialien zum bürgerlichen Gesetzbuch für das deutsche Reich, Bd. II, Recht der Schuldverhältnisse, Berlin 1899.

Münchener Kommentar zum BGB: Bd. 1 Allgemeiner Teil, 2. Aufl., München 1984.
- Bd. 2 Schuldrecht, allgemeiner Teil, 2. Aufl., München 1985.
- Bd. 3 Schuldrecht, besonderer Teil,
  1. Halbbd. §§ 433–656, München 1980;
  2. Halbbd. §§ 652–853, 2. Aufl., München 1986.
- Bd. 4 Sachenrecht, 2. Aufl., München 1986.

Nickles, Steve: A localized treatise on secured transactions – part II: creating the security interests, 34 Arkansas Law Review (1981), 559.

Oertmann, Paul: Entgeltliche Geschäfte, München 1912.

Palandt, Otto/(Bearbeiter): Kommentar zum BGB, 47. Aufl., München 1988.

Pawlowski, Hans Martin: Rechtsgeschäftliche Folgen nichtiger Willenserklärungen, Göttingen 1966.

Peter, Hans: Actio und writ, Tübingen 1957.

Peters, Frank/*Zimmermann,* Reinhard: Verjährungsfristen, Gutachten und Vorschläge zur Überarbeitung des Schuldrechts, Bd. I S. 77, Köln 1981.

Planck, Gottlieb/(Bearbeiter): Kommentar zum BGB, Bd. II, Recht der Schuldverhältnisse, besonderer Teil, 2. Hälfte, §§ 664–853, 4. Aufl., Berlin 1928.
- Bd. III, Sachenrecht, 2. Hälfte, §§ 1113–1296, 5. Aufl., Berlin 1938.

Planiol, Marcel: Traité élémentaire de droit civil, II. Band, Teil 1, 4. Aufl., Paris 1907.

Pollock, Sir Frederick: Principles of contract, 10. edition, London 1936.

Protokolle der Kommission für die zweite Lesung des Entwurfs des bürgerlichen Gesetzbuches, Bd. II, Recht der Schuldverhältnisse, Berlin 1898.

Pulina, Claudia: Gleichbehandlung von Sicherungseigentum und akzessorischen Sicherheiten im Sicherungsfall?, NJW 1984, 2872.

Quinn, Thomas: Quinn's Uniform Commercial Code Commentary and Law Digest, Boston, Toronto 1978; cumulative suppl. 1984.

Rabel, Ernst: Das Recht des Warenkaufs, Band I, Berlin 1957.
- Unmöglichkeit der Leistung, Gesammelte Aufsätze Bd. I, S. 1 (Hrsg. Hans G. Leser), Tübingen 1965.
- Zu den allgemeinen Bestimmungen über Nichterfüllung gegenseitiger Verträge, Gesammelte Aufsätze Bd. III, S. 138 (Hrsg. Hans G. Leser), Tübingen 1967.

Reeb, Hartmut: Grundprobleme des Bereicherungsrechts, München 1975.

Reichel, Hans: Die Schuldmitübernahme, München 1909.

*Reichsgerichtsräte-Kommentar (RGRK)/*Bearbeiter: Bürgerliches Gesetzbuch, Bd. 2, Schuldrecht, 1. Teil §§ 241-413, 12. Aufl., Berlin 1976; 4. Teil §§ 631-811, 12. Aufl., Berlin 1978.
- Bd. 3 Sachenrecht, 1. Teil §§ 854–1011, 12. Aufl., Berlin 1978.

Reinicke, G. und D.: Vertragshilfe und Bürgschaft, MDR 1952, 708.

Rengier, Bernhard: Wegfall der Bereicherung, AcP 177 (1977), 418.

Restatement of the law, contracts, second, Vol. 1, §§–177, St. Paul, Minn. 1981.

Reuter, Dieter/*Martinek,* Michael: Ungerechtfertigte Bereicherung, Tübingen 1983.

Rheinstein, Max: Die Struktur des vertraglichen Schuldverhältnisses im anglo-amerikanischen Recht, Berlin, Leipzig 1932.

Rimmelspacher, Bruno: Kreditsicherungsrecht, München 1980.

Rothoeft, Dietrich: Vermögensverlust und Bereicherungsausgleich, AcP 163 (1963), 215.

Rümelin, Max: Zur Lehre von den Schuldversprechen und Schuldanerkenntnissen des BGB, AcP 97 (1905), 211.

Salmond, John: The history of contract, 3 Law Quarterly Review (1887), 166.

v. Savigny, Friedrich Carl: System des heutigen Römischen Rechts, Band III, Berlin 1840.

- System des heutigen Römischen Rechts, Band V, Berlin 1841.

Schlesinger, Rudolf: Formation of contracts, a study of the common core of legal systems, Vol. 1 & 2, New York, London 1968.

Schmidt, Walther: Erfüllung – Erfüllungswille und Erfüllungsvertrag, Diss. Würzburg 1974.

Schmitt, Rolf: Die Subsidiarität der Bereicherungsansprüche, Bielefeld 1969.

Schmitthoff, Clive: Systemdenken und Fallrecht in der Entwicklung des englischen Privatrechts, JZ 1967, 1.

Schnader, William: A short history of the preparation and enactment of the Uniform Commercial Code, 22 U. of Miami Law Review (1967/68), 1.

Schnauder, Franz: Grundfragen zur Leistungskondiktion bei Drittbeziehungen, Berlin 1981.

Scholz, Franz / (Bearbeiter): Kommentar zum GmbHG, Band II, §§ 45–85, 6. Aufl., Köln 1978/83.

Scholz, Hellmut: Der sicherungsrechtliche Rückgewähranspruch als Mittel der Kreditsicherung, FS Philipp Möhring S. 419, München 1965.

Scholz, Hellmut / *Lwowski,* Hans-Jürgen: Das Recht der Kreditsicherung, 5. Aufl., Berlin 1980.

Schönle, Herbert: Bank- und Börsenrecht, 2. Aufl., München 1976.

Schwarz, Fritz: Die Grundlage der condictio im klassischen römischen Recht, Münster 1952.

Schweickhardt, Peter: Kann die Sicherungsabrede als ein „ähnliches Verhältnis" im Sinne des § 868 anerkannt werden?, Diss. Tübingen 1966.

Seckelmann, Helmut: Die Grundschuld als Sicherungsmittel, Berlin 1963.

Serick, Rolf: Eigentumsvorbehalt und Sicherungsübertragung, Bd. I, Der einfache Eigentumsvorbehalt, Heidelberg 1963.

- Bd. II, Die einfache Sicherungsübertragung, 1. Teil, Heidelberg 1965.
- Bd. III, Die einfache Sicherungsübertragung, 2. Teil, Heidelberg 1970.
- Bd. V, Verlängerungs- und Erweiterungsformen des Eigentumsvorbehalts und der Sicherungsübertragung, Heidelberg 1982.

Seuffert, Lothar: Zur Geschichte der obligatorischen Verträge, Nördlingen 1881.

Sharp, Malcolm: Pacta sunt servanda, 41 Columbia Law Review (1941), 783.

Siber, Heinrich: Grundriß des Deutschen bürgerlichen Rechts, Bd. II, Schuldrecht, Leipzig 1931.

Simshäuser, Wilhelm: Windscheids Voraussetzungslehre rediviva, AcP 172 (1972), 19.

Soergel, Hans Theodor / *Siebert*, Wolfgang / (Bearbeiter): Kommentar zum BGB, Bd. 4 Sachenrecht, 10. Aufl., Stuttgart 1968. [Zit.: Soergel / Bearbeiter (10. Aufl.)].

- Bd. 5 Sachenrecht, 11. Aufl., Stuttgart 1978.

Söllner, Alfred: Der Bereicherungsanspruch wegen Nichteintritts des mit einer Leistung bezweckten Erfolges (§ 812 Abs. 1 Satz 2, 2. HS BGB), AcP 163 (1963), 20.

- Die causa im Kondiktionen- und Vertragsrecht des Mittelalters bei den Glossatoren, Kommentatoren und Kanonisten, ZSSt (romanistische Abt.) 77, 182 (1960).

Stampe, Ernst: Das causa-Problem des Civilrechts, Greifswald 1904.

v. Staudinger, Julius / (Bearbeiter): Kommentar zum BGB, Bd. II, §§ 255-327, 12. Aufl., Berlin 1979.

- Bd. 2, Teil 1 d, §§ 328-432, 10./11. Aufl., Berlin 1978.
- Bd. 2, Teil 4, §§ 705-822, 10./11. Aufl., Berlin 1975.

Stoll, Heinrich: Rücktritt und Schadensersatz, AcP 131 (1929), 141.

Thoma, Achim: Die Akzessorietät bei der Sicherungsübereignung, NJW 1984, 1162.

Tiedtke, Klaus: Sicherungsabtretung beim Fehlen des zu sichernden Anspruchs, DB 1982, 1709.

v. Tuhr, Andreas: Der allgemeine Teil des deutschen bürgerlichen Rechts, Bd. II, 2. Hälfte, Berlin 1918.

Wacke, Andreas: Zur causa der Stipulation, Tijdschrift voor Rechtsgeschiedenis 40 (1972), 231.

Walton, Frederick Parker: Cause and consideration in contracts, 41 Law Quarterly Review (1925), 306.

Weber, Hansjörg: Der Rückübertragungsanspruch bei der nichtvalutierten Sicherungsgrundschuld, AcP 169 (1969), 237.

- Die Bürgschaft, JuS 1971, 553.
- Sicherungsgeschäfte, 3. Aufl., München 1986.

Weick, Günter: Die Idee des Leitbildes und die Typisierung im gegenwärtigen Vertragsrecht, NJW 1978, 11.

Weitnauer, Hermann: Buchbesprechung von Serick, Rolf, Eigentumsvorbehalt und Sicherungsübereignung Bd. III, JZ 1972, 637.

- Die bewußte und zweckgerichtete Vermehrung fremden Vermögens, NJW 1974, 1729.
- Die Leistung, FS v. Caemmerer, S. 255, Tübingen 1978.
- Nochmals: Zum causa-Problem im Zivilrecht, JZ 1985, 555.
- Zum Stand von Rechtsprechung und Lehre zur Leistungskondiktion, NJW 1979, 2008.
- Zweck und Rechtsgrund der Leistung, Symposium der juristischen Fakultät der Universität Heidelberg zum Gedenken an Detlef König, S. 25, Heidelberg 1984.

Welker, Gerhard: Bereicherungsausgleich wegen Zweckverfehlung?, Berlin 1974.

Westerkamp, Wilhelm: Bürgschaft und Schuldbeitritt, Berlin 1908.

Westermann, Harm Peter: Die causa im französischen und deutschen Zivilrecht, Berlin 1967.

Westermann, Harry: Die nachträgliche Entstehung der durch die Hypothek gesicherten Forderung, JZ 1962, 302.

– Sachenrecht, 5. Aufl., Karlsruhe 1966.

White, James / *Summers,* Robert: The law under the Uniform Commercial Code, 2nd edition, St. Paul, Minn. 1980.

Wieacker, Franz: Bodenrecht, Hamburg 1938.

– Leistungshandlung und Leistungserfolg im bürgerlichen Schuldrecht, FS Hans Carl Nipperdey S. 783, München 1965.

Wieling, Heinrich: Drittzahlung, Leistungsbegriff und fehlende Anweisung, JuS 1978, 801.

Wilburg, Walter: Die Lehre von der ungerechtfertigten Bereicherung nach österreichischem und deutschem Recht, Graz 1934.

– Zusammenspiel der Kräfte im Aufbau des Schuldrechts, AcP 163 (1963), 346.

Windscheid, Bernhard: Lehrbuch des Pandektenrechts, Bd. I und II, 7. Aufl., Frankfurt 1891.

Windscheid, Bernhard / *Kipp,* Theodor: Lehrbuch des Pandektenrechts, Bd. I und II, 9. Aufl., Frankfurt 1906.

Wolf, Joseph Georg: Diskussionsbeitrag, Symposium der juristischen Fakultät der Universität Heidelberg zum Gedenken an Detlef König, S. 89, Heidelberg 1984.

Wolf, Manfred: Inhaltskontrolle von Sicherungsgeschäften, FS Baur S. 147, Tübingen 1981.

Lord Wright: Ought the doctrine of consideration to be abolished from the common law?, 49 Harvard Law Review (1936), 1225.

Zeiss, Walter: Der rechtliche Grund (§ 812) für Schuldanerkenntnisse und Sicherheitsleistungen, AcP 164 (1964), 50.

– Zivilprozeßrecht, 6. Aufl., Tübingen 1985.

Zöller, Richard: Zivilprozeßordnung, 15. Aufl., Köln 1987.

Zweigert, Konrad: Seriositätsindizien, JZ 1964, 349.

– Urteilsanmerkung, SJZ 1949, 415.

Zweigert, Konrad / *Kötz,* Hein: Einführung in die Rechtsvergleichung Bd. I, Grundlagen, 2. Aufl., Tübingen 1984.

– Einführung in die Rechtsvergleichung Bd. II, Institutionen, 2. Aufl., Tübingen 1984.

Printed by Libri Plureos GmbH
in Hamburg, Germany